JN302220

介護施設版

就業規則
整備・改訂の手引

はしがき

介護業界の離職率と人材マネジメント

　介護業界では、以前から職員の離職率の高さが課題となっています。財団法人介護労働安定センターが毎年行っている『介護労働実態調査』によれば、平成22年度の介護施設で働く職員の離職率は19.1％となっています。これは、年の初めに100人いた職員が1年間で19人ほど辞めてしまう、という意味です。ちなみに全産業平均の離職率は16.4％です（平成21年度『雇用動向調査』厚生労働省）。

　しかし、とても興味深いのは次のデータです。「離職率が10％未満」と、職員の定着率がとてもよい介護施設が42.4％もあり、逆に「離職率が30％以上」におよぶ施設（1年間で約3分の1もの職員が辞めてしまうということ）が、なんと24.0％もあるのです。つまり、全体の4割以上の施設では職員が定着しているものの、逆に離職率が非常に高い施設が多いため、平均してみると19.1％という数値になっているのです。

　この離職率の差はいったい何が原因になっているのでしょうか。それにはおそらく、働きやすさを重視し、職員が働きがいと高いモチベーションを持ち、満足感を持って仕事ができるような職場づくりをしているかどうか、つまり人材マネジメント（人事労務管理）がしっかりできているかいないかが大きく影響しているのではないでしょうか。

　介護サービスへの需要は今後、急増していくことが確実視されています。そして、介護サービスは直接、人が人にサービスを提供する、というスタイルしかあり得ないことが大きな特徴です。職員が提供するサービスが法人（施設）の提供するサービスでもある、つまりサービスの質は職員で決まる、ということにもなります。

　このサービス提供の主体としての職員に、働きがいや満足感を持って仕事をしてもらうためには、人材マネジメントがいかに大切であるかは容易にお分かりいただけると思います。そして、この人材マネジメントの一番の出発点、大前提となるべきものは、労働条件の決定やその運用、職場規律の維持など労務管理の充実であり、そのよりどころとなるのがまさに就業規則なのです。

はしがき

就業規則の従業員への周知

　私たちは社会保険労務士として多くの企業や介護施設の労務管理のお手伝いをさせていただいていますが、就業規則に関しては、その取り扱いがおろそかにされている事業所が多い、という実感を持っています。就業規則の作成義務があるのに作っていない、という例はさすがに少ないものの、問題なのは就業規則の内容を従業員が知らない（知らされていない）というケースがとても多い、ということです。従業員どころか、場合によっては経営者や総務人事担当者さえもよく知らない、ということもあります。笑い話のようですが、ある社長から「就業規則に書かれている内容は会社の機密事項なので、社員には公開していません」と言われ、愕然としたこともあります。

　この本で勉強していただければ分かりますが、就業規則はその内容を従業員に「周知」させる（広く知らせる）ことによってその効力が発生します。従って、せっかく就業規則を作っていても実際に周知されているとはいえない状態では、作っていないのと同じことなのです。

　2008年に施行された労働契約法により、就業規則は「労働契約書」と同じ位置付けであることが法令上も明らかにされました。雇う側も働く人も、就業規則の重要性をますます認識する必要があります。

この本の構成

　この本の構成は、以下のようになっています。

* 第Ⅰ部は「就業規則の基本」と題して、そもそも就業規則とはいったい何なのかから説明しています。これを知ることにより、就業規則に記載しなければならないことや、就業規則の作成や変更をするためにはどういう手続きが必要とされているか、などについても理解しやすくなると思います。
* 第Ⅱ部は、「就業規則見直しのためのチェック・ポイント」です。就業規則に記載すべき内容は多岐にわたりますが、一般的に就業規則に記載される順番で全体をいくつかの項目に分け、それぞれの項目には具体的に何を書けばよいのかはもとより、どういう理由でそれを書くことが必要なのかも解説しています。
* 第Ⅲ部では、「介護施設のモデル就業規則」として、就業規則の一例を掲載しています。第Ⅱ部でそれぞれの項目ごとにその部分の規程例を掲げていますが、それをまとめたものです。就業規則には、一般的にはこれがベスト、

はしがき

という形式のものはありません。あくまでも一つの例として示してあります。

* 第Ⅳ部は、「押さえておきたい就業規則のポイント」として、主に第Ⅱ部で述べられた内容につき、対談形式で解説をしています。
* 第Ⅴ部は、ある介護施設から実際に運用されている就業規則および諸規程を提供していただき、それをご紹介しています。就業規則以外にも、給与規程や人事評価に関する規程なども掲載されていますので、ぜひ参考にしてください。

独自性のある就業規則の作成

この本は、就業規則をこれから作成しようとしている介護施設、あるいは既に作成し運用している就業規則を変更・見直しをしようとしている介護施設の、事務部門（総務人事）担当者が主な読者となることを想定して書かれています。従って、すぐに就業規則の作成実務に応用できるように、できるだけ分かりやすく、平易な表現を使いました。もともと分かりにくい専門用語が多い分野ですが、できる限り難しい言葉は使うことを避けています。

就業規則に記載しなければならないことは法律で決められています。しかし、それ以外のことは書いてはいけない、ということではありません。法令などに反しない限りは、何を書いてもよいのです。いちばん最初に法人の「経営理念」を掲げたり、「前文」として法人の使命や職員の心構えなどを記載している就業規則もよく見られます。

就業規則の文章の表現方法も自由です。しかし実際には、法律の条文の書き方をまねてか、手本とした他の就業規則に倣ってか、あるいは威厳を持たせるためなのか、とても堅苦しい文章で書かれている就業規則が圧倒的多数です。法律の条文でしか見られないような古めかしい表現ではなく、親しみが感じられる「です、ます調」で書いてももちろん大丈夫です。

重要なことは、職員が読んでみて何が書かれているのかがすぐ理解でき、また法人（施設）の実態に合った、独自性のある就業規則を作ることです。

その際に、この本が少しでもお役に立ったと感じていただければ幸いです。

2012年2月

矢崎　哲也、小澤　薫

CONTENTS

第Ⅰ部
就業規則の基本
1. 就業規則の目的とその効力 …………………………………………………… 8
2. 就業規則の作成 ………………………………………………………………… 12
3. 就業規則には何を書くのか …………………………………………………… 15
4. 就業規則の作成後の手続き …………………………………………………… 19
5. 就業規則の変更 ………………………………………………………………… 23

第Ⅱ部
就業規則見直しのためのチェック・ポイント
第1章 総則
1. 就業規則の目的、法令遵守義務 ……………………………………………… 28
2. 就業規則の適用範囲 …………………………………………………………… 29

第2章 採用
1. 採用、採用時の提出書類 ……………………………………………………… 32
2. 身元保証人 ……………………………………………………………………… 35
3. 試用期間、試用期間中の解雇 ………………………………………………… 36
4. 人事異動、昇格・降格等 ……………………………………………………… 40

第3章 服務規律
1. 基本原則、服務心得 …………………………………………………………… 43
2. セクシュアル・ハラスメントの防止、パワー・ハラスメントの防止 …… 47
3. 機密保持・個人情報の取り扱い ……………………………………………… 51
4. 出退勤および遅刻、早退、欠勤等 …………………………………………… 53

第4章 勤務時間、休憩および休日
1. 勤務時間および変形労働時間制 ……………………………………………… 54
2. 休憩時間の自由利用 …………………………………………………………… 57
3. 休日、休日の振替および代休 ………………………………………………… 59
4. 臨時の休業 ……………………………………………………………………… 62
5. 時間外および休日勤務 ………………………………………………………… 64
6. 適用除外 ………………………………………………………………………… 67

第5章 休暇等
1. 年次有給休暇および計画的付与 ……………………………………………… 69
2. 産前産後の休業等・育児休業等・介護休業等・生理休暇 ………………… 75

3．公民権の行使の休暇・裁判員休暇……………………………………78

第6章　賃金、賞与、退職金
　1．賃金、賞与、退職金……………………………………………………81

第7章　休職および復職
　1．休職………………………………………………………………………87
　2．休職の期間………………………………………………………………89
　3．復職………………………………………………………………………92

第8章　定年、退職および解雇
　1．定年および退職の手続き………………………………………………94
　2．解雇………………………………………………………………………99
　3．解雇予告および解雇制限……………………………………………101
　4．退職者の責務…………………………………………………………105

第9章　表彰および懲戒
　1．表彰およびその種類…………………………………………………107
　2．懲戒の種類……………………………………………………………109
　3．懲戒の事由、その他…………………………………………………113

第10章　安全および衛生
　1．安全衛生の義務、健康管理および就業禁止………………………119
　2．健康診断………………………………………………………………121

第11章　雑則
　1．災害補償………………………………………………………………124
　2．損害賠償、教育訓練…………………………………………………126

第Ⅲ部

介護施設のモデル就業規則

第1章　総則……………………………………………………………………132
第2章　採用……………………………………………………………………133
第3章　服務規律………………………………………………………………135
第4章　勤務時間、休憩および休日…………………………………………137
第5章　休暇等…………………………………………………………………139
第6章　賃金、賞与、退職金…………………………………………………141
第7章　休職および復職………………………………………………………141
第8章　定年、退職および解雇………………………………………………142

CONTENTS

第9章	表彰および懲戒	144
第10章	安全および衛生	146
第11章	雑則	147

第Ⅳ部
(トーク) 矢崎哲也・小澤薫アドバイス
押さえておきたい就業規則のポイント

1	職員の区分と就業規則の適用範囲	151
2	採用時の提出書類	153
3	試用期間	155
4	人事異動・出向、昇格・降格	158
5	休職	161
6	服務規律、機密保持、セクシュアル・ハラスメント	166
7	勤務時間、休憩時間、休日、時間外労働・休日労働	173
8	退職・定年、解雇	181
9	表彰、懲戒処分	189

第Ⅴ部
介護施設の各種規程例

社会福祉法人○○会　特別養護老人ホーム△△△△

就業規則	202
準職員就業規則	222
給与規程	234
定年ならびに再雇用などに関する規程	247
職員旅費規程	256
住宅手当・扶養手当の支給に関する規程	262
研修受講に関する規程	266
業務評価制度に関する規程	270

社会福祉法人××会　介護老人福祉施設□□□□

育児・介護休業一般規程	276

第Ⅰ部 就業規則の基本

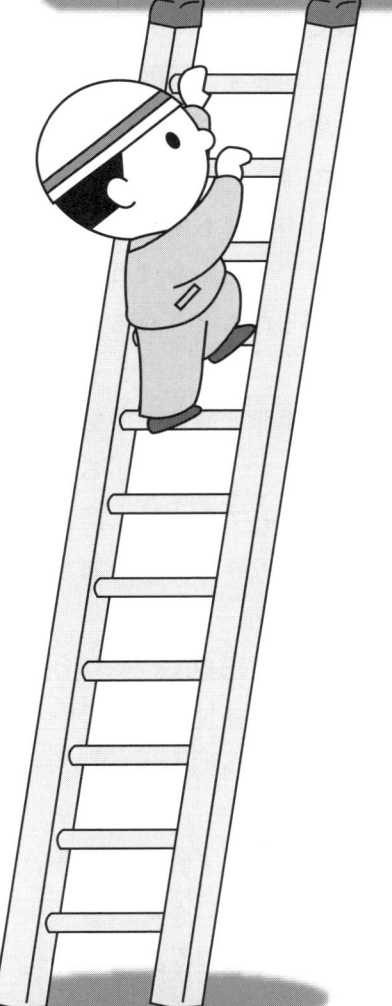

第Ⅰ部 就業規則の基本

1. 就業規則の目的とその効力

👉Point1 就業規則は何のために作るのですか？

　介護施設をはじめ、会社や工場などには多くの人が働いています。<u>使用者</u>には、その人たちの労働力をうまくまとめて、合理的・効率的に職場を運営していくことが求められています。そのためには、全ての労働者に守ってほしい職場の秩序や規律について、また労働者の賃金や労働時間などの労働条件についても明確に決めておき、労働者全てにその統一的なルールを適用できるようにしておかなければなりません。もしそれらを使用者と個々の労働者の間で決めるとしたらどうなるでしょうか。合理的・効率的に職場を運営することは難しいでしょう。

　また、もしこの統一的なルールがないと、労働条件や服務規律について労働者と使用者との間に認識の食い違いが起こりトラブルとなった場合に、解決をするための拠りどころがないことになります。このようなトラブルを少しでも未然に防止するためにも、労働条件や服務規律を明確に定めておくことには大きな意味があります。

　そのために、[※1]<u>就業規則を作成して労働条件や服務規律を文書で定めて、それを労働基準監督署長に届け出ることが、労働基準法により使用者に義務付けられている</u>のです。

　就業規則の目的をこのように考えてみると、就業規則は作りさえすればいいというものではなく、使用者と労働者の双方がその内容を理解していることが大事だということが分かります。このために[※2]<u>使用者には、就業規則を作成するだけではな</u>

く、事業場に備え付けていつでも見ることができる状態にしておくなどの方法により、労働者に周知することも求められています。

用語解説1 使用者

労働基準法でいう使用者とは、広い意味で経営を担当する人を指し、経営の主体である法人そのものや経営担当者、労働条件の決定や労務管理について権限を与えられている人などがこれに当たります。介護施設でいえば経営者、理事長だけではなく、施設長、人事・総務担当の部課長なども含まれます。

参照規定・法令
※1　労働基準法　第89条
※2　労働基準法　第106条第1項

☞Point2 就業規則と労働基準法の関係を教えてください！

労働基準法には、労働条件についての最低基準が定められています。例えば労働時間については、「1週間につき40時間、1日につき8時間を超えて労働させてはならない」と決められています。

労働者と使用者が労働契約で自由に労働条件を決められることになると、どうしても労働者のほうが使用者よりも弱い立場にあるため、不利な労働条件を受け入れざるを得ない場合も十分に考えられます。そこで労働基準法は、労働条件の最低基準を示すとともに、「この基準を満たさない労働契約は、その部分については無効とする」としています。そればかりではなく「無効となった部分は、労働基準法に定める基準によるものとする」と規定しています。つまり、労働契約の中で労働基準法に定められた基準を下回る部分は、自動的に労働基準法で決められている基準まで引き上げられるものとして、強制的にこの最低基準を守らせようということです。

それでは就業規則と労働基準法との関係はどうでしょうか。労働基準法には、「就業規則は法令に反してはならない」と規定されています。労働基準法で定められた最低基準は、就業規則を作る際にも当然のことながら守らなければならず、これを下回る基準を就業規則で定めることはできません。これに反する就業規則に対

第1部　就業規則の基本

しては、労働基準監督署長は変更を命じることができます。※3

　反対に、労働基準法で定められている最低基準を上回る基準、つまり労働者にとって有利になる基準については、就業規則や労働契約で自由に定めることが可能です。例えば労働時間について、「当社の労働時間は1週間につき35時間、1日につき7時間とする」とすることについては、何の制約もありません。

参照規定・法令

※1　労働基準法　第13条
※2　労働基準法　第92条第1項
※3　同条　　　　第2項

Point 3　就業規則と労働契約書の内容が違う場合は、どちらが適用されますか？

　就業規則には「当施設の労働時間は1週間につき35時間、1日につき7時間とする」と定められているとします。ところがその就業規則が適用されている職員Aさんは、施設から「これからはあなたの労働時間は1週間につき37時間30分、1日につき7時間30分とします」と言われました。この場合、Aさんにはどちらが適用されるのでしょうか。

　労働契約法という法律によって、「就業規則の定めた基準に達しない労働条件を定めた労働契約は、その部分については無効」※1となります。また、「無効となった部分は就業規則で定める基準による」こととなります。つまり、施設側がAさんと結ぼうとした労働時間に関する契約は、就業規則の基準を下回る（Aさんにとって不利になる）ので、無効になります。もちろん、「1週間につき37時間30分、1日につき7時間30分」という契約内容自体は労働基準法に違反するわけではありませんが、就業規則との関係で無効になる、ということです。

　このように、就業規則には労働者と使用者が個別の労働契約を結ぶ際の最低基準としての働きがあります。ただし、最低基準としての要件を満たすためには、その就業規則には合理的な労働条件が定められていることと、労働者に周知されていることが必要です。

　今までお話ししてきた法令、就業規則、個別の労働契約、さらには使用者と労働組合との間で締結する労働協約の効力を図に示すと、次のようになります。

就業規則の目的とその効力

効力の優先順位

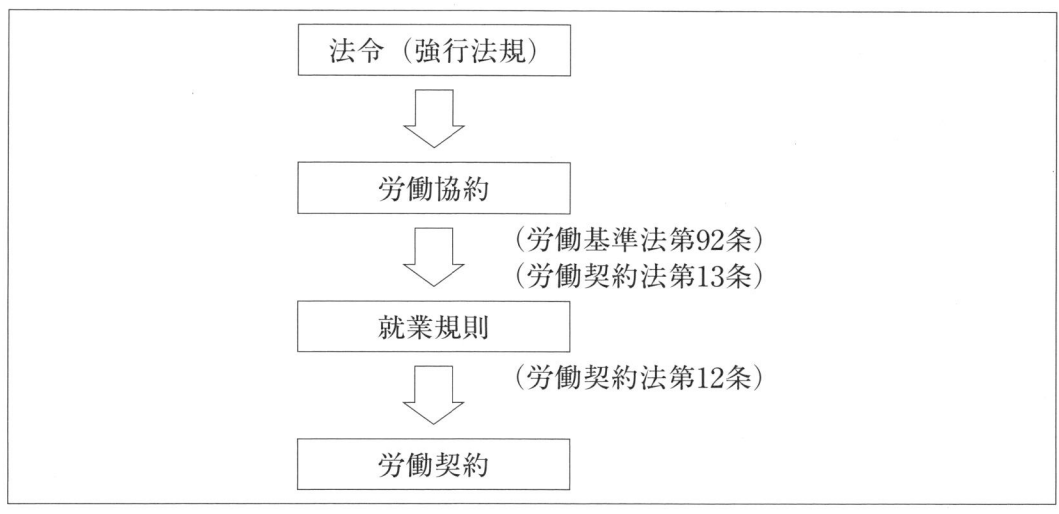

 用語解説2　労働契約法

　労働者と使用者の間の労働契約についての基本的な考え方を定めた法律で、2008年3月に施行されました。労働基準法には労働条件の最低基準など具体的な契約内容そのものが規定されているのに対し、労働契約法には、労使対等の原則や権利の濫用の禁止など、労働契約の基本的なルールが示されています。また、就業規則の内容が労働契約の内容になることなど、これまでの裁判例の考え方がこの法律で明文化されています。

 用語解説3　労働協約

　労働組合と使用者との間で結ばれた労働条件などの取り決めに関する約束のうち、労働組合法の規定に沿って書面として作成されたものをいいます。どんな書式とするかは自由ですが、必ず労使双方の署名または記名と押印がなければなりません。

参照規定・法令

※1　労働契約法　第12条

Point 4 就業規則の内容＝労働契約の内容と考えてもいいのですか？

　<u>労働契約は、労働者と使用者が対等な立場で話し合い、合意をした上で締結されるものです</u>。これに対して就業規則は、使用者が法令の基準などに従って一方的に作成するものです。確かに出来上がった就業規則について、労働者の代表者の意見を聴くという手続きはありますが、労働者と合意の上作成するのではありませんから、労働契約とは性質が異なります。

　しかし<u>労働契約法には、労働者と使用者が労働契約を結ぼうとするときに、既に就業規則があり、それを労働者に周知していた場合には、労働契約の内容はその就業規則で定められている労働条件によるものとする、と規定されています</u>。つまり、施設にきちんとした就業規則があり、その内容が職員に周知されていれば、新しく入って来る職員などと労働契約を結ぶ場合には、就業規則に書かれている労働条件が個別の労働契約の内容になる、ということです。ただし、<u>就業規則の労働条件を上回る条件で労働者と使用者が個別に合意をしていた場合には、それが有効になります</u>。

　このように、就業規則は労働契約書としての意味も持つことが法律で明らかにされましたから、就業規則の中に合理的ではない決め方をしている部分や、不明確な書き方をした部分などがないかをよくチェックし、使用者と労働者がお互いにその内容を十分に理解しておくことが、ますます重要になっています。

参照規定・法令

※1　労働契約法　第3条第1項
※2　労働契約法　第7条本文
※3　同条　　　　　但し書き

2. 就業規則の作成

Point 1 就業規則は法人（会社）単位で作るのですか、施設単位で作るのですか？

　一つの法人（会社）が複数の介護事業所を運営している場合には、どこの事業所の職員も同じ就労条件のもとで働いているとは限りません。運営の形態によっては、例えば勤務時間や休日の決め方に違いがあったり、職場のルールも異なったり

就業規則の作成

することが十分に考えられます。

就業規則は法人（会社）単位で作成するのか、それとも**事業場**（事業所と同じ意味です）単位で作成するのかは労働基準法には明確に規定されていませんが、そもそも労働基準法自体が事業場単位で適用されますから、就業規則の作成についても事業場単位で行うものということになります。

従って、同じ法人（会社）が運営する施設なのだから同じ就業規則が適用されるべきだという考え方ではなく、事業場ごとに実情に合わせた就業規則を作成することが大切だということになります。

用語解説4　事業場

工場や事務所、店舗など一定の場所で行われる組織的まとまりのことをいいます。

同じ会社内でも場所が離れている場合は、別の事業場とみなし、同じ場所でも労働状態が全く違う部門であれば別個の事業場として取り扱います（工場内にある食堂など）。また、場所が離れていても、例えば出張所で従業員1名の場合など規模がかなり小さいときは、その所属する上位の組織と一括して取り扱います。

Point2　就業規則を作成する義務がない事業場もあるのですか？

労働基準法では、※1 <u>常時10人以上の労働者を使用する使用者は、就業規則を作成し、行政官庁（具体的には労働基準監督署長を指します）に届け出ることが義務付けられています</u>。この「常時10人以上」とは、一時的には10人を下回ることがあっても、だいたいいつも10人以上いる、という意味です。

そしてここでいう10人の中には、いわゆる正規職員（正社員）だけではなく、パート職員、嘱託職員、アルバイトなど、非正規職員と呼ばれる人たちも含まれます。「正社員が10人以上いなければ就業規則は作らなくてもよい」というのは全くの誤解ですから、注意が必要です。例えば、正規職員は3人だけれどパート職員が8人いる、という介護事業所にも、就業規則を作成して届け出る義務があります。

反対に、常時10人以上の労働者がいない職場では、就業規則を作成し、届け出ることは求められていません。しかしこれは、あくまでも法律上の義務はない、というくらいに考えるべきで、雇用関係をめぐるトラブル発生を防止するためには、最

第1部　就業規則の基本

低限必要なことだけを記載したものでもいいですから、就業規則を作成しておくことをお勧めします。

例えば勤務態度がよくない労働者を解雇したいとします。その場合、就業規則があればそこにはどんな場合に労働者を解雇するかという理由（解雇事由といいます）が必ず書かれており、その中には「勤務態度が不良で改善の見込みがないとき」というような事由もあるはずです。しかし、就業規則がないとしたらどうでしょうか。解雇事由がはっきりと示されていないことになりますから、使用者が解雇をする（できる）根拠が明確ではありません。その解雇が有効かどうかについて、後で争いが起こったときに、使用者の側が不利になることが考えられます。

このように、労働者が10人に満たない事業場でも就業規則を作っておくことは十分に意味がありますし、むしろ必要なことだと思います。基本的な労働条件や職場の規律を定めた就業規則は、労働者の人数にかかわらず作っておくべきです。

参照規定・法令

※1　労働基準法　第89条

Point3　パート職員や契約職員にも就業規則は必要でしょうか？

常時10人以上の労働者を使用する事業場には就業規則の作成・届け出義務があることは述べましたが、このことは「10人以上の労働者がいれば、そこで働く人全てに適用される就業規則がなければならない」ということを意味します。就業規則を作ったものの、その就業規則が適用されない人たちがいたのでは、厳密にはその事業場には就業規則がある、とは言えません。少なくともそれが適用されない人たちについては、就業規則がない状態です。

1つの就業規則がその職場で働く正規職員、パート職員、嘱託職員など全ての人に適用されるのであれば、もちろん1つだけで構いません。しかし通常は雇用形態が異なるということは労働条件なども当然違いますから、「正規職員就業規則」、「パート職員就業規則」、「嘱託職員就業規則」などのように、雇用形態ごとに就業規則を作成することが必要です。そうでないと正規職員の労働条件が、それ以外の雇用形態の職員にも適用されることにもなってしまいますから、気を付けたいところです。

よく見られる例として、正規職員向けの就業規則に「この就業規則はパート職員

には適用しない」と書かれているにもかかわらず、パート職員に適用する就業規則を作っていないというケースがありますが、これも違法な状態です。

また、同じ職場で働いている人であっても派遣労働者については、法人（会社）と直接の雇用関係はありませんから、派遣職員向けの就業規則は必要ありません。

なお、1つの事業場に複数の就業規則がある場合は、それらを全て合わせたものがその事業場全体の就業規則となる、という趣旨の通達が厚生労働省から出されています。一部の労働者にしか適用されない就業規則だけがあっても、全体で見ると就業規則がないのと同じであり、就業規則の作成義務に違反する、ということです。

3. 就業規則には何を書くのか

Point 1 就業規則に記載する項目は決められているのですか？

就業規則に何を書くのかについては、本来はその就業規則が適用される事業場の業種や業態、さらには経営方針など、それぞれの実情に合わせて決められるべきです。しかし<u>労働基準法では、就業規則に記載すべきことが記載されていないなどの事態を防ぐために、記載すべき事項を掲げています</u>。それは次のように3つのグループに分けることができます。

(1) **必ず記載しなければならない項目　（絶対的必要記載事項）**

就業規則を作成するときには必ず記載しなければならない項目です。どの事業場にも共通する、労働条件の中でも最も重要な3項目です。

①	始業および終業の時刻、休憩時間、休日、休暇、交替制勤務の場合の就業時転換に関する事項
②	賃金（臨時の賃金を除く）の決定、計算、支払方法、締切り、支払時期、昇給に関する事項
③	退職に関する事項（解雇の事由も含む）

(2) **定めがあれば必ず記載しなければならない項目　（相対的必要記載事項）**

そのことについて定めるかどうかは使用者の自由ですが、定めをする場合

第 I 部　就業規則の基本

には必ず就業規則に記載しなければならない項目です。これには次のとおり、8つあります。

①	退職手当（退職金）について、適用される労働者の範囲、退職手当の決定、計算、支払方法、支払時期
②	臨時の賃金（賞与など）、最低賃金額に関する事項
③	労働者の食費、作業用品その他の負担に関する事項
④	安全・衛生に関する事項
⑤	職業訓練に関する事項
⑥	災害補償、業務外傷病扶助に関する事項
⑦	表彰・制裁に関する事項
⑧	上記のほか、その事業場の労働者の全てに適用される定めをする場合に、これに関する事項

　例えば、退職金制度を設けるかどうかは使用者が自由に決められますが、設けるのであれば①の事項は就業規則に必ず記載しなければなりません。

(3)　記載するかどうかは自由な項目　（任意的記載事項）

　さらに、労働基準法には掲げられてはいないので記載するかどうかは使用者の全くの自由なのですが、次のような項目についても就業規則に記載しておくべきでしょう。

①	社是、経営理念
②	就業規則を制定する目的
③	慶弔見舞金
④	社会保険の適用
⑤	就業規則の改訂手続き

　<u>就業規則に記載した事項は労働契約の内容</u>[※2]となりますから、当事者である使用者と労働者には権利義務の関係が発生します。そのことを前提に、記載内容や記載方法を慎重に判断しなくてはなりません。

　以上見たように、就業規則に記載される内容は法律で定められているものが中心になります。また、スタイルや文体も法令の条文の書き方に倣（なら）ったものが多いた

め、就業規則は一般の労働者にとって大変になじみにくく、無味乾燥なものになっています。できるだけやさしい言葉を使うなどして、読みやすく分かりやすい就業規則にすることを心掛けるべきでしょう。

参照規定・法令

※1 　労働基準法　第89条
※2 　労働契約法　第7条

Point 2　就業規則以外の別の規程を作ってもいいのですか？

　就業規則は、本来は全てが一つにまとまっていたほうが便利なのでしょうが、記載すべき項目の中には、例えば法令でかなり細かなことまで決められていたり、他の項目に比べて記載すべき内容が多かったりと、それらを全て書こうとすると就業規則自体がかなりの分量になり、バランスもよくないものになることも考えられます。

　そこでよく行われるのが、記載すべきことが多い項目については、その部分だけ就業規則の本体から独立させて別の規程にすることです。かつては労働基準法で、別規程にできる項目は限定されていましたが、今はどんな項目であっても別規程とすることができるようになりました。

　就業規則の本体とは分けて作られることが多い規程としては、「賃金規程」、「退職金規程」、「育児・介護休業規程」、「慶弔見舞金規程」、「安全衛生規程」などがあります。

　このように、ある項目を別規程とする場合には就業規則の本体ではそのことについて全く触れないのではなく、別規程に委任していることを明らかにしておきます。例えば賃金について別規程を設けてそちらで細かなことを定める場合には、就業規則には、

「第○条　職員の賃金に関する事項については、別に定める『賃金規程』による」

と記載します。その一方で『賃金規程』のほうには最初に、

「第1条　この規程は、就業規則第○条の規定により職員の賃金に関する事項について定めたものである」

として、就業規則の委任を受けた規程であることを明らかにしておきます。

第Ⅰ部　就業規則の基本

　別規程として定める場合は、就業規則の本体とそれらの規程が一体となって就業規則の全体の内容を構成することになります。従って、就業規則の本体とともに労働基準監督署長に届け出たり、職員に周知したりする義務があります。

　また、就業規則の本体以外にどんな別規程があるのかが分かるように、就業規則の最後に「附則」として例えば、

　「この就業規則には、『賃金規程』、『退職金規程』、『育児・介護休業規程』が附属する」というように、別の規程として定めたものを記載しておくことがよく行われています。

Point 3　就業規則に定められていないことについては、誰が決めるのですか？

　就業規則（別規程も含みます）には、そこで働く人たちの労働条件や服務規律について記載されていますが、その人たちに適用される事項の全てが網羅されているわけではありません。

　例えば労働基準法には「賃金の非常時払い」という規定があり、[※1]<u>労働者が出産、疾病、災害など非常の場合の費用に充てるために請求した場合には、使用者は給料日の前であっても、既に働いている分の賃金を支払う義務があります</u>。就業規則にこのことが書かれている例は少ないのですが、この法律の規定はもちろん、全ての使用者、労働者に適用されます。

　このように、雇用関係があれば全ての人に当然に適用される労働基準法をはじめとする法令の規定が全部、就業規則に記載されているのではありません。もし全てを詳細にわたって記載すると、かなり膨大な量の就業規則になります。

　そこで、就業規則の最初の部分に「この規則に定めるもののほか職員の就業に関する事項は、労働基準法その他の法令の定めるところによる」、という趣旨の言葉が入るのが通例です。これにより、就業規則に記載がなくても法令に規定があれば、それが適用されることが明らかになります。

　また、事業場独自の細かな手続き上の決まりごとなどについても、あまり就業規則には記載されません。例えば、年次有給休暇については就業規則に記載することが求められていますが、実際に申請する際にどの届け出用紙を使い、具体的に誰に提出するかまで記載している例はあまりありません。

　これらの細かな手続きなどについては法令で決められているわけではありませんから、使用者が一方的に決めることになります。就業規則の最後のほうなどに、

「この規則に定めるもののほか、職員の服務に関して必要な事項については、施設（法人、会社）が別に定める」というような趣旨の定めをおき、就業規則に記載されていない細かなことについては使用者が決めることを明らかにしている例がよく見られます。

参照規定・法令

※1　労働基準法　第25条

4. 就業規則の作成後の手続き

☞Point1 就業規則には労働者の合意が必要ですか？

就業規則を作成して、労働基準監督署長に届け出るという義務は使用者に課せられている義務です。従って就業規則は使用者が作成するものであり、その際に内容について労働者の同意を得ることは必要ではありません。しかし同意を得ることは不要なのですが、使用者には、作成した就業規則について労働者の代表者の意見を聴き、就業規則を労働基準監督署長に届け出る際にその「意見書」を添付することが求められています。

これは、本来は使用者が一方的に作成するものである就業規則に、できるだけ労働者の声も反映させて内容の公正さを確保しようという趣旨です。

それではここでいう「労働者の代表者」とは誰か、ということですが、具体的には次のようになります。

A．労働者の過半数で組織する労働組合があればその労働組合。
B．A．の労働組合がなければ、労働者の過半数を代表する者。

介護施設の多くはBに当たると思いますが、この場合には「過半数を代表する職員」を選ばなければなりません。職員全員に意見を聴いてその過半数の賛成を得るのではなく、職員の過半数から支持されている代表者を1人選び、使用者はその職員から意見を聴く、ということです。

誰が代表者になるかですが、使用者が作成した就業規則について意見を述べるわけですから、使用者側に立つ人、例えば総務・人事担当の役職者、事務長、管理監

第1部　就業規則の基本

督的な地位にある人などはふさわしくありませんので候補から除かれます。また、選び方についても、代表者を選ぶ目的を明らかにした上で、投票や挙手など公正な方法で行われることが必要です。

　またこの代表者は、正規職員のみならずパート職員、嘱託職員などの非正規職員も含めた全ての職員の過半数を代表する人です。従って、代表者は正規職員であっても、「パート職員就業規則」についての意見もこの人から聴くことになります。

　せっかく使用者が労働者に意見を聴く機会を持つのですから、もし反対意見などが出たら労使でよく話し合いをして両者が納得のいく内容にすることが基本です。しかし、時には意見が対立して妥協点が見出せない場合もあります。その場合でも労働者の意見を聴けばそれで足り、賛成意見を得る必要はありません。例えば「就業規則第〇条には反対する」という意見であっても、就業規則は使用者が作成したとおりの内容となり、その効力に影響はありません。

　ただし、就業規則の内容を変更する場合に、もし変更後の労働条件が労働者にとって不利になるのであれば（いわゆる「労働条件の不利益変更」の問題です）、原則として個々の労働者の同意を得ることが必要となります（5. Point3 P.24参照）。

用語解説5　労働組合

　労働組合法によって設立されるものであり、労働者が自主的に組合を組織し、使用者に対して対等の立場で団結し、団体交渉または団体行動をすることにより、労働条件の向上を目指すものです。

参照規定・法令

※1　労働基準法　第89条
※2　労働基準法　第90条
※3　労働基準法施行規則　第6条の2第1項

Point2　就業規則を労働者に周知する、とはどういうことですか？

　一般的に「周知する」とは、誰でも知っている状態にする、という意味です。労働基準法は、使用者に、就業規則などを常時各作業場の見やすい場所に掲示する、備え付ける、交付するなどによって、その内容を労働者に周知するように義務付け

ています。
　就業規則の内容を知っていること、あるいは少なくとも見ようとしたときにどこに就業規則があるのかを知っていて、それがいつでも見られる状態になっていることは、その就業規則の適用を受ける労働者にとっては当然のことですから、使用者に周知する義務を課しているのです。そして判例では、使用者が内部的に作成し、労働者に対して全く周知されていない就業規則は無効である、とされています。
　さらに具体的な周知の方法としては、次のように定められています。[※2]

1．常時作業場の見やすい場所へ掲示し、または備え付けること
2．書面を労働者に交付すること
3．磁気テープ、磁気ディスクその他これらに準じる物に記録し、かつ、各作業場に労働者が当該記録の内容を常時確認できる機器を設置すること

　ここからも分かりますが、実際に全ての労働者が就業規則を読んでその内容を理解している状態にすることを使用者に求めているのではなく、労働者が必要なときにいつでも就業規則を見ることができ、その内容を知ることができる状態にしておくことを求めています。就業規則を労働者に周知するとは、そういう意味です。

参照規定・法令
※1　労働基準法　第106条第1項
※2　労働基準法施行規則　第52条の2

Point 3　労働基準監督署長に届け出ていない就業規則は有効ですか？

　就業規則を作成あるいは変更して労働者に周知してはいるものの、労働基準法で定められている労働基準監督署長への届出をしていない場合には、その就業規則に効力はあるのでしょうか。
　この点については判例でも、労働基準監督署長への届出は就業規則の効力を発生させるための要件ではない、と明確に示されています。就業規則を作成してこれを労働者に周知するための手続きを取っていれば、その段階で就業規則としての効力が発生し、当事者はその内容に従うことになります。届出をしているかいないかは就業規則の効力には関係ありません。

確かに届出[※1]を怠れば、労働基準法によって罰則の適用を受けることになりますが、それは届出を強制することによって、労働基準監督署が行う就業規則についての行政的な監督を容易にするためであり、就業規則そのものの効力とは別問題です。

参照規定・法令

※1　労働基準法　第120条第1号

Point4 労働者の代表者の意見を聴いてない就業規則は有効ですか？

　就業規則を作成・変更したときには労働者の代表者の意見を聴くことが必要ですが、これも就業規則の効力を発生させるための要件ではありません。

　使用者には就業規則を作成し、変更する権限があり、労働者の代表者との合意の上でそれを行う必要はありませんから、たとえ労働者の代表者から意見を聴いてないとしても、就業規則としては有効です。

　ただし、労働者の代表者から意見を聴かなかったこと自体が違法であり、罰則を適用される対象となります。また意見を聴かなければ、労働基準監督署長に提出する際に「意見書」を添付することができませんから、受理されずに窓口で指導されることになります。しかしそれらは就業規則の効力とは別の問題なのです。

コラム　労働者の代表者の選び方

　労働基準法では、就業規則の作成・届出の際や、いわゆる36協定（「時間外労働・休日労働に関する協定届」）を締結する際に「労働者の代表者」を選ぶことが求められています。

　労働者の過半数で組織された労働組合があれば簡単ですが、ない場合には「労働者の過半数を代表する者」を選出するための手続きを踏まなければなりません。しかし、これを厳密に行っていない職場もかなりあるようです。例えば社長が指名したり、便宜上、総務人事部門の従業員を代表者としたり、ということも多く、中には本人も知らないうちに代表者になっていた、ということもあるようです。

　労働基準法は、労働条件の決定などに際しては労働者の声も反映させることができるよう、その過半数を代表する者と使用者とが意見調整をすることを求めていま

す。このことを考えれば、もし選出する手続きが省略され、代表者とされる人が実際には労働者の過半数の支持を得ていないということになれば、大いに問題があります。裁判例でも、従業員の親睦団体の代表として選ばれた人を、そのまま自動的に「労働者の過半数を代表する者」として締結された36協定は無効、としたものがあります。

5. 就業規則の変更

Point 1 就業規則の内容を変更したときの手続きについて教えてください。

　一度、就業規則を作成すると、その内容はずっと変わらないのかといえばそうではなく、会社の経営状況や社会経済情勢などの変化、さらには関係法令の改正などによって就業規則を変更することが必要になります。そして労働基準法では、就業規則に記載されている内容を変更するときには、新規に作成するときと同じ手続きを取ることが求められています。

　就業規則には何を記載するのかについては3. Point1（P.15）で述べましたが、これらの事項について変更が生じた場合には[※1]、就業規則のその部分を書き改めて労働基準監督署長に届け出る必要があります。そして、その変更について労働者の代表者の意見を聴き[※2]、労働基準監督署長に届け出る際にはその「意見書」を添付する義務があることも、新規作成の場合と同じです。また、変更した内容を労働者に周知させることも必要であり[※3]、周知されて初めてその変更が効力を持つことになります。

　なお、就業規則を変更するときの手続きについては[※4]、上記のように労働基準法の定めるところによる、ということが労働契約法にも明確に示されています。

参照規定・法令

※1　労働基準法　第89条
※2　労働基準法　第90条
※3　労働基準法　第106条第1項
※4　労働契約法　第11条

第1部　就業規則の基本

👉Point2　就業規則は使用者が一方的に変更できるのですか？

　使用者は、就業規則を変更したときもこれを届け出る義務があることが、労働基準法に定められています。従って就業規則の変更の主体はあくまでも使用者であり、その変更について労働者の代表者の意見を聴くという手続きはありますが、使用者は労働者の合意がなくても就業規則を変更することができます。

　問題は、どのような変更であっても常に使用者が一方的にできるのかということです。その変更によって、労働者の労働条件が変更前よりも有利になるのであればいいのですが、労働条件が不利になる変更についても使用者の一存でできるのでしょうか。例えば会社の業績不振により賃金を引き下げるとか、1日7時間30分の所定労働時間を8時間にするというような変更です。

　これが「労働条件の不利益変更」といわれるものです。労働者にとって不利益になる変更を、使用者が就業規則を変更することによって行えるのはどんな場合なのかについては、過去の判例で考え方が示されてきましたが、それらを踏まえ、平成20年に施行された労働契約法で、法律として初めてルールが示されました。

👉Point3　「労働条件の不利益変更」についてのルールはどうなっていますか？

　労働契約も「契約」の一つですから、<u>労働条件を変更する場合には労働者と使用者が合意すること</u>※1が大原則です。合意があれば労働者にとって不利益になる変更ももちろん有効であり、労働者は変更後の労働条件の適用を受けることになります。

　それでは、使用者は労働者と合意することなく、就業規則を一方的に変更することによって労働条件を労働者の不利益に変更することはできるのでしょうか。この点については<u>労働契約法で明らかに否定</u>※2されています。労働条件を労働者の不利益な内容に変更するためには、労働者と合意することが必要だということです。

　ただし、<u>次の場合には例外的に、就業規則を変更することによって労働条件を労働者の不利益な内容に変更すること</u>※3が認められると、労働契約法に規定されています。

＊　変更後の就業規則を労働者に周知させていること。
＊　その変更が合理的なものであること。

　「合理的」かどうかは、次のようなポイントについて判断します。

① 労働者が受ける不利益の程度
② 労働条件を変更する必要性
③ 変更後の就業規則の内容の相当性
④ 労働組合などとの交渉の状況
⑤ その他就業規則の変更についての事情

　以上を総合的に判断して、その変更が合理的だといえる場合には、労働者の合意がなくても就業規則の変更だけで不利益変更が行えることになります。経営上の差し迫った事情があって労働条件を変更せざるを得ないような場合でも、個々の労働者の合意が必要ということであればなかなか変更できません。そこで条件さえ満たせば、労働者の合意がなくても就業規則の変更によって統一的に労働条件を変更する方法が、法律で認められているのです。

参照規定・法令

※1　労働契約法　第8条
※2　労働契約法　第9条本文
※3　同条　　　　　　但し書き、同法第10条

第Ⅱ部 就業規則見直しのためのチェック・ポイント

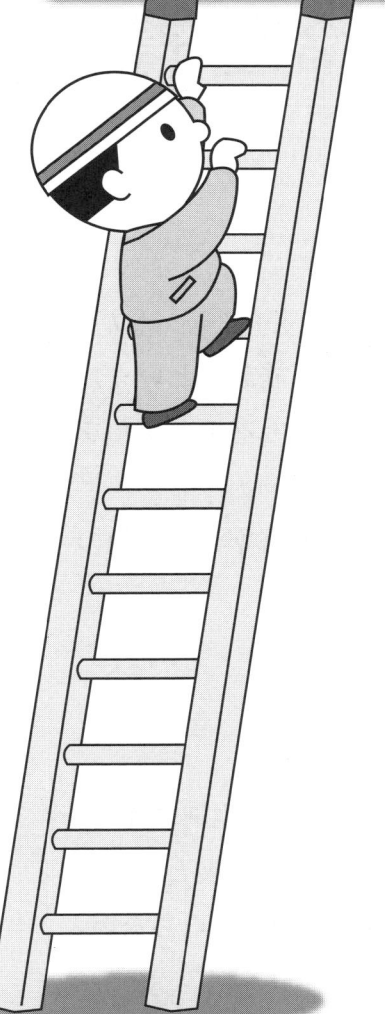

第Ⅱ部 就業規則見直しのためのチェック・ポイント

第1章 総則

1. 就業規則の目的、法令遵守義務

> **規程例**
>
> （目的）
>
> 第1条　この就業規則（以下「規則」という）は、○○○○（以下「法人」という）が運営する△△△△（以下「施設」という）の職員の労働条件、服務規律その他の就業に関し必要な事項を定めたものである。
>
> 　2　この規則に定めのない事項については、労働基準法その他の法令の定めるところによる。
>
>
> （法令の遵守義務）
>
> 第2条　法人(または施設：以下同じ)および職員は、この規則に従い、かつ関係法令を遵守して、相互に協力のうえ法人の発展と地域福祉に尽力するとともに、労働条件の向上に努めなければならない。

第1章 総則

> **ここだけ** は押さえておきましょう！
>
> ＊ 就業規則を作成する意味を明らかにし、就業規則に記載のない事項に関しては、労働基準法などの法令によることを明記しましょう。
> ＊ 施設および職員は、就業規則に定められたルールや法令を守らなければならないことを明記しましょう。

Point1 就業規則を作成する意味は何でしょうか？

施設では多くの職員が働いていますから、全ての職員に守ってほしい職場の秩序や規律、労働条件についての統一的なルールを定めておかなくては、効率的な運営はできません。また、労働条件や服務規律についての職員と施設の間のトラブルを防ぐためにも、就業規則を作成し、職員全員にその内容を知らせておくことが重要です。

Point2 就業規則に記載されていない事項はどうなりますか？

就業規則には、関連する法令の内容の細かなところまでを全て記載することはできません。しかし、記載されていないからといって、その法令の内容が適用されなくなるのではありません。

規程例の第1条第2項のように、就業規則に記載されていない事項については当然に関連する法令が適用になる、ということを注意的に書いておくとよいでしょう。

2. 就業規則の適用範囲

規程例

（適用範囲）

第3条　職員の区分は、以下のとおりとする。

> (1) 正職員　　　　第2章の手続きによって採用された職員
> (2) 契約職員　　　有期契約で雇用する専門職員、技術職員
> (3) パート職員　　正職員より短い所定労働時間で雇用される有期契約職員
> (4) 嘱託職員　　　定年退職後引き続き雇用される有期契約職員
> (5) アルバイトその他の臨時職員
> 2　この規則は、前項第1号に定める正職員のみに適用する。
> 3　第1項第2号から4号に定める職員については、それぞれ別に定める「契約職員就業規則」、「パート職員就業規則」、「嘱託職員就業規則」を適用する。
> 4　第1項第5号に定める職員には、「パート職員就業規則」を準用する。

ここだけは押さえておきましょう！

* 正規職員以外の雇用形態の職員についても、その名称と定義を明確に記載しましょう。
* この就業規則はどの区分の職員に適用されるのかをはっきりと記載しましょう。

Point 1　職員の区分は全て記載しておくべきでしょうか？

　介護施設では、正規職員（正職員）以外にもパート職員、嘱託職員など雇用形態が違う複数の区分（グループ）の職員が働いています。それぞれ労働条件が異なりますので、区分ごとの名称とその定義をはっきりと記載しておくと分かりやすいでしょう（規程例第3条第1項）。

　また、雇用形態が違うということは通常は労働条件も異なりますので、職員の区分ごとにそれぞれの就業規則がなければなりません。適用される就業規則がない職員がいないように、全ての区分ごとに、それぞれに適用される就業規則を作成し、

どの区分の職員にはどの就業規則が適用されるのかも整理して記載しましょう（規程例第3条第3、4項）。

Point 2 就業規則の適用範囲を定めることはなぜ必要なのでしょうか。

　その就業規則がどの区分の職員に対して適用されるものなのかがあいまいだと、そこで働いている人たち全員に、その就業規則の全てが適用されることにもなりかねません。従って、どの区分の職員にこの規則が適用されるのかを明記しておくことは、とても重要です。

　適用範囲を明記していないと、正規職員向けの労働条件が、パート職員や嘱託職員にも適用されると思われてしまう可能性があります。例えば、正規職員のためにある退職金制度についての規程が、適用範囲が明記されていないために嘱託職員にも適用されるものと解釈できてしまうようなケースです。

　この就業規則は正規職員のみに適用され、パート職員、嘱託職員などには適用されない、というように、適用範囲がはっきりと分かるように記載しましょう（規程例第3条第2項）。

Point 3 正規職員以外の職員にも就業規則は必要なのですか？

　職員の区分によって労働条件なども当然違いますから、それぞれの区分の職員に適用される就業規則を作成しなければなりません。「パート職員にはこの就業規則は適用しない」と適用範囲を限定するだけでなく、パート職員に適用される別の就業規則を作っておくことが必要です。

　労働基準法では、職員が常時10人以上いる事業場は就業規則を作って労働基準監督署長へ届け出なければならないとされています。ここでいう10人とは正規職員だけではなく、それ以外のパート職員、嘱託職員なども全て含めた人数です。正規職員が10人以上でなければ就業規則を作成しなくてもよい、ということは明らかな誤りです。

　そして、常時10人以上の職員がいれば、その全員に適用される就業規則があることが必要です。従って、労働条件などが異なるそれぞれの職員区分ごとに就業規則を作成し、それら全ての就業規則を労働基準監督署長へ届け出なければなりません。

第2章 採用

1. 採用、採用時の提出書類

規程例

(採用)

第4条　法人は、就職を希望する者の中から、選考試験に合格し、所定の手続きを経た者を職員として採用する。

(採用時の提出書類)

第5条　職員として採用された者は、採用後2週間以内に次の各号の書類を提出しなければならない。ただし、選考に際し提出済みの書類についてはこの限りではない。

　(1)　履歴書
　(2)　住民票記載事項証明書
　(3)　前職のある者は、年金手帳および雇用保険被保険者証
　(4)　健康診断書
　(5)　誓約書
　(6)　身元保証書
　(7)　入社の年に給与所得のあった者は所得税源泉徴収票
　(8)　自動車運転免許証の写し（ただし、自動車運転免許証を有する場合に限る）
　(9)　資格証明書の写し（ただし、何らかの資格証明書を有する場合に限る）
　(10)　その他法人が必要と認めるもの

2 前項の定めにより提出した書類の記載事項に変更を生じたときは、速やかに書面で変更事項を届け出なければならない。

ここだけは押さえておきましょう！

* 採用については、まだ職員の身分を持たない人に関する項目ですが、就業規則には記載しておくべきでしょう。
* 採用時に提出を求める書類については、必要と思われるものをできる限り具体的に記載しておきましょう。

Point 1 採用についても、就業規則に記載すべきですか？

就業規則は、本来は職員の身分を持った人を対象に作成されるものであることは言うまでもありませんが、採用に関しては、まだ職員ではない人を対象にした内容となります（規程例第4条）。記載される事項には、採用の基準、採用方法、採用決定時の提出書類などがあります。

まだ職員ではない人は就業規則を目にする機会がありませんから、募集の手続きや採用基準を記載する意味はないのでは、と思われるかもしれません。しかし、既存の職員に対しても採用を公明正大、厳粛に行うことや、職員として適した人物を採用するという法人（施設）としての姿勢や考え方を示すことは意味のあることですから、採用についても就業規則に記載すべきです。

Point 2 採用時の提出書類は、どの程度まで記載しておけばいいのでしょうか？

採用時に提出させる書類については、できるだけ具体的に記載しましょう。履歴書、<u>住民票記載事項証明書</u>、身元保証書などが提出書類としては一般的なものです。そのほかに、誓約書を取ることも広く行われています。入職してからいろいろな規則を守ることや、法人（施設）の命令に従うことを採用のときに誓約させておくことは大いに意味がありますから、誓約書の提出は義務付けるべきでしょう。

そのほか、前職のある人のために、年金手帳や雇用保険の被保険者証、所得税の源泉徴収票なども提出書類として記載しておきましょう。そして一番最後に「その

他法人（施設）が必要と認めるもの」を入れておくと、その都度任意に必要な書類の提出を求めることができますから、記載しておいてください。

「住民票記載事項証明書」の提出についてですが、住民票または戸籍抄本は提出を求めるべきではないでしょう。住民票や戸籍抄本を提出させることは社会的身分に基づく差別につながるため好ましくない、との行政指導も行われています。また、個人情報の保護という観点からも問題になることも考えられますので、住所や年齢などの確認に必要であれば、住民票記載事項証明書で足りるでしょう。

用語解説6　住民票記載事項証明書

住民票記載事項証明書は、住民票に記載されている事項を証明するもので、市区町村の役所で発行してもらいます。住民票に記載されている項目のうち、氏名、性別、生年月日、現住所など全部または一部の事項について、役所が証明してくれる書面です。

コラム　外国人の採用

外国人は、出入国管理法によって在留資格、在留期間が決められており、この在留資格、在留期間の範囲内でしか就労することができません。外国人を雇用する場合は、従事させる仕事の内容が在留資格の範囲内か、また在留期間が過ぎていないかなどを確認する必要があります。これは外国人登録証で確認することができます。

また、外国人を雇い入れるときや外国人が離職するときには、その外国人の氏名、在留資格、在留期間等を公共職業安定所（ハローワーク）へ届け出なければなりません。

2. 身元保証人

> **規程例**
>
> （身元保証人）
>
> 第6条　前条第1項第6号に定める身元保証書の身元保証人は、責任を持って本人を保証することができる能力のある成年の者1名とする。
>
> 2　保証人が死亡その他の理由によりその資格を失ったときには、直ちに新たな保証人を定めなければならない。

ここだけは押さえておきましょう！

*　身元保証人となる人の要件を明記しましょう。

Point 1　身元保証人はなぜ必要なのでしょうか？

[※1]身元保証人を立てるということは、職員が法人（施設）に対して損害を発生させた場合には、その損害を賠償することを約束するという身元保証契約を、法人（施設）と身元保証人とで結ぶことです。

また、単に金銭的な損害を賠償するだけではなく、本人が誠実な人物であることを保証し、病気などになって働くことができなくなった場合には身柄を引き取るなど、身元の引き受けを約束する性質を含む場合もあります。

身元保証契約は、期間を定めなかった場合には3年間有効とされており、期間を定める場合でも上限は5年となっています。身元保証契約は更新をしない限り、最長でも5年で有効期間が消滅することになります。

参照規定・法令

※1　身元保証に関する法律

3. 試用期間、試用期間中の解雇

規程例

(試用期間)

第7条　新たに採用された者については、採用の日から3カ月間を試用期間とする。ただし、法人が必要と認めるときは、この期間を短縮・延長し、もしくは設けないことがある。

2　法人は、試用期間中の者に職員としての適格性がないと判断した場合には、試用期間の途中であっても解雇し、または期間満了時に本採用拒否をすることができる。

3　試用期間は勤続年数に通算する。

(試用期間中の解雇)

第8条　法人は、試用期間中の者が次のいずれかに該当するときには解雇または本採用拒否をすることができる。

(1)　必要な業務を修得する能力がなく、本採用とするのが不適当と認められるとき

(2)　第3章に定める服務規律に違反し、教育を行っても改善の見込みがないと認められるとき

(3)　採用後14日以内、または試用期間中の一給与計算期間中に、正当な事由がなく3日以上欠勤したとき

(4)　法人への提出書類の記載事項または面接時に申し述べた事項が事実と著しく反し、そのことがわかっていれば採用しないとき

(5)　心身の健康状態が悪く、業務の遂行に支障となる恐れがあるとき

(6) 第43条の解雇の規定、または第51条の懲戒解雇の規定に該当するとき
(7) その他前各号に準ずる程度の不適格な事由があるとき
2　前項の事由に基づいて解雇するときは、30日前に予告するか30日分の解雇予告手当を支払う。ただし、採用後14日以内の者を解雇するときは、解雇予告手続を行わずに即時解雇する。

ここだけは押さえておきましょう！

* 試用期間の長さや本採用を拒否する要件は明確に記載しましょう。
* 試用期間後に本採用に至らない場合は解雇することになりますので、その手続きについても記載しておきましょう。

Point 1　試用期間は必ず定めておかなければならないでしょうか？

　試用期間とは、ある一定の期間は「試験的な雇用期間」であることを定めておいて、その間に勤務態度、能力、技能、健康状態などの適性を判断した上で、正式に職員として採用するかどうかを決める、という制度です。

　試用期間は必ず設けなければならないと法令で定められているものではありませんが、この制度を設けることは一般的です。試用期間の制度を設けるのであれば就業規則にしっかりと明記しておかなくてはなりません。試用期間は、雇用のミスマッチを早く発見して対応するためには有効です。しかし、働く側からすると不安定な身分に置かれていることになりますから、試用期間の長さや本採用を拒否する要件などについて、就業規則に明確に定めておく必要があります。

用語解説7　雇用のミスマッチ

　企業側（使用者）と被雇用者（労働者）のお互いのニーズが一致しないことをいいます。雇用のミスマッチが起こる原因としては、企業側が求める能力と被雇用者の能力の不一致や、被雇用者が求める職場環境と企業の風土の不一致などが挙げら

れます。

Point 2　試用期間は、どれくらいの長さが適当でしょうか？

　試用期間とは、将来にわたってこの職場で働いていく適性があるかどうかを見極める期間ですから、それが判断できる最短の期間といえば、多くの就業規則で規定されているように3カ月から6カ月ぐらいが適当ではないでしょうか。過去の裁判例では、「1年を超える試用期間は長すぎるから無効である」としたものがあります。試用期間中に職員として不適当と認められれば「本採用拒否」という形で解雇されることになりますから、職員にとっては不安定な身分です。不必要に長い期間、不安定な身分に置いておくことは好ましくありません。

　また、試用期間は必要に応じて延長することができる、ということも就業規則に記載しておくべきです。試用期間は3カ月と定められているが、適性があるかないかをもう少し様子を見て判断したい、というケースも出てくるでしょう。それとは逆に、試用期間を短縮したり、または人によっては設けない、という場合にも対応できるようなルールも明記しておくとよいでしょう。これにより実情に沿った柔軟な運用が可能となります。

　ただし試用期間を延長する場合には、その期間が必要以上に長いと、結局は当初から長い試用期間を定めたのと同じことになり、職員にとっては不安定な期間が長引くことになります。延長する場合には、延長期間は3カ月以内とする、というように期間を区切って延長する運用が必要だと思われます。

Point 3　試用期間も勤続年数に含まれますか？

　雇用契約は、採用したときからスタートしていますから、試用期間ももちろん勤続年数に含められることになります。勤続年数は、退職金や休職期間などの取り扱いに影響を与えますので、試用期間は勤続年数に通算することを明記しておきましょう。

　社会保険の適用なども本採用と同じ取り扱いをしなければなりません。試用期間が終了してから本来の雇用契約が始まるということではありませんので、採用された日から社会保険に加入させる手続きが必要です。

Point 4 試用期間中の解雇と通常の解雇に違いはありますか？

　試用期間中に職員として不適格と判断された場合、本採用が拒否されて解雇、つまり法人（施設）側が一方的に雇用契約を解除することになります。

　試用期間中は、本採用後よりも解雇の事由を広くすることが認められています。つまり法人（施設）にとっては解雇をしやすい期間でもあります。ですから、本採用後の通常の解雇事由について記載した条文を引用するだけでなく、試用期間中に解雇する場合の事由も別に明記しておきましょう（規程例第8条第1項）。

　解雇の手続きについても通常の解雇とは違いがあります。試用期間中であれば、採用から14日以内に解雇する場合には、解雇予告手続を取る必要がなく即時に解雇できるのです。これは労働基準法で定められていることですが、就業規則にも明記しておくべきでしょう（規程例第8条第2項）。

運用のPoint

　職員として働くことが不適格であると判断された場合に、雇用契約を解消するための制度として試用期間が認められています。

　しかし現実には、試用期間中に適格性の見極めを真剣に行っている職場は多くないようです。雇用のミスマッチは労働者、使用者の双方にとって好ましいことではありません。本採用後には、試用期間と比べて解雇のハードルは高くなりますので、試用期間を有効に活用すべきです。

　しかし一方で、試用期間は教育の期間でもありますから、使用者は不適格な部分は十分に指導し、教育をする必要があります。それでも改善の見込みがないというときに初めて解雇することが認められる、ということを忘れてはなりません。

用語解説8　解雇予告手続

　解雇しようとする際の手続きについて労働基準法に定めがあります。使用者が労働者を解雇するときは、その人に対して30日前までに解雇の予告をする必要があります。予告を行わずに解雇する場合は、短縮した日数分の平均賃金を支払う必要があります。これを解雇予告手当といいます。つまり、解雇することを10日前に予告をするのであれば、20日分の解雇予告手当の支払いが必要、ということです。

4. 人事異動、昇格・降格等

規程例

(人事異動等)

第9条　法人は、次の各号のいずれかに該当する場合には、業務上の都合により職員に対して、従事する職務の変更、職場の異動、転勤または関係事業所等への出向等を命じることがある。

(1) 必要な業務を修得する能力がなく、本採用とするのが不適当と認められるとき
(2) 人事の異動または交流によって業績向上が図られると認められるとき
(3) 適材適所の配置のため、職務の変更が必要と認められるとき
(4) 職員が配置転換等を希望し、法人がそれを妥当と認めたとき
(5) 休職者が復帰した場合で、休職前の職場に復帰させることが困難なとき
(6) 事業の拡張、縮小または新事業の展開等に伴い必要と判断されるとき
(7) 関連事業所等への出向・派遣、転籍を命じるとき
(8) その他事業の運営上必要と認められるとき

2　前項の命令を受けた職員は、正当な理由がなくこれを拒むことはできない。

(昇格・降格等)

第10条　法人は、職員の業務成績、能力、適性等に基づいて昇格また

> は降格、もしくは役職位の任命または解任を命じることがある。
> 2　前項の他、法人は第49条の定めに基づいて、降格もしくは役職位の罷免を行うことがある。

ここだけ は押さえておきましょう！

＊　人事異動は、採用当初とは労働条件が変わることになりますから、就業規則には、その可能性を明記しておきましょう。

＊　降格させるときのトラブルを避けるためにも、根拠となる規定を明記しておきましょう。

Point 1　就業規則に規定されていないと人事異動は行なえないのでしょうか？

　職員を採用するときには、働く場所や従事する業務についても労働条件として明示しなければなりませんが、このときには採用した際のものを示せばよいこととされています。転勤・職務の変更など人事異動の可能性があるのであれば、将来的に人事異動があるかもしれないこと、そして原則としてその異動命令は拒否できないことを就業規則に書いておかなければなりません。

　もともと人事異動の権限は使用者側にありますから、就業規則に記載することによって、実際に異動させるときは、その都度職員の同意を得る必要がないということになります。ただし、職務内容や勤務地を限定する、という条件付きで採用した職員を異動させるような場合は、本人の同意が必要になります。

　また、職員を在籍させたまま、関連会社などに出向させる場合に労働条件や待遇が保障されていないときや、あるいは現在の雇用関係を打ち切って、関連会社に転籍させたりする場合などには、就業規則への記載とともに本人の同意を得ることが必要となります。

Point 2　職員は、正当な理由があれば人事異動を拒否することができるのでしょうか？

　規程例の第9条第2項に、「前項の命令を受けた職員は、正当な理由がなくこれ

第Ⅱ部　就業規則見直しのためのチェック・ポイント

を拒むことはできない」と規定されていますから、逆にいえば「正当な理由」があるときには人事異動を拒否することができる、ということになります。職員が命令を拒むことができる正当な理由には、例えば、育児や介護、子どもの教育、本人や家族の健康問題などが考えられますが、こういった内容を記載しておくこともトラブル防止には役立つと思われます。

しかし、ケースによりその程度や状況が違いますから、記載されている理由にあてはまるからといって、ただちに異動命令を拒否できることにはなりません。

人事異動を行う際には、その都度法人（施設）と職員の間で話し合いをし、事情を十分に考慮して、人事権の濫用や異動拒否権の濫用にならないよう、ケースごとに細やかに対応していくべきでしょう。

👉 Point 3　昇格や降格については、必ず就業規則に記載しておくべきでしょうか？

人材マネジメントの方法として、職員を職能資格制度などによって等級付けしている施設も多くなっています。昇格とは、人事制度などの一定のルールに従って現在の等級よりも上位の等級へ格上げすることを言います。また逆に、現在の等級から下位の等級へ格下げさせる降格もあり得ます。

職員を昇格させることが問題になることはあまりないでしょうが、降格については、その結果として賃金が下がるなど、職員にとっては不利益となることが考えられます。昇格・降格を実施する根拠となる規定を就業規則に記載しておくべきです（規程例第10条）。

📖 用語解説9　職能資格制度

その人が持っている職務遂行能力（職能）に応じて、従業員の格付けを行う制度です。職務遂行能力の種類やレベルを明確にした「職能資格基準」を設定し、この基準に基づいて人事管理が行われます。

第3章　服務規律

1. 基本原則、服務心得

規程例

（職務の基本原則）

第11条　職員は、社会福祉事業に従事する者としての使命を自覚するとともに、この規則および諸規程を遵守のうえ互いに協力して職場の秩序を維持し、自己の職務に専念しなければならない。

（服務心得）

第12条　職員は、次の事項を守り規律を保持して、職務に精励しなければならない。

(1) 常に健康に留意し、明朗かつ積極的な態度で勤務すること

(2) 業務を遂行する際には、法人の方針を尊重するとともに、上司の指示に従い、同僚と協力し合ってチームワークの向上に努めること

(3) 常に福祉施設職員としての品位を保ち、利用者、家族、取引先等とは誠実な態度で接し、信用を損なう言動を行わないこと

(4) 勤務時間中にみだりに私語を交わしたり、私用の電話やメールはしないこと

(5) 酒気を帯びるなど、就業するのに不適切な状態で勤務しないこと

(6) 上司の承認を得ずに、勤務時間中に早退・外出その他職務を離脱しないこと

(7) 職場内および業務時間中に政治活動または宗教活動を行わないこと

(8) 職場内において演説・集会および文書等の配布・貼付などを行わないこと

(9) 職場の整理整頓に心がけるとともに、火災・盗難の防止および安全衛生（特に施設内感染の防止）に注意すること

(10) 設備、備品、消耗品等を大切に使用し、許可を得ずに持ち出さないこと

(11) 法人が貸与したパソコン等の電子端末は、業務遂行に必要な範囲で使用するものとし、私的に利用しないこと

(12) 職務上の地位を利用して、金品の貸借関係を結んだり、贈与、供応などの利益を受けたりしないこと

(13) 施設利用者に対して常に親切丁寧に接し、言葉遣いや態度に注意を払い、不安や不信感を懐かせないこと

(14) 法人の許可を得ずに、他の企業の役職員を兼務しないこと

(15) 前各号のほか、この規則に違反するような行為はしないこと

ここだけは押さえておきましょう！

* 職員にこれだけは守ってほしい、という基本的なルールである服務規律を明確に定め、周知しましょう。
* 利用者への接遇態度などの介護施設特有のルールや、施設独自の方針として守っていきたいルールも盛り込みましょう。

Point 1　服務規律は、なぜ就業規則に記載すべきなのでしょうか？

　まず1つ目の理由としては、職場において働く際に守るべきルールである服務規律を就業規則に記載することにより、職員に周知させるためです。職員同士のチームワークのもとで合理的・効率的に職場を運営していくためには、職員にこれだけは守ってほしいという基本的なルールである服務規律を就業規則にしっかりと定めるとともに、それを職員に知らせておくことが大切です。

　職場における秩序は、施設を円滑に運営していくためには必要不可欠なものですから、使用者は服務規律を定めておく必要があり、職員は就業規則に定められた服務規律を守る義務があるのです。

　次の理由としては、何を守らなかったときに懲戒の対象になるかを明記する必要があるからです。職員が重大な服務規律違反を犯した場合には懲戒処分を課す、としている施設がほとんどですから、その前提として、守るべき服務規律とは何かが明確に示されていなければなりません。

　労働基準法では服務規律については「就業規則に必ず記載しなければならない事項」とはされていませんが、以上のような理由でどこの事業場の就業規則にも必ず記載されているのです。

Point 2　服務規律としてどのようなルールを定めておくべきでしょうか？

　職場の秩序を維持していくためには、職員が守るべき規律を就業規則ではっきりと示しておいて、もし重大な違反行為があった場合にはペナルティー（懲戒処分）を課すことによって規律を守ることを強制する、という姿勢も明らかにしておくべきです。そのためにはその規律、つまり職員がやらなければならないこと（遵守事項）や、やってはならないこと（禁止行為）をできるだけ具体的に書いておくことが必要です。

　服務規律として実際にどんな事項を挙げるかは、特に法的な決まりなどはありませんから、それぞれの施設の経営方針などに沿って、実情に合わせて必要と思われるものを定めておくことになります。

　服務規律として一般的に就業規則に書かれているものには、次のようなものがあります。

- 仕事に臨む態度
- 上司（法人）の指示・命令への服従
- 服装・身だしなみに関するもの
- 事業場内での政治・宗教活動の禁止
- 犯罪行為、迷惑行為の禁止
- 機密情報管理　　　　　　　　など。

Point3 介護施設に特有な服務規律はありますか？

　介護施設に特徴的な服務規律としては、利用者に対する接遇態度やマナー（規程例の第12条第13項を参照）、業務上知ることとなった利用者やその家族の機密事項の厳守などが挙げられます。これらは介護福祉事業に関わる者としては当然のことですが、服務規律として就業規則に記載しておくべきです。

　このように、服務規律を守らせるということは職場の秩序を維持するだけではなく、利用者の保護や提供するサービスの質の向上にもつながるということも重要なポイントです。

　服務規律は職員の行動規範でもありますから、職員の行動の方向性を決め、さらには施設の文化・風土づくりにも影響を及ぼすことになります。

Point4 服務規律に対する違反については、どのように記載すればいいでしょうか？

　服務規律を具体的に記載するとともに、それに違反した場合はどうなるか、ということも明記しておくべきです。一般的には、就業規則の「服務規律」の箇所では、違反した場合にはどう対処するのかについては触れずに、「表彰および懲戒」のところで、懲戒処分の事由の一つとして「就業規則第○条に定める服務規律に違反したとき」というように規定する例が多くみられます。

　ここで気を付けなくてはならないのは、就業規則に記載されている服務規律に違反したら、直ちに懲戒処分を課すことができるのではない、ということです。懲戒処分を課すことが適当であるといえるような重大な服務規律違反があったと認められるときに初めて、懲戒処分の規定を適用することができます。違反行為の重さと、処分の重さのバランスが取れていることが大切、ということです。

運用のPoint

　服務規律のうち特に重要なものについては、就業規則に明記するとともに、採用

第3章　服務規律

時に提出してもらう「誓約書」にも記載しておくとよいでしょう。

　必ずしも全ての職員が就業規則を見て、その内容を理解しているとは限りませんから、「誓約書」にも記載して守るべき服務規律とは何なのかを知らせ、それを守ることを誓約させるようにすることはとても効果的です。

2. セクシュアル・ハラスメントの防止、パワー・ハラスメントの防止

規程例

（セクシュアル・ハラスメントの防止）

第13条　職員は、次の各号に掲げる性的な言動等を行ってはならない。

　　(1)　相手（利用者などの介護関係者を含む。以下同じ）の意に反する性的な会話や、噂の流布などをすること
　　(2)　職務上の地位を利用して交際を強要すること
　　(3)　性的な写真等を配布・掲示し、またはこれらを見ることを強制すること
　　(4)　相手の身体に不必要に接触すること
　　(5)　その他、相手の望まない性的言動により、円滑な業務を妨げると判断されること

　2　セクシュアル・ハラスメントに関する問題が発生した場合には、直ちに施設長に報告してその指示に従うとともに、関係者は迅速かつ適切に対応しなければならない。

（パワー・ハラスメントの防止）

第14条　職員は、職場内での部下・後輩など下位にある職員に対し

> て、職務権限や人事上の影響力を行使して、その下位にある職員の人格や名誉を侵害するような言動を行ってはならない。

ここだけは押さえておきましょう！

* 職場でのセクシュアル・ハラスメントを防止することは使用者の義務ですから、行ってはならない言動について就業規則に明記しましょう。
* セクシュアル・ハラスメントに関する問題が生じた場合の対応についても記載しておきましょう。

Point 1 セクシュアル・ハラスメントの防止については記載しておくべきでしょうか？

　介護施設では、多くの職員は常に上司の目が届くところで仕事をしているわけではありません。また女性職員や若い職員が多いなどの特徴もありますから、セクシュアル・ハラスメント（以下、セクハラ）が起こりやすい職場環境であるといえるでしょう。

　法律では、職場におけるセクハラの防止対策が定められています[1]。この内容は、使用者は、職場においてセクハラが起こったことにより、職員が労働条件の上で不利益な扱いを受けたり、就業環境が害されたりすることがないように必要な対策を講じなければならない、というものです。この対策としては、セクハラを受けた職員からの相談に応じ、問題解決のため迅速に対応することなどです。

　従って、これらの趣旨を徹底するためにも、セクハラの防止に関しても服務規律の1つとして就業規則にしっかりと記載しておくべきです。

参照規定・法令

※1　雇用の分野における男女の均等な機会及び待遇の確保等に関する法律　第11条

第3章　服務規律

👉Point2　セクハラとは、具体的にどういう行動を指すのですか。

　セクシュアル・ハラスメントとは「性的嫌がらせ」を意味し、相手の意思に反して不快や不安な状態にさせる性的な言葉や行為を指します。「不快や不安」の解釈ですが、これは客観的に見てどこまでがセーフでどこからがセクハラ、というものではなく、主観によるところが大きいのが事実です。

　職場におけるセクハラには、2つの種類があります。1つは「対価型セクハラ」、もう1つは「環境型セクハラ」です。厚生労働省から出されている「指針」[※1]には、その例が示されています。

　まず「対価型セクハラ」とは、例えば職場で事業主や上司が職務上の地位を利用して労働者に対して意に反する性的な関係を要求する、というようなものです。労働者はこれを拒否すると解雇、降格、減給などの不利益を受けるのでは、という恐れを感じます。

　これに対し「環境型セクハラ」とは、例えば職場において事業主や上司が労働者の腰や胸を触るなどの意に反する性的な言動によって、苦痛に感じて就業意欲が低下したり、能力を発揮することに悪影響が出る、というような支障が生じるものを指します。

参照規定・法令
※1　事業主が職場における性的な言動に起因する問題に関して雇用管理上講ずべき措置についての指針（平成18年厚生労働省告示第615号）

👉Point3　セクハラ防止のために使用者が取るべき措置の記載は必要ですか？

　セクハラは、起こらないようにすることが一番重要ですが、起こってしまった場合の対応を定めておくことも大切です。もしセクハラが起こってしまったら、法人（会社）としては毅然とした態度で対応し、問題を解決していかなければなりません。そのために、就業規則には、取るべき措置について明記し周知しておきましょう。

　前述の「指針」には、次のようなセクハラ防止のために使用者が取るべき措置のポイントが挙げられています。

①	職場におけるセクハラの内容や、それがあってはならない旨の方針を明確化して周知すること
②	セクハラについて適切に対応できる相談窓口を設置し、相談・苦情に対し迅速かつ適切な対応をすること
③	セクハラ行為をした者についての厳正な対処を定め、就業規則に明記すること
④	再発防止に向けた措置を講ずること

セクハラに関しては、別途「セクハラ防止マニュアル」を作って詳しく定めておくこともよいでしょう。

Point 4 パワー・ハラスメントの防止の記載も必要ですか？

パワー・ハラスメント（以下、パワハラ）とは、部下や後輩などに対して、職務権限や人事上の影響力を行使して人格や名誉を侵害するような言動をすることです。意図的に行う場合だけではなく、不適切な業務指導や行き過ぎた教育指導などもパワハラの対象となることもあります。

セクハラ同様、パワハラの防止についても規定が必要です。パワハラについては、セクハラのように法的な規制はありませんが、就業規則に規定しておくべきでしょう。

パワハラの法的な責任としては、加害者だけでなく、使用者にも責任が追求される可能性もあります。民法上の使用者責任[※1]を追求されたり、労働契約法上の安全配慮義務[※2]違反となることもあります。

セクハラもパワハラも、もし発生してそれが外部に知れ渡ることになると、介護施設としては大きなイメージダウンにつながり、利用者からの信頼もなくすことにもなりかねません。発生の防止には万全を期すべきです。

用語解説10 使用者責任

ある事業のために他人を使用する者が負う責任のことで、労働者がその事業を行うに当たって第三者に加えた損害を、使用者が賠償する制度です。使用者に代わって事業を監督する者も使用者とみなされ、その責任を負います。

用語解説11 安全配慮義務

　労働契約に伴い、労働者がその生命・身体等の安全を確保しつつ労働することができるよう必要な配慮をする使用者の義務のことをいい、労働安全衛生法や労働契約法に定められています。この義務を怠ったために労働者が損害を被ったときは、事業主は損害を賠償する義務を負います。

参照規定・法令

※1　民法　第715条
※2　労働契約法　第5条

3. 機密保持・個人情報の取り扱い

規程例

（機密保持）

第15条　職員は、法人の内外を問わず、在職中または退職後においても、業務上の機密事項や法人の不利益となるような事項を他に漏らしてはならない。

（個人情報の取り扱い）

第16条　職員は、業務上、個人情報を取り扱う際には、別に定める「個人情報取扱規程」を遵守するとともに、在職中または退職後においても、利用者およびその家族、取引先その他関係者、法人の役職員等の個人情報を、正当な理由なく開示し、または他に漏らしてはならない。

第Ⅱ部　就業規則見直しのためのチェック・ポイント

> **ここだけ**は押さえておきましょう！

* 機密保持・個人情報の取り扱いについて、就業規則に明記し、職員に重要性を周知徹底させましょう。

Point 1　なぜ、就業規則に機密保持について記載しておくべきなのでしょうか？

　事業活動を行っていく上では、外部に知られることを避けなければならない、さまざまな機密事項があり、介護施設も例外ではありません。そこに働く職員も法人が持っているいろいろな機密事項に触れる機会がありますから、機密保持に関することも服務規律の一つとして就業規則に記載し、これに対する法人としての態度を明らかにし、職員に十分な注意を促すことが必要です。

　そもそも職員が業務上で知った秘密を守る義務は、雇用契約上の義務として当然に負うものと考えられています。しかし、職員に機密保持の重要性を周知徹底させるために、就業規則にも具体的に定めておくべきです。

　また、機密保持に関して重要なことは、在職中はもちろん退職した後にも守ってもらわなければなりません。退職とは労働契約が終了することですから、職員が負っていた義務もそこで終了すると考えられます。注意的に、在職中だけではなく退職後であっても機密を保持する義務は継続するという記載をしておくことが望ましいでしょう。

Point 2　個人情報の取り扱いについては、記載すべきでしょうか？

　まず個人情報[※1]とは何かですが、法律では「生存する個人の情報であって、特定の個人を識別できる情報」とされており、具体的には氏名や生年月日などを指します。しかし、ここではもう少し広い意味で、個人のプライバシーに関する情報を広く指しています。

　個人情報の取り扱いに関しては、法律でも厳重な注意が求められていますので、その趣旨を尊重して「個人情報の取り扱い」として就業規則に記載しておきたいものです。特に介護施設においては、利用者の健康状態や病歴、家族との関係など、プライバシーに関する重要な情報に接する機会がたくさんありますから、これらの取り扱いを徹底する意味でも必要な項目です。

第3章　服務規律

　法律では、個人情報の保護は直接的には使用者の義務として定められていますが、それをしっかり守るためには、個人情報の取り扱いについて規定を設けるなどして、個々の職員にも義務を課すのは当然のことです。個人情報の取り扱いに関するルールを制定して、その扱いについて職員に徹底させることは、介護福祉事業に従事する者として当然のことといえるでしょう。

参照規定・法令
※1　個人情報の保護に関する法律　第2条第1項

4. 出退勤および遅刻、早退、欠勤等

規程例

（出退勤）

第17条　職員は、出退勤の際には出退勤時刻を自らタイムカードに記録しなければならない。

（遅刻、早退、欠勤等）

第18条　職員は、遅刻、早退、欠勤または勤務時間中に私用で外出するときには、事前に上司に申し出て許可を受けなければならない。ただし、やむを得ない理由で事前の申し出ができなかった場合には、事後速やかに届け出て承認を得なければならない。

ここだけは押さえておきましょう！

＊　出退勤について守らなければならない事項を記載しましょう。

第4章 勤務時間、休憩および休日

1. 勤務時間および変形労働時間制

規程例

（変形労働時間制）

第19条　職員の勤務時間は、毎月1日を起算日とする1カ月単位の変形労働時間制によるものとし、週の所定労働時間は、1カ月を平均して40時間以内とする。

2　1日の所定労働時間は原則として8時間とし、始業・終業の時刻および休憩時間は、職種ごとに別表に定めるとおりとする。※

3　前項の規定にかかわらず、法人は、業務の都合上必要な場合には始業・終業時刻を繰り上げ、または繰り下げることがある。

4　各人ごとの月間勤務割表は、前月25日までに作成し、職員に提示する。

5　法人は、業務の都合上必要な場合には職員に提示した勤務割表を変更することがある。ただし、その場合は変更の対象となる職員の意見を聴くものとする。

※別表は省略

ここだけは押さえておきましょう！

* 就業規則には必ず始業および終業の時刻を具体的に明記しておきましょう。
* 労働時間を把握することは使用者に課せられた義務です。適正に管理するためにまず実態を把握しましょう。

第4章　勤務時間、休憩および休日

Point 1　施設や職種によって始業時間・終業時間が異なる場合はどう明記するのですか？

　例えば職種別に早番、日勤、遅番、夜勤などと複数のパターンの勤務時間が決められているような場合には、それぞれのパターンの始業・終業、休憩の時刻を別表としてまとめて記載しておくといいでしょう。就業規則の本文に書くのではなくても、法令の要件を満たしますから問題はありません。

　また、複数のパターンの勤務時間を設け、交互に勤務させる方法を「交替勤務制」といいますが、実際に運用する際には勤務時間のパターンを決めておくだけではなく、事前にカレンダーなどにより職員ごとに日ごとの勤務時間を決めて、周知しておくことも必要となります。

　決定した勤務割表をさまざまな都合により変更しなくてはならない場合に備えて、「一度、決定した勤務割表も途中で変更することがあり得る」ということも記載しておきましょう。

　また、「勤務時間の繰り上げ、繰り下げ」の可能性についても併せて記載し、業務命令としての変更権について同意を得ておきましょう。これにより、実際に勤務時間を繰り上げたり繰り下げたりすることが必要になったときでも、その都度、個別に職員に同意を得る必要がなくなります。

Point 2　1カ月単位の変形労働時間制とはどういうものですか？

　労働基準法には、1週間については40時間（職員数が常時10人未満の介護事業所では44時間の特例もあります）、1日については8時間を超えて勤務させてはならない、と定められています（これを法定労働時間といいます）。

　夜勤などがあるために法定労働時間である「1日については8時間」を超える日や、「1週間については40時間」を超える週がある場合には、「変形労働時間制」を採用し、「交替勤務制」と組み合わせて運用することになります。

　介護施設では、1カ月単位の変形労働制を取り入れている施設がほとんどです。

　1カ月単位の変形労働時間制とは、もともとは業務の繁忙期と閑散期がある事業場において、1カ月単位で労働時間を調整し、不必要な時間外労働を減らすための制度としてできたものです。

　その内容は、「1カ月以内の一定期間（例えば1カ月とか4週間）を平均すると、1週間の労働時間が法定労働時間（40時間）を超えない」という定めをしておけ

ば、「ある週またはある日は法定労働時間（週は40時間、日は8時間）を超えて労働させることができ、その超えた部分については時間外労働とならない」というものです。

この制度を取り入れるには、「労使協定または就業規則その他これに準ずるもの」に必要な事項を定める必要があります。また、労使協定を締結した場合には、これも所轄の労働基準監督署長に届け出なければなりません。

参照規定・法令

※1 労働基準法 第32条
※2 労働基準法 第32条の2

Point 3 労働時間は職員の自己申告に任せているのですが問題はありますか？

長時間労働は過労死などの重大な健康被害をもたらす恐れがありますから、労働時間の把握については厳しい取り扱いが求められています。

それでは労働時間を把握する義務は誰にあるのでしょうか。労働基準法は、「使用者は、労働者に、法定労働時間を超えて労働させてはならない」というように労働時間を守る主体は使用者である、という書き方をしていますから、労働時間を把握する義務も当然、使用者にあると考えられています。

具体的には使用者は労働者が今、何時間労働をしていて、法律上許されるのは残りあと何時間であるのかを知っておく必要があります。そうでないと労働時間を管理することはできません。

とはいえ、使用者は常に個々の労働者を直接に見ていることは困難です。その場合には、労働時間を適正に把握する手段としてタイムカードやICカードなどを利用して、客観的な記録に基づいて労働時間を確認し、記録することが求められています。

労働時間の把握の方法として自己申告に任せることには、労働者が実態どおり正確に申告をしてくるか、という問題があります。実際には長時間働いているのに、本人が正しく申告しないために使用者はそれを把握できず、長時間労働が放置され、健康被害につながることになります。また、把握していない時間外労働があるということは、いわゆるサービス残業が発生し、賃金の未払いという問題も起こります。

もしこれらの問題が起こったとしても、責任は正しく申告しなかった労働者にあるのではなく、労働時間の把握義務があるにもかかわらずそれを怠った使用者にあるのです。

このような理由から、自己申告により労働時間を確認し記録することは、やむを得ない場合以外には避けなくてはなりません。

厚生労働省から、「労働時間の適正な把握のために使用者が講ずべき措置に関する基準」が公表されています。これには労働時間の把握義務は使用者にあること、そのためにはどういう方法で労働時間を管理すべきかということ、また自己申告制をとる場合にはどんな措置を講じなければならないかということなどが定められています。厚生労働省のホームページなどから見ることができますので、ぜひ参考にしてください。

コラム　労働時間の記録方法

労働時間の適正な把握は使用者の義務とされています。労働時間の把握の方法としては、原則は施設長などの管理者が自ら確認して記録することとなっていますが、現実的ではないと思われます。やはりタイムカードなどの利用により、客観的なデータを記録できるものがよいでしょう。

自己申告制で管理する場合は、職員に対して、正しい記録や適正な申告にについて十分に説明すること、時間外労働時間数の上限を設定しないことなどが必要です。昨今では、勤怠管理システムが安価で使用できるようになってきており、普及しつつあります。こういったシステムによる電子的な記録データは信頼性が高いといわれています。

2. 休憩時間の自由利用

規程例

（休憩時間の自由利用）

第20条　職員は、休憩時間を自由に利用することができる。ただし、

> 外出をする場合には事前に上司にその旨を届け出なければならない。

ここだけ は押さえておきましょう！

* 休憩時間の具体的な開始時間・終了時間を就業規則に記載しましょう。
* 休憩時間は、職員に自由に利用させなければいけません。

Point 1　休憩時間はどのくらい与えればいいですか？

　与えなければならない休憩時間の最低基準については、労働基準法で「労働時間が6時間を超えて8時間までなら45分、8時間を超えたら1時間」と定められています。

　本来は、「休憩時間は職場でいっせいに取らなければならない」という原則があるのですが、介護施設などは業務の性質上、職員がいっせいに同じ時間帯に休憩することは難しいためこの原則が適用されませんから、交替で休憩を取ることは問題ありません。

　注意を要する点は、業務が忙しいために休憩時間を取ることができず、または決められた休憩時間より短い時間しか取れずに働いて終業時刻を迎えてしまう職員が出るような場合です。本来は休憩すべき時間にも働かせたのだからその時間の賃金は支払うのか、というような問題もさることながら、法定の休憩時間を与えないこと自体が違法であるということを認識し、決められた休憩時間が取れるように、職場の実状にあった休憩時間の管理をすることが重要となります。

　また、職員の健康管理の面からも休憩時間を管理することは必要なことです。

Point 2　休憩時間の自由利用とはどういう意味ですか？

　「使用者は職員に休憩時間を自由に利用させなければならない」と労働基準法に定められていますが、休憩時間とは職員が労働から離れ、自由に時間を使うことができる状態です。従って使用者は職員に休憩時間中に業務を強いるなど拘束をすることはできません。

休憩時間中の職員が来客や電話などの応対をする場合は、その時間が短く、強制的なものでないときは労働時間にはなりません。しかし、お昼休みの電話当番など、指揮命令下において待機させて拘束している場合は労働時間となり、休憩時間には当たりませんので、これとは別にほかの時間帯に休憩時間を与えなければなりません。

また、私用外出などをする場合に上司にその旨を届け出ることは、自由利用を妨げていることにはなりません。職場の規律保持をする意味で、あらかじめ上司に届け出る旨を規程に記載をしておくといいでしょう。

3. 休日、休日の振替および代休

規程例

（休　日）

第21条　職員の休日は、1カ月を通じて9日とし、各人ごとに定める月間勤務割表により前月25日までに職員に提示する。

2　前項の休日は、1週間（日曜日から土曜日まで）において少なくとも1日以上、割り当てるものとする。

（休日の振替）

第22条　法人は、業務の都合上必要がある場合には、前条の休日を他の日に振り替えることができる。

2　前項の振替を行う場合には、少なくとも3日前までに振り替えるべき休日と、振り替えられる労働日とを特定して、対象となる職員に通知するものとする。

3　休日の振替を命ぜられた職員は、正当な理由がなくこれを拒むことはできない。

第Ⅱ部　就業規則見直しのためのチェック・ポイント

> **（代　休）**
>
> 第23条　第21条の休日に勤務させた場合には、業務に支障がない限り代休を与えるものとする。なお、この代休は無休とする。

ここだけは押さえておきましょう！

* 原則として休日は毎週少なくとも1回、それができない場合でも4週に4日以上与えなくてはいけません。
* 休日の振替ができることやその手続きも就業規則に記載し、有効に活用しましょう。

Point 1　月の前半にまとめて休日を与えて、後半は全て労働日にするのは問題がありますか？

　労働基準法では、休日は原則として毎週1日以上与えることが原則とされていますが、業務の都合でそれができないときには4週間で4日以上与えることも認められています。

　4週に4日の休日を与える場合には、ある特定の4週間に4日間の休日を配置すればよいため、例えば最初の4日間を休日にしてその後の24日間を労働日とすることも違法ではありません。この場合には「ある特定の4週間」を明確にするために、その起算日を就業規則に明記しておく必要があります。

　しかしこの休日の与え方はあくまでも例外的に認められるものであり、職員の健康を損ねるなど労務管理上問題があることは明らかだと思われますので、通常は原則どおり1週間につき1日の休日を与えるようにするべきです。

　変形労働時間制を採用している職場でも、できるだけ休日は規則的に与えるべきです。月の前半にまとめて休日を与えて、後半は全て労働日にする、というような休日の与え方は避けなければなりません。

　なお、1回の休日とは暦日を指し、零時から零時までの24時間連続して労働義務がない状態を言います。しかし、「3交替制勤務」などを採用していて、そのことが就業規則に記載され、制度として運用されていて規則的に定められている場合は、休日は暦日ではなくても継続した24時間を与えれば差し支えない、とされてい

ます。

参照規定・法令

※1　労働基準法　第35条第1項
※2　　　〃　　　　第2項

Point2 振替休日と代休はどう違うのですか？

　休日の振替とは、休日とほかの労働日とを交換することです。例えば本来は休日である日曜日を、労働日である前週の金曜日と入れ替えるような場合です。

　これにより、もともと休日だった日は休日ではなく労働日となり、逆に労働日だった日は休日となりますから、休日出勤扱いになりません。そのため、休日労働に対する割増賃金を支払う必要はなくなります。ただし、振替を行った結果、その週の労働時間が法定労働時間を超えた場合には時間外労働になりますから、変形労働時間制をとっていない限りは割増賃金の支払が必要になります。

　休日の振替を行うためには、まず就業規則に「振替を行うことがある」ことを定めておくことが必要です。この規定がないと、労働契約上の根拠がないことになりますから、振替を行うことができません。そして、あらかじめどの日とどの日とを振り替えるかを特定して、職員に通知しておくことが必要となります。

　これに対して代休とは、休日労働をさせた後にその代償措置として通常の労働日に労働義務を免除することをいいます。休日の振替との違いは、休ませるべき日に労働をさせたかどうかです。代休の場合は、後で休みを与えたとはいえ、本来の休日には労働させていますから、その日については割増賃金を支払わなければなりません。なお、代休を与えることは法律上の義務ではありません。

　休日の振替規定が就業規則にありながら実際にはこれを活用せず、休日出勤をしたら代休を取らせる、という方法をとっている施設も多いのではないでしょうか。休日の振替も活用してみてください。

　また、トラブルを防ぐため就業規則には規程例の第22条第3項のように、休日の振替命令に対して「職員は正当な理由がなければ拒むことができない」ことも記載しておきましょう。

4. 臨時の休業

規程例

（臨時の休業）

第24条　経営上の都合または天災事変等やむを得ない事由によって通常の業務が行えないときは、職員の全部または一部について、臨時に休業させることがある。

2　前項の休業の事由が、法人の責めによるときは、平均賃金の60％以上の休業手当を支払う。

ここだけは押さえておきましょう！

＊　臨時の休業についても記載しておきましょう。

Point 1　「法人の責めによるとき」とはどのような場合ですか？

　使用者に故意や過失があり休業せざるを得ないときや、休業となる事態を避けるために使用者として最善の努力を尽くしたと認められない場合が、「法人（使用者）の責めによるとき」に該当します。

　例えば介護施設では、施設内で感染症が発生したことにより当面営業を行うことができない場合などが、法人の責めによる休業に当たるでしょう。

　このように法人の責めにより職員を休業させざるを得ないときには、職員に平均賃金の60％以上の休業手当を支払わなければならない[※1]ことが労働基準法に定められています。しかし、職員にほかの業務を提供することや、労働日および労働時間の振替をするなどの対応をとることができれば、もちろん休業手当の支払いは不要となります。

参照規定・法令

※1　労働基準法第26条

コラム　天災事変のときの自宅待機や早期帰宅について

　天災事変等の不可抗力の場合は、使用者の責任による休業には当たらず、休業手当の支払義務はありません。東日本大震災では、事業場の施設・設備が直接的な被害を受け、その結果として事業が行えずにやむを得ず休業する事態が発生しましたが、天災事変等の不可抗力に該当し、原則として使用者の責任ではないとされています。

　電力会社によって実施された計画停電に関しても、事業場に電力が供給されない計画停電の時間帯を休業とする場合は、使用者の責任による休業には該当しません。計画停電以外の時間帯については、原則は使用者の責任による休業と考えられますが、休業回避のための具体的努力などを総合的に判断し、使用者の責任による休業には該当しないとされるケースもあります。

　交通機関の不通などにより、従業員が出勤できなかった場合には、労働の提供がないため、原則として賃金の支払は必要ありません。しかし、就業規則等に出勤できなかった場合の賃金の支払について定めがある場合は、それに従う必要があります。できる限り労働者に不利益とならない措置が望ましいでしょう。

　帰宅困難などの理由で、早退してもよいと通知した場合または自宅待機を許可したような場合の取り扱いはどうなるでしょうか。本来は労働を提供する義務があるのに、使用者がそれを免除したのですから、原則として賃金を支払う義務があると考えられます。ただし、「無給となるが、早退を認める」と通知した場合は、合意のもと早退した労働者に対しては、賃金の支払義務はないと考えられます。

第II部　就業規則見直しのためのチェック・ポイント

5. 時間外および休日勤務

規程例

（時間外および休日勤務）

第25条　法人は、業務の都合上必要な場合には、第19条の所定労働時間を超え、または第21条の所定休日に勤務させることがある。

2　前項の場合、法定労働時間を超える労働または法定休日における労働については、あらかじめ職員代表と書面による協定を締結し、これを所轄の労働基準監督署長に届け出るものとする。

3　時間外勤務または休日勤務を命ぜられた職員は、正当な理由がなくこれを拒むことができない。

ここだけは押さえておきましょう！

* 時間外労働・休日労働を命ずることがある旨を就業規則に記載しましょう。
* 時間外労働・休日労働に関する労使協定を締結し労働基準監督署長へ届け出ましょう。

Point 1　時間外労働や休日労働があることを就業規則に記載していないとどうなりますか？

　就業規則に記載されている労働時間（所定労働時間）を超えて労働をさせたり、休日とされている日（所定休日）に労働をさせるためには、まず就業規則に「時間外労働や休日労働を命ずることがある」と記載しておくことが必要です。

　この記載をすることによって、法人と職員との間に、時間外労働・休日労働をさせることについての労働契約上の根拠が初めて発生します。逆にいうと、もしこのことが書かれていなければ、法人は職員に対して時間外労働や休日労働を命じる根拠が何もないことになります。つまり職員が善意で応じてくれない限り、時間外労

第4章　勤務時間、休憩および休日

働や休日労働をさせられない、ということです。

　始業および終業の時刻や休日については、就業規則の絶対的必要記載事項（必ず書かなければならない事項）とされていますが、これに付随する重要事項として時間外労働・休日労働をさせる場合には、そのことも必ず記載しておきましょう。

Point 2　時間外労働や休日労働をさせるのに届出が必要なのですか？

所定労働時間と法定労働時間の関係

・ 所定勤務時間が9：00〜17：00（休憩12：00〜13：00）で、9：00〜20：00まで労働した場合

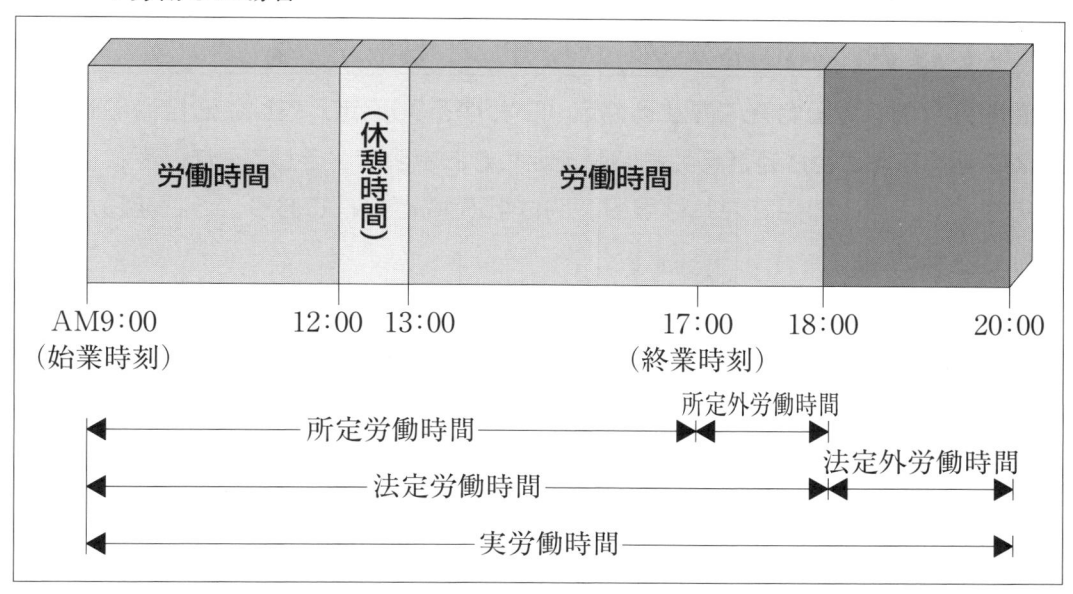

```
労働時間      （休憩時間）     労働時間

AM9:00      12:00  13:00       17:00  18:00   20:00
（始業時刻）                    （終業時刻）

|←――――――所定労働時間――――――→|←所定外労働時間→|
|←―――――――法定労働時間――――――――→|←法定外労働時間→|
|←―――――――――実労働時間――――――――――→|
```

　時間外労働や休日労働をさせることによって、その労働時間が法定労働時間（1週につき40時間、1日につき8時間）を超えたり、法定休日（原則として1週につき1日）に働かせることになる場合には、労使協定を締結し、所轄の労働基準監督署長へ届け出ることが必要です。このことは労働基準法第36条に定められているため、一般に「36（サブロク・サンロク）協定」と呼ばれています。

　[※1]この労使協定がないにもかかわらず法定労働時間を超えて、あるいは法定休日に労働させることは労働基準法違反であり、罰則（6カ月以下の懲役又は30万円以下の罰金）の適用があります。

　36協定を届け出るということには、本来は違法である法定労働時間を超える時間外労働や法定休日に労働させることが違法にはならず、罰則を科されることがなく

なる、という効果があります。時間外労働や休日出勤をさせる可能性のある事業場では必ず協定を締結し、届出をしましょう。

なおこの協定には、「時間外または休日労働させる必要のある具体的事由」、「業務の種類」、「労働者の数」などの項目があります。また、この協定は届出が受理された日から有効となります。

参照規定・法令
※1　労働基準法　第119条第1号

コラム　36協定の「特別条項」とは

時間外労働・休日勤務に関する協定（いわゆる36協定）では、法定労働時間を超えて延長することができる労働時間を定めておきます。そしてその時間には限度があり、例えば1カ月で見れば限度時間は45時間とされており、それを超えることはできません。

しかし、この限度時間を超えて労働時間を延長しなければならない「特別な事情」が予想されるときには、36協定で、延長しなければならない理由、延長するための手続き、延長する期間、回数、時間などの特別条項を設けておくことにより、さらに延長することができます。この特別条項がある36協定を「特別条項付き協定」といいます。なお、この場合の「特別な事情」とは、臨時的なものに限られるなどの制限があります。

労働基準法は、法定労働時間を上回って労働させることは罰則付きで禁止してはいるものの、36協定、さらには特別条項付き協定の締結により、実態としては法定労働時間を大きく超えて労働させることが認められています。

6. 適用除外

> **規程例**
>
> （適用除外）
>
> 第26条　労働基準法上の監督もしくは管理の地位にある職員については、本章に定める勤務時間、休憩および休日の規定は適用しない。
>
> 　2　当法人において前項の監督もしくは管理の地位にある職員とは、○○以上の役職に就く者とする。

ここだけは押さえておきましょう！

＊　労働時間等に関する規定が適用除外となるのは誰なのかを、就業規則に明確に記載しましょう。

Point 1　労働時間などについての法律の規定は、どのような人が適用除外となるのですか？

労働基準法では、「管理・監督者」といわれる立場にある労働者には、「労働時間」、「休憩」、「休日」の規定を適用しない、とされています。具体的にどの役職の職員がこの「管理・監督者」に該当するのかを就業規則に記載しておきましょう。

注意点は、「管理職」と呼ばれている人たちが全て労働基準法でいう「管理・監督者」に該当するとはいえないことです。役職名ではなく、その人がどんな責任と権限を与えられているのかという実態で判断することが重要です。

労働基準法上の「管理・監督者」とは、経営者と一体的な立場で仕事をしている職員のことをいいます。労働条件の決定など経営者から一定の権限を委ねられ、自分の裁量で行使できる重要な立場であることが必要です。

そのため、昼夜時間を問わず経営上の判断や対応をしなくてはいけない場合も出てきます。出退勤や勤務時間について制限を受けないのは、そのような理由があるからです。遅刻したときに賃金を控除されるような立場の職員は、「管理・監督者」

とはいえません。

　待遇についても他の一般職員と比べて相応の待遇がなされていることも、判断基準となります。地位はもちろんのこと賃金その他の面において優遇されていることが必要です。

　この「管理・監督者」には適用されないのは労働基準法の「労働時間」、「休憩」、「休日」の規定だけであり、「深夜割増賃金」、「有給休暇」は適用除外にはなりませんので、注意しましょう。

　また、宿直の勤務がある場合、宿直のときの勤務内容が通常の業務を全く行わず、非常事態に備えて待機しているだけというような場合には、労働基準監督署長の許可を得ることにより、※2管理・監督者と同様に勤務時間や休憩、休日の規定を適用しない扱いにすることもできます。

参照規定・法令

※1　労働基準法　第41条第2号
※2　　　〃　　　第3号

コラム　名ばかり管理職

　「名ばかり管理職」や「名ばかり店長」の問題がニュースで取り上げられることがあります。勤務内容の実態は管理・監督者とはいえるものではないのに、労働時間などの適用除外の対象とされ、残業代などが支給されずに問題となりました。

　適用除外の対象を定めるときは、役職名ではなく、実態的に判別することが重要です。

　例えば、課長であっても、自分の裁量で決定できる権限が少なく、上司の判断が必要であるような場合や、遅刻・早退が多いので賞与が減額されるような場合は、管理・監督者とはいえません。

　労働基準法でいう「管理・監督者」と、それぞれの職場での職制上の「管理職」とを区別して考えなければなりません。肩書きに捉われず、職務上どのような立場にいるのかという実態を考慮した上で判断をしましょう。

第5章　休暇等

1. 年次有給休暇および計画的付与

規程例

（年次有給休暇）

第27条　各年次ごとに所定労働日数の8割以上出勤した職員に対しては、次の表のとおり勤続年数に応じた日数の年次有給休暇を与える。

勤続年数	6カ月	1年6カ月	2年6カ月	3年6カ月	4年6カ月	5年6カ月	6年6カ月〜
付与日数	10日	11日	12日	14日	16日	18日	20日

2　勤続6カ月未満の職員に対しては、勤続2カ月目と勤続4カ月目にそれぞれ1日ずつ付与する。ただし、前の2カ月間を継続して勤務し、所定労働日数の8割以上出勤したことを条件とする。

3　年次有給休暇の請求権は2年とし、その年次に取得しなかった年次有給休暇は、20日を限度に翌年に限り繰り越すことができる。

4　年次有給休暇は、半日単位に分割して取得することができる。この場合、半日を単位としたものは2回をもって1日とする。

5　年次有給休暇は、職員が請求する時季に取得させるものとする。ただし、職員が請求した時季に年次有給休暇を取得させることが事業の正常な運営を妨げる場合は、他の時季に取得さ

ることがある。
6　年次有給休暇を取得した場合は、通常の賃金を支払うものとする。

（年次有給休暇の計画的付与）

第28条　法人は、職員の過半数が加入する労働組合があればその組合、それがなければ職員の過半数を代表する者と労使協定を締結して、各職員の年次有給休暇のうち5日を超える日数については、計画的に取得させることができる。
2　前項の場合、職員は労使協定で指定された時季に年次有給休暇を取得しなければならない。

ここだけは押さえておきましょう！

* 年次有給休暇が発生するための要件や、付与日数を明記しましょう。
* 年次有給休暇の時季変更権や、計画的付与についても記載しておきましょう。

Point 1　年次有給休暇の権利はいつ発生するのでしょうか？

　年次有給休暇を取得する権利[※1]は、法律で定められた要件を満たしたときに発生します。この権利は法律上、労働者の誰にも認められていますから、もし就業規則に年次有給休暇に関する規定がないとしても、要件を満たしたときには、職員には年次有給休暇を請求する権利が発生します。

　その要件とは、次の2つを指します。

①	6カ月以上継続して勤務したこと
②	全労働日（総暦日数から就業規則で定められた休日を引いた日数のことです）の8割以上を出勤したこと

　付与される年次有給休暇の日数は勤続年数に応じて決まり、6年6カ月以上勤務

第5章　休暇等

すると1年間で20日間付与されます（規程例の第27条第1項参照）。もっともこれは法律上の最低基準であり、これ以上の日数の年次有給休暇を付与することはもちろん構いません。

職員は、付与された日数の範囲内で、自分の好きな時季に年次有給休暇を取得することができ、施設は職員から年次有給休暇を取得したいと請求があった場合には、職員が指定した時季に休暇を与えなければなりません。しかし<u>業務の都合上、その職員が休暇を取ることにより施設の運営に支障が出るような場合には、施設は他の時季に休暇を与えることができます</u>。[※2]

この年次有給休暇の時季の指定と変更についても、年次有給休暇の取得に関する重要な事項ですから、就業規則にも明記しておきましょう。

参照規定・法令

※1　労働基準法　第39条第1項、第2項
※2　　〃　　　　第39条第5項

Point 2　未消化の年次有給休暇はいつ消滅しますか？

年次有給休暇は、付与されたときから2年の間請求することができます。従って付与された年に消化しなかった分は、翌年に繰り越すことができます。<u>2年経過しても消化されなかった分は、時効によって消滅します</u>。[※1]

年次有給休暇を使用者が買い上げるという制度をときどき見かけますが、<u>まだ消滅していない年次有給休暇を買い上げることはできません</u>。[※2] 年次有給休暇は労働者に休暇を取らせること自体に意味があり、お金か休暇かを選択できるというのではその意義が薄れてしまいます。

しかし、時効によって消滅してしまう年次有給休暇を買い上げることや、労働基準法で定められた日数を上回る休暇を付与している場合にその上回った部分を買い上げることは問題ありません。また、退職する人の年次有給休暇を退職時に買い上げることも違法ではありません。

参照規定・法令

※1　労働基準法　第115条
※2　通達　昭和30年11月30日　基収第4718号

Point 3 　年次有給休暇の取得の要件である出勤率の算定で、注意する点はありますか？

　年次有給休暇が発生するための要件に、「全労働日の8割以上出勤すること」というものがあります。この出勤率の算定については、

- 業務上の傷病による休業の期間
- 産前産後休業の期間
- 育児休業、介護休業を取得した期間
- 年次有給休暇を取得した期間

はその期間を出勤したものとみなさなければなりません。[※1]

　一方、法律によって付与することが義務付けられている休暇でも、上記に挙げたもの以外の生理休暇や子の看護休暇については、出勤したものとみなす必要はありません。

参照規定・法令

※1　労働基準法　第39条第8項

Point 4 　年次有給休暇を半日単位で取得することはできるのでしょうか？

　年次有給休暇は、原則は1日単位で付与するべきものとされています。しかし、労働者の希望がある場合は半日単位の付与も認める、とすることができます。[※1] 半日単位での取得を認める場合には、そのことも就業規則に明記しましょう。

　また、平成22年4月からは労働基準法の改正により、労使協定を締結することにより、1年間につき5日分を限度として、時間単位でも年次有給休暇を取得することができるようになりました。[※2] この労使協定を締結した場合には、就業規則にも時間単位での年次有給休暇を取得できることを記載しましょう。

参照規定・法令

※1　昭和63.3.14基発150号、平成7.7.25基監発33号
※2　労働基準法　第39条第4項

用語解説12 労使協定

　労使協定とは、労働者と使用者との書面による協定のことをいいます。この場合、労働者とは具体的には、
　・その事業場に、労働者の過半数で組織する労働組合があるときはその労働組合
　・労働者の過半数で組織する労働組合がないときは労働者の過半数を代表する者
と決められています。
　労使協定を締結することによって、労働基準法で禁止されていることを例外的に免れることができます。例えば、労働者は本来、年次有給休暇をいつでも希望する時季に取得することができますが、労使協定を締結することによってその権利が制限され、使用者が休暇の時季を指定することができるようになります。
　労使協定の中には、締結すればその効果が生じるものと、締結後、労働基準監督署長へ届け出てはじめて効果が生じるものがあります。

Point 5　年次有給休暇の計画的付与とは何ですか？

　<u>※1計画的付与とは、使用者が年次有給休暇の取得時季を指定して付与することができる制度</u>です。これを行うためには、労使協定を締結して、指定して付与する時季を定めなければなりません。
　また、取得時季を指定できる日数は、その労働者の年次有給休暇のうち5日を超える日に限られています。ですから、例えば年次有給休暇を12日持っている職員については、そのうちの7日については指定できますが、残りの5日については本人が希望する時季に自由に取得させなければなりません。
　また、正しく労使協定が締結され、時季が指定されている年次有給休暇については、職員は自分の好きな時季に取得できませんし、施設の側でも労使協定で定められたその時季を変更することができません。
　この制度を実施する場合には、年次有給休暇の取得についての重要なルールになりますから、就業規則には必ず記載しておくべきです。

参照規定・法令
※1　労働基準法　第39条第6項

運用のPoint

　正規職員と比べて勤務日数が少ないパート職員などに対しても、年次有給休暇は比例付与という方式で与えなければなりません。比例付与とは、所定労働日数に比例した、通常の職員よりも短い日数の年次有給休暇を付与する、というものです。

勤務日数に応じたパート職員への有給休暇の比例付与

週所定労働時間	週所定労働日数	1年間の所定労働日数	勤続年数						
			6カ月	1年6カ月	2年6カ月	3年6カ月	4年6カ月	5年6カ月	6年6カ月以上
30時間以上			10日	11日	12日	14日	16日	18日	20日
30時間未満	5日以上	217日以上							
	4日	169日〜216日	7日	8日	9日	10日	12日	13日	15日
	3日	121日〜168日	5日	6日	6日	8日	9日	10日	11日
	2日	73日〜120日	3日	4日	4日	5日	6日	6日	7日
	1日	48日〜72日	1日	2日	2日	2日	3日	3日	3日

2. 産前産後の休業等・育児休業等・介護休業等・生理休暇

> 規程例

（産前産後の休業等）

第29条　6週間（多胎妊娠の場合は14週間）以内に出産する予定の女性職員から請求があったときは、休業させる。

　　2　出産した女性職員は、8週間は就業させない。ただし、産後6週間を経過した職員から請求があったときは、医師が支障がないと認めた範囲の業務に就かせることができる。

（育児休業等）

第30条　育児・介護休業法に定める要件を満たす職員は、法人に申し出て、育児休業または育児短時間勤務制度等の適用を受けることができる。

　　2　育児休業、または育児短時間勤務制度の適用を受けることができる職員の範囲その他必要な事項については、別に定める「育児・介護休業規程」による。

（介護休業等）

第31条　育児・介護休業法に定める要件を満たす職員は、法人に申し出て、介護休業または介護短時間勤務制度等の適用を受けることができる。

　　2　介護休業、または介護短時間勤務制度の適用を受けることが

> できる職員の範囲その他必要な事項については、別に定める「育児・介護休業規程」による。
>
> （生理休暇）
>
> 第32条　法人は、生理日の就業が著しく困難な女性職員から請求があったときは、必要な期間休暇を与える。
>
> 2　前項の休暇については、無給とする。

ここだけは押さえておきましょう！

* 介護施設には、女性職員が大勢勤務しています。法律で定められている休業制度であっても就業規則に明記し、職員に周知しましょう。

Point 1　産前産後の休業については、就業規則に記載すべきでしょうか？

　休暇に関する事項は、就業規則の絶対的必要記載事項とされていますので、産前産後の休業についても記載しなければなりません。

　産前については、6週間（多胎妊娠の場合は14週間）以内に出産する予定の女性職員が休業を請求した場合には、就業させてはならないと労働基準法に定められています。

　また、産後についても8週間を経過していない女性職員を就業させてはならないことも規定されています。ただし、[※1]6週間を経過していれば、医師が支障なしと認めた業務については就業させてもよいことになっています。

参照規定・法令

※1　労働基準法　第65条第2項但し書き

第5章　休暇等

Point 2 育児休業・介護休業に関する規定はどのように就業規則に記載しておくとよいでしょうか？

　<u>育児休業・介護休業は、法律によって実施することが義務付けられています。</u>※1 この法律では、規模や業種に関わりなく全ての使用者に対して、育児休業、介護休業、子の看護休暇、時間外労働の制限、深夜業の制限、勤務時間短縮等の措置などの実施を求めています。

　育児休業・介護休業に関することは、法定の基準どおりのものだけではなく、例えば、

　・子の看護休暇を法定日数以上取得することができる
　・子が小学校入学するまで短時間勤務制度を取得することができる

など、その施設独自の制度を実施しているケースもあります。それぞれの実情に合わせ、できる限り職員の働きやすさを考慮すべきでしょう。

　これらを全て規程に盛り込もうとすると、休業の取得手続きなどに関することも含めると条項数も相当なものになります。そういう理由から、規程例のように就業規則には要旨だけを規定し、別規程である「育児・介護休業規程」を設けて、そこで詳しく記載することが一般的です。

用語解説 13　子の看護休暇

　小学校に入学前の子がいる職員は、病気やけがをした子どもの看護のために、子が1人であれば1年に5日（2人以上であれば年10日）まで休暇を取ることができる制度です。この休暇は通常の年次有給休暇とは別に付与されます。

参照規定・法令

※1　育児休業、介護休業等育児又は家族介護を行う労働者の福祉に関する法律

Point 3 生理休暇は必ず与えなければならないのですか？

　労働基準法では、<u>生理日の就業が著しく困難な女性労働者が休暇を請求したときは、就業させてはならない</u>※1 と規定しています。法律によって定められている休暇であり、全ての女性の労働者に適用されます。従って請求があった場合には、当然に与えなければならないものです。そして、これも休暇に関することですから、就業

規則には必ず記載しておかなければなりません。

なお、この生理休暇を取得した日については、有給としなければならないという決まりはありませんから、使用者が自由に定めることができます。トラブルを避けるためにも、有給とするのか無給とするのかを明記しておいたほうがいいでしょう。

参照規定・法令

※1　労働基準法　第68条

3. 公民権の行使の休暇・裁判員休暇

規程例

（公民権の行使の休暇）

第33条　法人は、職員が勤務時間中に、選挙権、被選挙権その他公民としての権利を行使し、または公の職務を執行するために必要な時間を請求したときには、これを認める。ただし、その目的を達成することができる範囲において請求された時刻を変更することができる。

（裁判員休暇）

第34条　法人は、職員が裁判員候補者として出頭し、または裁判員（もしくは補充裁判員）として選任を受け裁判審理に参加するときには、職員からの請求に基づき裁判員休暇を与える。

2　裁判員休暇を取得した場合は、通常の賃金を支払うものとする。

第5章　休暇等

ここだけは押さえておきましょう！

* 公民権行使の請求は、時間を変更することができることを明記しましょう。
* 裁判員休暇制度は義務ではありませんが、設けておきましょう。

Point 1　公民権の行使の休暇とはどんな休暇でしょうか？

　労働基準法では、[※1]労働者が労働時間中に公民としての権利を行使することや、公の職務を執行するための時間を請求した場合には、使用者はこれを拒否できないと規定されています。

　公民としての権利とは、選挙権・被選挙権の行使などがこれに当たり、公の職務とは、国会議員、地方議会の議員としての職務などを指します。

　職員からこれらを行使するための必要な時間の請求があった場合、使用者は拒否できませんが、その権利の行使や公の職務の執行に支障がなければ、請求された時間を変更することはできます。また、これらの時間について有給とするか無給とするかは、使用者が自由に定めることができます。

　この公民権の行使も休暇に関する事項ですから、就業規則に記載しなければなりません。

参照規定・法令

※1　労働基準法　第7条

Point 2　「裁判員休暇」は必ず設けなければならないのでしょうか？

　裁判員制度は、国民が刑事裁判に参加することで国民の一般良識を裁判に反映させるために2009年にスタートしました。裁判員は20歳以上の有権者の中からくじで無作為に選ばれますので、誰でも選ばれる可能性があります。また、裁判員となることは国民の義務とされていますから、選任された場合には原則として辞退することはできません。

　裁判員として裁判に参加することは「公の職務」（**Point1**参照）に該当しますから、労働基準法の規定によって労働者から請求があった場合には、使用者はその職務を行うのに必要な時間を与えなければなりません。

第Ⅱ部　就業規則見直しのためのチェック・ポイント

　このように、新たに「裁判員休暇」を設けるまでもなく、もし職員が裁判員に選ばれた場合には施設としては休暇を与えることになります。

　裁判員制度を根付かせ、円滑に運用していくためには、裁判員に選ばれた人が参加しやすい環境づくりをすることが必要です。そこで制度を主管する最高裁判所は、法務省や弁護士会などと連携して、各種経済団体や企業等に対して特別の有給休暇制度としての「裁判員休暇」の導入を検討することを求めています。
　このように、現状では裁判員としての職務を行うための休暇を必ず有給としなければならないというものではありませんが、裁判員制度の趣旨を理解し、職員が参加しやすい環境をつくるためにも、有給の裁判員休暇制度を設けることを検討すべきでしょう。
　なお、[※1]職員が裁判員としての職務を行うために仕事を休んだことを理由に、解雇などの不利益な扱いとすることは法律で禁じられています。

参照規定・法令
※１　裁判員の参加する刑事裁判に関する法律　第100条

第6章 賃金、賞与、退職金

1. 賃金、賞与、退職金

規程例

（賃金・賞与）

第35条　職員の賃金および賞与に関する事項は、別に定める「賃金規程」による。

（退職金）

第36条　職員の退職金に関する事項は、別に定める「退職金規程」による。

ここだけ は押さえておきましょう！

* 賃金・賞与に関する事項は、就業規則の委任規程としての「賃金規程」を作り、必要な事項を明記しましょう。
* 退職金制度がある場合には、その内容を就業規則（「退職金規程」）に明記しなければなりません。

Point 1　賃金については、就業規則とは別に「賃金規程」を作るべきですか？

※1
労働基準法では、賃金の決定、計算、支払方法、締切り、支払時期、昇給に関する事項は就業規則に必ず記載しなければならない項目とされています。

規程例の第35条では、職員の賃金と賞与に関することは別に定めるとし、具体的な内容については「賃金規程」に委任することを規定しています。賃金について

は、法律で記載することが求められている上記の項目以外にも、賃金体系、諸手当の内容や支給要件、賃金と人事評価制度との関連性などを定めておくことになりますから、条項数がかなり多くなります。そこで便宜上、就業規則とは別の規程として「賃金規程」を作ることが一般的に行われています。

ただし、この「賃金規程」も就業規則と一体をなすものですから、例えば作成や変更の手続きなどについても、就業規則の本体と同じ扱いをします。

就業規則（賃金規程）には、具体的には主に次のような内容を記載します。

(1) 賃金の決定、計算の方法

まず、賃金体系がどうなっているかを明確に定めておきます。賃金体系とは、賃金がどんな要素で構成されているのかを表したものです。毎月決まって支払われる賃金は、基本給と諸手当（役職手当・住宅手当・家族手当など）からなる「基準内賃金」と、時間外勤務手当、休日勤務手当、深夜勤務手当などの「基準外賃金」に分けられます。

賃金体系（例）

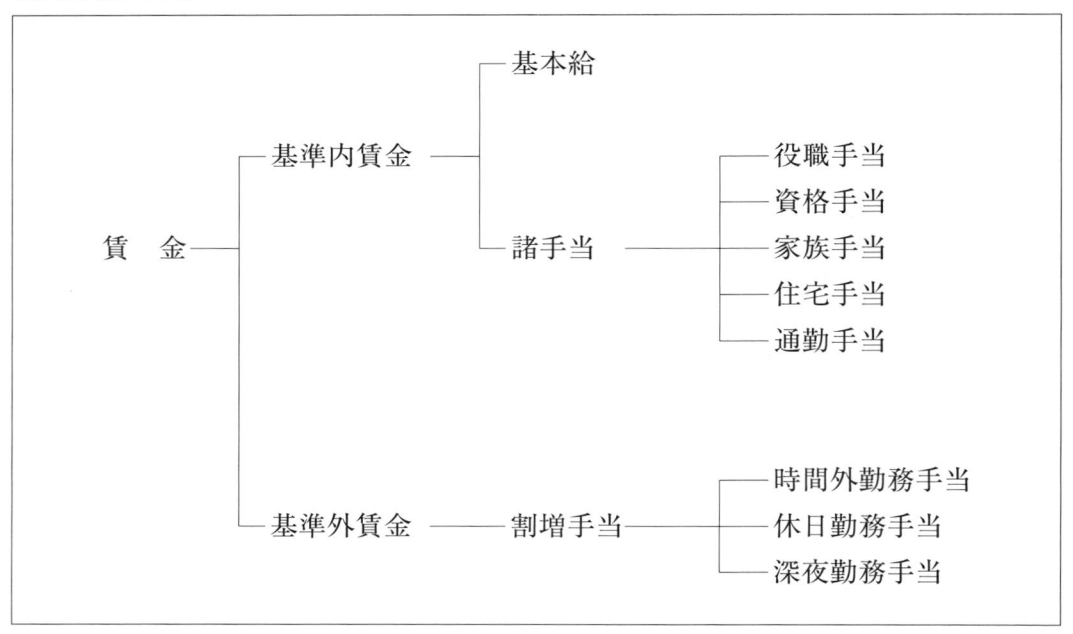

```
                    ┌─ 基本給
        ┌─ 基準内賃金 ─┤          ┌─ 役職手当
        │            │          ├─ 資格手当
        │            └─ 諸手当 ──┼─ 家族手当
賃 金 ──┤                       ├─ 住宅手当
        │                       └─ 通勤手当
        │                       
        │                       ┌─ 時間外勤務手当
        └─ 基準外賃金 ── 割増手当 ─┼─ 休日勤務手当
                                └─ 深夜勤務手当
```

基本給をどう決めるかについては、年齢や勤続年数に基づく「年功給」、職務遂行能力に基づく「職能給」、仕事の内容や期待される役割に基づく「職務給」、「役割給」などの考え方があります。どれを選択するかは施設（法人、会社）の経営方針や人事戦略により決まります。就業規則には、どのような考え方に基づいて基本

第6章　賃金、賞与、退職金

給が決定されるのかも簡潔に規定すべきでしょう。また、諸手当については、支給する理由、支給要件や金額などについて規定します。

基準外賃金については、その計算方法や割増率を規定します。

(2) 賃金の締切日、支払日

<u>労働基準法には、賃金は毎月1回以上、一定の期日を定めて支払わなければならない</u>※2ことが規定されています。

賃金の締切日とは、毎月、何日から何日までの労働に対して賃金を支払うのかという、賃金計算の対象となる期間の締日のことです。

賃金の支払日は、「毎月○日」のように特定されなければならず、例えば「毎月第4火曜日」という決め方は、暦によって支払日が変動するため認められません。具体的な記載方法としては、「賃金は、前月16日から起算して当月15日で締め切り、当月25日に支払う」というようになります。

(3) 賃金の支払方法

労働基準法に規定されているように、<u>賃金は、通貨で、直接労働者に、その全額を支払うことが原則ですが、特定の場合には例外も認められています</u>※3。

通貨以外のもので支給することが認められる場合ですが、まず労働協約によって通貨ではなく現物で支給することを合意した場合があります。<u>労働協約とは、労使関係のルールについて労働組合と使用者が書面で取り交わした約束事</u>※4です。通貨以外のもので支給する代表的なものに、通勤手当の代わりに定期券の現物を支給する場合があります。

次に、<u>厚生労働省令で定められた確実な支払の方法による場合にも、通貨以外での支給が認められます</u>※5。この代表的なものは、銀行などの金融機関への振り込みの方法による支払いです。

(4) 賃金の控除

賃金計算の期間に発生した賃金はその全額を支払わなければならない、という労働基準法の原則の例外として、賃金から控除する（差し引いて支給する）ことが認められているものがあります。まず、法令で定められている所得税や地方税などの源泉徴収税額、労働・社会保険の本人負担分の保険料、そして財形貯蓄金などの控除がこれに当たります。

これ以外にも、賃金の控除に関する書面による協定（労使協定）を締結している場合の控除があります。控除する項目については法的な制限はありませんが、社内預金、社宅・寮費、組合費などが一般的なものです。

以上のような賃金から控除するものについては、就業規則に記載しておきます。

⑸ 昇給

昇給に関することも、必ず記載しなければならない事項の一つです。就業規則には、昇給の有無、ある場合にはその時期などを明記しておきましょう。

しかし、昇給についてしか規定していないと、逆に賃金を下げたい場合（降給）には、行うことができません。経営状況などによっては昇給を見合わせたいこともあるでしょうし、人事考課制度を導入している場合には考課の結果によっては給与が下がることもあり得ます。従って、昇給の規定には、「ただし書き」を設けて、「施設の経営状況の変化や人事考課によって昇給しないことや降給もあり得る」ことも定めておくべきでしょう。また「昇給」という用語ではなく「給与改定」としてもよいでしょう。

参照規定・法令

※1　労働基準法　第89条第2号
※2　労働基準法　第24条第2項本文
※3　労働基準法　第24条第1項
※4　労働組合法　第14条
※5　労働基準法施行規則　第7条の2

Point 2　賞与について就業規則に記載するときはどんなことに気を付けるべきですか？

賞与は、法的には使用者に支払義務が課せられてはいませんが、労働契約や労働協約などで支給することが約束されていれば支払義務が発生しますから、就業規則に記載しなければなりません。

しかしこの場合でも、「賞与は原則として6月と12月に支払う」と定めたとしても、ただし書きに「（事情によっては）支給しないこともある」と記載しておくことで、経営状況などによっては支給しないことが可能になります。確定的に「賞与は年2回、それぞれ基本給の2カ月分を支給する」などと定めることは避けるべき

です。

　パート職員などついては、賞与の支給対象外としている施設も少なくないと思われます。労働契約を締結する際には、賞与を支給するのかしないのかを、労働条件通知書などに明記しておかなければなりません。同時に就業規則においても、賞与の支給対象となる職員の範囲が明確に分かるように記載しておきましょう。

　賞与を貰うためには支給日当日に在籍していなければならない、としているケースはよくあります。判例などによれば、支給日に在籍しなければ支給されないことが慣行になっていて、就業規則にもそのことが明記されている場合には、支給日に労働者が退職している場合には賞与を支給しなくてもよい、とする考え方が一般的です。

　しかし、賞与には「賃金の後払い」的な意味もあることを考慮して、年間で賃金の支給総額が決まっているような場合や、また会社都合退職のように労働者が退職の時期を選べないような場合については、賞与の計算対象の期間における在籍日数から日割計算するなどの方法によって賞与を支給する、という例もよく見られます。

参照規定・法令

※1　労働基準法　第89条第4号

Point 3　退職金制度がある場合には、就業規則には何を記載すべきですか？

　<u>退職金制度[※1]を設けるかどうかは使用者の自由ですが、設ける場合には就業規則に記載しなければなりません。記載しなければならない内容は、退職金制度が適用される労働者の範囲、退職金の決定、計算および支払の方法、支払の時期についてです。</u>

　退職金に関する規定は、賃金と同様に条項数が多くなる場合がありますので、規程例の第36条にも見られるように、就業規則とは別に「退職金規程」を作成することが多く行われます。

　就業規則（退職金規程）には、主に次のような内容を記載します。

(1) 適用される職員の範囲

　退職金制度の対象となるのは、いわゆる正職員に限定するのが一般的です。その

場合には、就業規則には、「正職員にのみ適用する」など、適用範囲を明確にしておきます。また、パート職員など退職金制度の適用がない人と締結する労働契約では、退職金は支給しないことを明らかにしておかなければなりません。

(2) 退職金の支払時期

労働基準法には、労働者が死亡または退職した場合には請求があれば7日以内に賃金を支払わなければならない、と規定されています。退職金もその支給条件が明確に定められている場合には賃金として扱われますので、この規定が適用されます。

しかし、退職金については、あらかじめ就業規則に定めた支払時期に支給することでも差し支えない、とされています。退職後に本人の在職中の不正行為などが発覚して、退職金の不支給・減額をしなければならない事態も考えられますから、就業規則に定める支払時期は、「退職後1カ月を経過した日に支払う」など、相当期間を経過したあと、としておくことも一般的です。

(3) 退職金の減額・不支給

退職金の支給も、法令で使用者に課されている義務ではなく、就業規則などに記載されてはじめて支給の義務が発生するものです。

もし、本人の不正行為などの理由で懲戒解雇する場合には、退職金の全部または一部を支給しないことを就業規則に規定することは可能です。ただし、そういう規定があっても懲戒解雇する場合に必ず退職金の不支給や減額が認められるわけではなく、具体的な事情によりケースごとに個別に判断されることとなります。

判例によれば、退職金については、これまでの勤続に対する賃金の後払いの性格も有していることから、不支給や減額の規定を適用できるのは、労働者の永年の勤続に対する功労を消してしまうような程度の背信行為があった場合に限られる、とされています。

参照規定・法令

※1 労働基準法 第89条第3号の2
※2 労働基準法 第23条第1項
※3 通達 昭和63年3月14日 基発150号

第7章　休職および復職

1. 休職

> ### 規程例
>
> （休職）
>
> 第37条　職員が、次の各号のいずれかに該当する場合は、休職を命ずることがある。
>
> 　（1）　業務外の傷病により欠勤が引き続き3カ月（暦日）を超えるとき
> 　（2）　自己の都合によりやむを得ず欠勤するとき
> 　（3）　公職に就任し、業務と両立しないと認められるとき
> 　（4）　第9条の定めにより出向するとき
> 　（5）　刑事事件に関し起訴され、勤務に就けないとき
> 　（6）　その他特別の事由により法人が休職を必要と認めたとき
>
> 　2　休職期間中の賃金は、前項第4号による休職の場合以外は、原則として支給しない。

ここだけは押さえておきましょう！

* 休職制度を設け、就業規則に規定しましょう。
* 休職事由を就業規則に具体的に記載しておきましょう。

Point 1　休職制度を設けておくことは必要なのでしょうか？

　休職制度とは、労働者が就労できなくなった場合や就労するのに不都合な事態が起きた場合に、労働者との労働契約関係を維持しながら、ある一定の期間について

労働を免除する制度をいいます。

　この休職制度は、労働基準法など法令で基準が設けられているものではありませんので、休職制度を設けるかどうか、またどういう内容とするのかは法人（会社）の裁量に任されています。しかし、さまざまな理由で働くことができず長期間にわたり休業せざるを得ない場合にも、一定の条件のもとで労働者としての身分を維持することができる休職制度があることは、職員にとっては休職の期間中は退職や解雇となることを避けることができるため、大変に有用な制度です。また、法人にとっても貴重な人材が復帰することを期待できるため、お互いにとってメリットがある制度だといえます。

　<u>休職制度を設けるときには、就業規則への記載が必要</u>[※1]です。きちんと就業規則に規定しておくことが、休職中や職場復帰後のトラブル防止にもつながります。

　就業規則には、どんな場合に休職となるのかという休職事由を具体的に定めておきましょう。一般的には、規程例第37条第1項の第1号から第5号に記載されているようなものが主な休職事由として挙げられます。

　これらに加え、第6号の「その他特別の事由により」という規定もしておくと、想定できなかった理由での休職にも対応ができるようになります。

　なお、休職制度は休職の事由が発生したときに必ずしも休職を命じなければならないというものではありません。休職を命じるかは使用者の判断となります。

参照規定・法令

※1　労働基準法　第89条第10号

Point 2　休職期間中の賃金についても記載をするべきですか？

　<u>賃金は労働をしたことの対価として支払われるものですから</u>[※1]、労働者から労働の提供があってはじめて、使用者には賃金の支払い義務が発生します。従って、労働の提供がない休職期間については賃金が支払われないことは、当然の原則となります。休職期間中は無給とするか有給とするかは使用者の判断で決めることができますが、この原則に基づき無給とするのが一般的です。

　賃金規程などに休職中の賃金の取り扱いについて別途記載している場合にも、就業規則の休職の箇所にも、無給なのか有給なのかを併せて明記しておきましょう。

　なお、休職期間中であっても**社会保険**（厚生年金保険、健康保険）の被保険者と

第7章　休職および復職

しての資格は失いませんから、休職期間中を無給とした場合でも使用者は本人負担分の保険料を徴収する必要があります。この場合、無給であれば給与から社会保険料が控除できないことになりますので、社会保険料の取り扱いについても本人負担分の保険料をいつ、どうやって徴収するのかなどを決めておくとよいでしょう。

用語解説14　社会保険

　広い意味では公が運営している保険を社会保険と呼び、労働者災害補償保険（労災保険）、雇用保険、健康保険、厚生年金保険、国民健康保険、介護保険などがあります。ほとんどは政府が運営していますが例外もあります。健康保険では全国健康保険協会または健康保険組合、国民健康保険では市町村または国民健康保険組合の運営です。

　また、一般的には労災保険と雇用保険を労働保険、健康保険と厚生年金保険を社会保険という場合もあります。本文では後者の意味で使っています。

参照規定・法令

※1　労働契約法　第6条

2. 休職の期間

規程例

（休職の期間）

第38条　前条による休職の期間は、次のとおりとする。

(1)　前条第1号の場合

　　(ア)　勤続年数1年以上3年未満　　　　3カ月

　　(イ)　勤続年数3年以上5年未満　　　　6カ月

　　(ウ)　勤続年数5年以上　　　　　　　　1年

(2)　前条第2号、第6号の場合　　法人が必要と認める期間

(3)　前条第3号の場合　　　　　　公職に就任している期間

(4) 前条第4号の場合　　　　　　　出向している期間
(5) 前条第5号の場合　　　　　　　当該事件が裁判所に係属する期間

2　休職期間は勤続年数に通算しない。ただし、前条第1項第4号の場合は、勤続年数に通算する。

3　復職後3カ月以内に、同一の事由により再び欠勤し、通常業務の遂行が難しいと認められる場合には再度休職を命じ、復職前の休職期間と通算する。

ここだけは押さえておきましょう！

* 休職期間は休職の事由ごとに、適切な期間を設定しましょう。
* 私傷病が理由の場合は、勤続年数に応じて休職期間を設定しましょう。
* 休職期間は勤続年数として扱うのかどうかも規定しておきましょう。

Point 1　休職期間はどのような基準で設けたらよいのでしょうか？

休職の理由によってどのくらいの期間を休職させるべきかは異なりますから、休職の事由ごとに、それぞれ適切な期間を定めておきましょう。

私傷病による休職などの場合には、勤続年数の長短に応じて休職期間を設定する例が多く見られます。休職ということ自体に、退職や解雇を先延ばしにするという恩恵的な意味合いがありますから、長期勤続を会社への貢献と考え、勤続年数が長いほど休職期間を長く設定するのです。

また、休職期間を「解雇猶予期間」と考えると、例えば試用期間中の職員や入職1年未満の職員には休職制度は適用しない、というように勤続期間の短い職員への特別な扱いを設けておくことも、十分に合理的だといえます。

規程例第38条第2項但し書きにあるように、休職期間を勤続年数に含めるのかどうかを明記しておくことも必要です。退職金の支給基準や昇格・昇進などの人事管理に影響を及ぼすからです。休職期間は出向休職などを除いて、勤続年数に通算しないのが一般的です。

Point 2 休職から復帰後、すぐに欠勤が続く場合はどう対応したらよいでしょうか？

休職していた職員が復帰後、すぐに同一の事由により欠勤をする場合に備えて、就業規則に「前後の休職期間の通算」についての規定もしておきましょう。休職期間の満了により退職となることを避けるために、あえて休職期間満了を待たずに復職し、しばらくしてから再び休職に入るというようなことも考えられます。

また、特に私傷病休職で問題となるのは、最近増えているうつ病などメンタル面の疾患の場合です。一度病状が回復しても、再び欠勤を繰り返すことも多いようです。

このように一定の期間内に、同じ事由により再び欠勤し、法人が通常業務の遂行が難しいと判断した場合には再度休業を命じ、前回の休業期間と通算する扱いを就業規則に定めておきましょう（規程例第38条第3項）。この定めがない場合は、再度の欠勤は「新たな休職期間の始まり」として扱わなければならず、休職期間を通算することができませんので、就業規則に規定することは必要になります。

復帰から次に欠勤を始めるまでの「一定期間内」の期間を定めるときは、「1カ月以内」や「3カ月以内」など社会通念上どの程度の期間が妥当かを勘案して設定しましょう。

コラム　増える「うつ病」による休職

うつ病にかかる人が急増しています。厚生労働省の調査によると、1996年には43.3万人だったうつ病などの気分障害の総患者数が、2008年には104.1万人と2.4倍にもなっています。医療機関への受診率の低さから考えると、実際にはこれよりもっと多くの患者がいると推測されるのだそうです。患者数の増加に伴い、勤務先を休職する人も当然に増加しています。

さらに最近では、「新型うつ病」と呼ばれる、以前には見られなかったタイプのうつ病も増えており、人事労務担当者を悩ませています。仕事のときにはうつ病の症状が出るものの、趣味などの自分が好きな活動は支障なく行えたり、中には休職中に海外旅行に出掛けるというようなケースもあるようです。

これらの疾患の症状は本人の主観的なものが多いですから、詐病（仮病）と決めつけるわけにもいかず、労務管理上の対応が大変難しくなります。少なくとも就業規則には休職に関する規定を整備しておくとともに、常日頃から職場内でのコミュ

ニケーションを活発にするなど、これまで以上の配慮が、特に職場を管理する立場の人には求められています。

3. 復職

> **規程例**
>
> （復職）
>
> 第39条　法人は、休職期間の満了日以前にその事由が消滅したものと認めた場合は、復職を命ずる。
> 2　復職に当たり、法人は医師の診断書など必要と認める書類の提出を求めることがある。
> 3　復職後の職務については、原則として休職前の職務に復職させる。ただし、業務の都合上異なる職務に配置することがある。
> 4　休職期間が満了しても復職できない場合は、退職とする。

ここだけ は押さえておきましょう！

＊　休職期間満了時に復帰ができない場合は、自動的に退職となる旨を記載しましょう。

Point 1　休職期間満了時に復帰できる状態ではない場合の取り扱いはどうなりますか？

　休職期間が満了する日までに休職事由が消滅している場合（このことを「治癒」といいます）には、休職者の申し出により、または使用者の命令により職務に復帰させることになります。

　逆に休職期間が満了しても復職できない場合には、規程例第39条第4項のように当然に退職となることを定めておくことが必要です。なぜなら、休職期間満了時に

自動的に退職とする規定がない場合や、解雇する旨を定めている場合には、普通解雇の手続き（解雇予告手続き：休職期間満了日の30日前に解雇予告をするか、または予告手当の支払いが必要）[※1]をとらなくてはならないからです。

　注意したいのは、私傷病での休職の場合の「治癒」の判断です。これによって復職できる状態かどうか、つまり復職なのか退職なのか、取り扱いが大きく違ってしまいますので、この判断は重要なものになります。

　では、「治癒」しているかどうかはどのような基準で判断するものでしょうか。基本的な判断基準は「休職前の業務を通常と同程度に遂行できるかどうか」であり、使用者がこの判断をすることになります。

　特に精神疾患の場合の「治癒」の判断は微妙であり、慎重に行う必要があります。そこで、規程例第39条第2項のように医師の診断書など判断材料となる書類の提出を求めることがある旨を記載しておくとよいでしょう。また、「法人が指定した医師に診断させることがある」というような規定を併記しておくことも、「治癒」を判断するに当たっては有用な方法です。

　復職を希望している職員の健康状態が休職前の業務を通常と同程度に遂行できるまでには回復していないときは、休職の事由は消滅していないものとして、法人は復職を拒否することができます。

　ただし、復職後すぐには休職前の業務を通常と同じように遂行するまでには回復していないものの、近い将来、通常業務に復帰できることが見込まれる場合には、一時的に他の軽い業務に配置転換をして復職を認めるという方法も行われます。そのために規程例第39条3項のように、復職後は場合によっては配置転換の可能性があることについても規定しておきましょう。

参照規定・法令
※1　労働基準法　第20条

第8章　定年、退職および解雇

1. 定年および退職の手続き

規程例

（退職）

第40条　職員が次の各号の1つに該当するときは、退職とする。

(1) 死亡したとき
(2) 第38条に定める休職期間が満了するまでに休職事由が消滅しないとき
(3) 期間を定めて雇用されている者の雇用期間が満了したとき
(4) 自己の都合により退職を申し出て会社の承認があったとき
(5) 行方不明となり、30日を経過したとき

（定年、継続雇用）

第41条　職員の定年は60歳とし、その誕生日の属する月の末日をもって退職とする。

2　労使協定の定めるところにより、次の各号に掲げる基準のいずれにも該当する者については、65歳まで雇用を継続する。

(1) 定年後も引き続き勤務することを希望すること
(2) 直近の健康診断の結果、業務に支障がないと認められること
(3) 過去に懲戒等の処分を受けていないこと

第8章　定年、退職および解雇

> （自己都合退職の手続き）
>
> 第42条　職員は、自己の都合により退職しようとするときは、少なくとも30日前までに申し出て、法人の承認を得なければならない。

ここだけは押さえておきましょう！

* 就業規則には「退職（解雇を含む）に関する事項」の記載を必ずしましょう。
* 退職事由として想定されるものを具体的に就業規則に定めておく必要があります。
* 職場の実情に合った継続雇用制度の内容や方法を検討しましょう。

Point 1　退職に関して就業規則への記載が必要な事項はどのようなことですか？

　使用者と労働者との間の労働契約の終了には、大きく分けて「退職」と「解雇」があります。「解雇」とは使用者のほうから一方的に労働契約を終了させることをいいます。これに対し「退職」とは解雇以外の理由で労働契約が終了することをいいます。

　労働基準法では、退職・解雇に関する事項は絶対的必要記載事項とされていて、[※1]就業規則には必ず記載しなければなりません。

　就業規則に明示すべき事項としては、

　　　① 定年に関する事項
　　　② 退職となる事由とその要件
　　　③ 退職の手続
　　　④ 普通解雇、整理解雇に関する事項
　　　⑤ 懲戒解雇に関する事項

などがあり、これらを具体的に記載する必要があります。

参照規定・法令

※1　労働基準法　第89条第3号

Point 2　退職の事由としてはどのようなものを記載すればよいでしょうか？

　規程例第40条では、退職の事由について一般的なものを定めています。このように、退職の事由として考えられるものを具体的に記載します。

　第1号にあるように「死亡したとき」も退職事由として記載されます。職員が死亡すると労働契約の一方の当事者がいなくなるので契約は継続できなくなり、当然に終了となります。そのため、自動的に退職の扱いとなります。

　第2号は、業務外の病気やケガで休職をしていた職員が、就業規則に定められた休職期間が終わっても復職できない場合です。このような場合は、自動的に退職となることも記載しておくべき事項の一つです。就業規則の「休職」の箇所にこのことが規定されていても、退職事由としても記載しておくべきでしょう。

　第5号のように、職員が突然出勤しなくなり、連絡が取れなくなった場合に対応するために「行方不明」の場合も退職となること定めておきましょう。この事由を規定していないと、通常は所在不明となっている職員を労働契約の不履行ということで解雇することになりますが、その解雇の手続きが困難になります。なぜなら、解雇は労働者へ意思表示が到達することで効力が発生しますが、所在不明である職員へは法人（会社）から解雇の意思表示を伝えることが困難だからです。そのため、職員が一定期間所在不明になったときには、退職の意思表示があったものとして自動的に労働契約を終了できるように規定しておきます。

Point 3　定年とする年齢は何歳でも構わないのでしょうか？

　労働者が一定の年齢に達したときに自動的に労働契約を終了させることを「定年退職」といいます。定年を定めている場合は、これも退職に関する事項ですから就業規則への記載が必要となります。

　定年の規定をしておくと、職員が定年年齢に達すれば自動的に労働契約が終了するため、施設からも職員からも特に意思表示をすることなく退職となります。なお、法令により60歳を下回る定年年齢を定めることはできませんから注意が必要です。また、性別によって定年年齢に差をつけることも認められません。

　規程例の第41条第1項では、定年の年齢および定年退職の日を定めています。具体的にいつが退職日なのかを明確に定めておくことも必要です。「定年を60歳とする」とだけ記載したのでは、60歳のどの時期に退職日を迎えるのか特定できませ

第8章　定年、退職および解雇

ん。「満60歳の誕生日」、「満60歳となった月の末日」、「満60歳の誕生日の属する年度の末日」など、退職となる日が明確に分かるようにしておきます。

参照規定・法令

※1　高年齢者等雇用安定法　第8条
※2　男女雇用機会均等法　第6条第4項

Point 4　定年後の継続雇用制度は必ず導入しないといけないのでしょうか？

　規程例の第41条第2項では定年後の再雇用制度について規定しています。65歳未満の定年年齢を定めている場合は、

　　① 　65歳までの定年年齢の引き上げ
　　② 　65歳までの継続雇用制度の導入
　　③ 　定年の定めの廃止

のいずれかを選択し、安定した雇用を確保することが求められています。なお、定年の定めがない場合や定年年齢が65歳以上と定めていれば、①～③の方法を導入する必要はありません。

　実際には②の継続雇用制度を多くの施設でも取り入れています。継続雇用制度は、原則として定年後も継続して働くことを希望する職員を全員雇用しなければなりませんが、継続雇用の条件として一定の基準を設けて対象者を制限することも可能です。規程例ではその一定基準を示しています。

　基準を設ける場合には、規程例のような条件や「直近の健康診断の結果、業務に支障がないと認められること」などのように、客観的に判断できる条件である必要があります。例えば、「法人が必要と認めた者に限る」、「上司の推薦がある者に限る」などは、それらの選定基準が明確にされていないため、使用者がどのような基準で評価したのかが客観的に分かりづらく、継続雇用の条件とは認められません。選定基準を定めるときは、例えば「過去5年間の出勤率が80％以上の者で、無断欠勤がないこと」など具体的で分かりやすいものにしましょう。

　なお、継続雇用制度のもとで希望者全員を継続雇用するのではなく条件を設けるときには、使用者と労働者の間で制度の内容や継続雇用の条件などを決め、労使協定を締結しなければなりません。また、継続雇用のための条件を設ける場合は、その内容を就業規則にも明記しておくか、「再雇用規程」などの別規程に詳細を定め

ておきます。

参照規定・法令

※1　高年齢者等雇用安定法　第9条

Point 5　自己都合退職についてはどのようなことを定めるべきでしょうか？

　自己都合退職（労働者自身の意思による退職）の手続きについて、もし就業規則に定めがない場合には、民法の規定が適用されます。

　民法によれば、雇用期間の定めのない労働契約においては、職員は少なくとも14日前までに申し入れをすることにより、労働契約を解消することができます。そして、退職について施設の承認がなくても、職員が退職の申し出をした日から14日経過したときは労働契約が終了します。

　しかし、業務の引継ぎ期間などを考慮した場合、職員からの一方的な退職の申し出から14日で労働契約が終了してしまうのでは期間が短すぎると思われます。そこで規程例第42条のように、職員が退職を希望する日の30日前までに申し出ること、さらに施設の承認を受けることなどを自己都合退職の手続き要件として就業規則に規定する場合が多いのです。

　退職の申し出の期間は、14日前、30日前、1ヵ月前など事業所によりさまざまに規定されていますが、多くの場合、30日（1ヵ月）程度を妥当と考え規定しているようです。民法に定めのある「14日」以外は、法的な強制力があるわけではありませんが、施設内のルールとして規定しておくべきでしょう。

参照規定・法令

※1　民法　第627条第1項

コラム　定年後の働き方

　60歳を定年としている企業が圧倒的に多い中、定年を向かえる労働者はどのような生活設計をしているのでしょうか。年金を受給できる年齢が先送りされることもあり、やはり何らかの形で就業することを希望する人が多いようです。しかし、働き方については、人それぞれのプランがあるでしょう。まだまだ現役、今までど

おりにフルで働きたい人、定年まで一生懸命働いてきたので、少しペースダウンしたい人、今までより仕事にかける時間を減らし、趣味を楽しみたい人、などです。こういった従業員の希望を取り入れた定年後の働き方を提示している企業は、人材をより有効に活用できるでしょう。

現在の公的年金の制度では、定年後に就業すると、受け取る給与の額と受給できる年金の額によって、年金の一部もしくは全部が支給停止になる仕組みとなっています。逆にこの制度を利用して、年金を一部受け取りながら、給与も受け取り、従業員の手取り額を減らすことなく、企業のコスト負担を軽減できるケースもあります。

60歳以降のベテランの従業員に、本人の希望に見合った働き方を提供することで、技術やノウハウ継承など、企業への貢献度も高い雇用の継続が可能になります。

2. 解雇

規程例

（解　雇）

第43条　職員が次のいずれかに該当するときは解雇する。
    (1) 精神または身体の障害により、業務に耐えられないと認められるとき
    (2) 能力・技能が著しく劣り、または勤務態度に問題があり改善の見込みがないとき
    (3) 事業の縮小、事業所の閉鎖等、やむを得ない経営上の必要があるとき
    (4) その他前各号に準ずる雇用を継続できないやむを得ない事由があるとき

第II部　就業規則見直しのためのチェック・ポイント

> **ここだけ**は押さえておきましょう！

＊　解雇は労働者にとって極めて重要な問題です。就業規則には解雇事由を明記し、労働者にもよく理解させておきましょう。

Point 1　解雇に関する規定や運用について注意すべきことはどんなことですか？

　解雇とは、使用者からの一方的な意思表示によって労働契約を終わらせることをいいます。労働者にとって解雇されるということは、直ちに生活の手段を失うことになります。使用者はどのような場合に解雇するのかという理由を就業規則に明記するとともに、労働者にも理解させておかなくてはなりません。

　労働契約法では「解雇は、客観的に合理的な理由を欠き、社会通念上相当であると認められない場合は、その権利を濫用したものとして、無効とする」[※1]と定めています。

　解雇するには、客観的に見ても解雇が相当であるといえる合理的な理由がなくてはならず、かつ、その程度も社会通念から見て使用者が一方的に労働契約を終了するに値するものでなくてはならない、ということです。

　さて、解雇には「普通解雇」、「整理解雇」、「懲戒解雇」の3つのタイプがあります。規程例第43条では「普通解雇」、「整理解雇」に関する事由を定めています。なお、「懲戒解雇」の事由については就業規則では通常、「表彰・懲戒」の章に記載します。

　規程例の第43条第1号と第2号には、「普通解雇」の事由が書かれています。普通解雇とは、本来労働者に求められている労働の提供ができなくなった場合に、労働契約を終了させることです。病気やケガ、能力不足や改善の見込みのない勤務態度不良などにより労働の提供が不可能か、あるいは不完全となった場合が普通解雇の事由として挙げられます。

　第3号には「整理解雇」について書かれています。労働者の責任によるものではなく、事業の運営上やむを得ない経営上の事由によるものが整理解雇に当たります。

　第4号は、それまでに挙げられている具体的な解雇事由に当てはまらない場合にも解雇できるようにする、いわゆる「包括的事由」です。就業規則に記載されている具体的な解雇事由がないと解雇できない、とする見解もあります。そこで、この

包括的な事由を設け、その他のあらゆる場合に対応できるようにしておくことが一般的です。

　解雇という最終的な手段を選ぶに当たって注意する点があります。例えば、実際に解雇事由に当てはまる程度に勤務態度に問題があり、改善の見込みがない職員がいるときは、使用者（上司）はその職員に対し、繰り返し注意をして、改善へ向けて指導するなどの努力をしていることが解雇の前提となります。

　また、職員には責任がない経営上の問題による整理解雇の場合には、法人側は解雇を避けるための最善の努力を尽くし、解雇の対象者の選定などにも合理性が求められるなど、事業を継続してくためにはその人を解雇するしか選択肢がない、という場合にのみ許されます。

参照規定・法令
※1　労働契約法　第16条

3. 解雇予告および解雇制限

規程例

（解雇予告）

第44条　職員を解雇する場合には、30日前に本人に予告をするかまたは平均賃金の30日分の解雇予告手当を支給する。予告の日数は平均賃金を支払った日数だけ短縮するものとする。

2　前項の規定は、天災事変等やむを得ない事由で事業を継続して運用することが不可能なとき、または職員の責に帰すべき事由により解雇する場合で行政官庁の認定を受けたとき、あるいは試用期間中の者（採用後14日を超えて使用した者を除く）を解雇するときには適用しない。

第Ⅱ部　就業規則見直しのためのチェック・ポイント

> **（解雇制限）**
>
> 第45条　業務上の傷病のために休業する期間およびその後30日間、産前・産後の女性が休業する法定期間およびその後30日間は解雇しない。
>
> 　2　前項の規定は、業務上の傷病による休業期間が3年を経過してもその傷病が治癒しないため打ち切り補償を行ったとき、天災事変等やむを得ない事由により事業を継続して運営することが不可能になった場合で、あらかじめ行政官庁の認定を受けたときには適用しない。

ここだけは押さえておきましょう！

* 解雇の手続きは法律で定められていますが、職員への周知のためにも就業規則には記載するようにしましょう。

Point 1　解雇する場合の手続きについて、法律上どのようなルールがあるのでしょうか？

　労働者を解雇する場合には、「解雇予告手続」といわれる一定の手順を踏まなくてはなりません。この手順については法律に規定があり、解雇することを30日以上前に予告するか、あるいは30日分の平均賃金[※1]を支払わなければならない、という決まりになっています。この予告日数は、予告手当を支払った日数分短縮することができます。例えば、10日前に予告して20日分の平均賃金を支払って解雇する、ということが可能です。

　しかし、この解雇予告手続さえ法定どおりに行っていれば解雇ができる、ということではありません。あくまでも、まず解雇するだけの合理的な理由（解雇事由）がある場合に、この手続きを踏むことによってはじめて解雇が可能になるということです。

　また、例外的に次の場合は、解雇予告手続を行わずにすぐに解雇することができます。

① 天災事変等やむを得ない事由のために事業の継続が不可能になった場合
② 労働者の責に帰すべき事由に基づく懲戒解雇の場合

①は、自然災害などの被害によって事業を継続することが不可能となった場合です。経営上の問題などにより事業が継続できないような場合は、これには該当しません。

②は、懲戒解雇に該当する場合です。例えば事業場内における重大な窃盗・横領・傷害等の行為、重大な経歴詐称、14日以上の無断欠勤などの場合とされています。

ただし、以上２つの例外のケースでは、労働基準監督署長から「解雇予告手続をとらなくてもよい」という認定を受けることが必要です。懲戒解雇の場合には、どのようなケースであれ解雇予告手続は不要で使用者は即時に解雇できる、ということではありません。きわめて重大または悪質な行為ではない事由による懲戒解雇では、必ずしもこの労働基準監督署長の認定が受けられるわけではありません。

また、次の①～④のいずれかにあてはまる労働者に対しては、解雇予告手続の規定が適用されません。

① 日々雇い入れられる者で雇用が１カ月を超えない労働者
② ２カ月以内の期間を定めて雇用される者で、この雇用期間を超えない労働者
③ 季節的業務に４カ月以内の期間を定めて雇用される者で、この雇用期間を超えない労働者
④ 試用期間中の者で採用されてから14日以内の労働者

解雇手続に関することは、「職員を解雇する場合には、労働基準法の定めによる」と記載してもよいのですが、職員に周知させる意味からも就業規則に記載しておくことがよいでしょう。

用語解説15　平均賃金

平均賃金とは、労働基準法で定められている以下の場合に、その算定の基礎として使われるものです。

①	解雇予告手当（第20条第1項）
②	休業手当（第26条）
③	年次有給休暇の賃金（第39条第7項）
④	災害補償（第76条第1項、77、79、80、81、82条）
⑤	減給の制裁（第91条）

　平均賃金は、算定事由が発生した日以前3カ月間に支払われた賃金の総合計額を、算定事由が発生した日以前3カ月間の総暦日数で割って計算します。

参照規定・法令
※1　労働基準法　第20条第1項、第2項
※2　通達　昭和63年3月14日　基発第150号
※3　通達　昭和23年11月11日　基発第1637号、昭和31年3月1日　基発第111号
※4　労働基準法　第21条

Point 2　解雇の制限とはどういうものでしょうか？

　労働基準法では、次に掲げる①、②期間については、解雇することが禁止されています。これを「解雇の制限」といいます。仮に解雇事由に該当する行為があり、適正な解雇予告手続きをとったとしても、この期間に行った解雇は無効となります。

　①　業務上のけがや病気で休業をしている期間とその後30日間
　②　女性が産前・産後の休業を取っている期間とその後の30日間

　①の期間については、業務外の私傷病による休業や通勤途上の災害によるものは含まれません。また業務上のけがや病気で治療中であっても、休業していない場合は、該当しません。
　②の期間については、産前の6週間と産後6週間経過後は、本人が請求しなければ休業を与えなくてもよいと規定されていますので、休業をしないで、就業している場合には、解雇の制限には該当しません。
　また、ほかにも法律により解雇が禁止されている場合がいくつかあります。国籍や信条などを理由とする解雇、育児休業や介護休業の取得を申し出たことを理由と

する解雇などです。

参照規定・法令

※1 　労働基準法　第19条第1項
※2 　通達　昭和24年4月12日　基収発第1134号
※3 　労働基準法　第65条第1項、第2項
※4 　労働基準法　第3条
※5 　育児休業、介護休業等育児又は家族介護を行う労働者の福祉に関する法律　第10条

4. 退職者の責務

規程例

（退職者の責務）

第46条　職員が退職しまたは解雇されたときは、その職員は業務の引継ぎをしなければならない。

2　職員は健康保険被保険者証ならびに会社より貸与された一切の金品を直ちに返納しなければならない。

3　職員が法人に対して債務がある場合、直ちに債務の返済を行わなければならない。

4　職員は在職中に知り得た法人および利用者等の機密情報を退職後も他へ漏洩せず、また自ら利用してはならない。

ここだけ　は押さえておきましょう！

＊　退職する職員や解雇される職員の責務に関して、就業規則に明記し、周知させましょう。

第Ⅱ部　就業規則見直しのためのチェック・ポイント

Point 1　退職時・退職後の職員の義務について就業規則に規定しておくべきでしょうか？

　労働基準法では、^{※1}使用者は退職した労働者から請求があった場合には、7日以内に賃金を支払い、労働者が所有する金品を返還しなければならないとされています。このように使用者には、金品の返還義務が規定されていますが、退職した労働者の側からの会社への返還義務などについては、法律上の規定がありません。就業規則で、業務の引き継ぎや物品の返還など、退職する職員の義務を明記しておくべきです。

　規程例の第46条第1項は、退職した職員および解雇された職員に業務の引き継ぎを義務付けています。ある職員が退職しても施設の運営は継続されますから、業務の引き継ぎの義務は欠かせない事項です。

　第2項では、退職した職員は直ちに施設からの貸与品などを返納すること、第3項では、施設に対して債務があるときには直ちに返済しなければならいことを規定しています。これらは当然の義務ですが、職員に周知する意味でも就業規則に記載しておきましょう。

　第4項では、在職中に知り得た施設や利用者等の機密保持に関することを規定しています。退職した職員から施設の機密が漏えいすることも十分に考えられますので、それを防ぐためにも就業規則に規定しておきます。しかし、退職後は労働契約関係が消滅していますから、就業規則は適用されません。退職時に誓約書をとっておくことなども必要だと思われます。

参照規定・法令

※1　労働基準法　第23条第1項

第9章　表彰および懲戒

1. 表彰およびその種類

> **規程例**
>
> （表彰の事由）
>
> 第47条　職員が次のいずれかの一つに該当する場合には、これを表彰する。
> 　　(1)　業務上の改良や創意工夫などにより、法人の運営に貢献したとき
> 　　(2)　人格や技能が優れ、他の職員の模範となったとき
> 　　(3)　法人の社会的信用や名誉を高めるなどの功績があったとき
> 　　(4)　永年にわたり誠実に勤務したとき
> 　　(5)　職員が優れた提案をしたとき
> 　　(6)　その他法人が表彰すべきものと認めたとき
>
> （表彰の内容、方法）
>
> 第48条　表彰は、賞状を授与するとともに、賞品または賞金を贈呈する。
> 　　2　前項に定める表彰に関する手続きおよび詳細な内容については、別に定める「表彰規程」による。

第Ⅱ部　就業規則見直しのためのチェック・ポイント

ここだけ は押さえておきましょう！

＊　表彰制度を設けている場合には、就業規則に表彰の種類、内容、基準、手続きなどについて記載しなければなりません。

Point 1　表彰については就業規則に必ず記載しなければならないのでしょうか？

　「表彰」とは、他の職員の模範となる行動をとった人、施設の運営に積極的に貢献し業績を上げた人などを、その事実を他の職員にも明らかにして賞賛する制度です。多くの場合、表彰状のほかに賞品や賞金も授与されます。

　表彰の制度を定めること自体はもちろん使用者の義務ではありませんが、<u>表彰制度を設けるのであれば、就業規則に具体的に記載しなければなりません</u>。[※1]

　施設にとって価値がある行動や業績を取り上げ、みんなの前で表彰するということは、表彰される職員の承認欲求（周囲の人から認められたい、という感情）を満たすことになり、モチベーションの向上に有効であるといわれています。また、表彰制度をうまく使えば職場全体の雰囲気を明るくする効果も期待できますので、人材マネジメントの一環として有効に活用したいものです。

　表彰制度は、就業規則に記載すべき項目の中でも最も施設の独自性を打ち出せるものの一つですから、ぜひ工夫してみてください。

参照規定・法令
※1　労働基準法　第89条第9号

Point 2　どんな場合に表彰が行われるのでしょうか？

　表彰の事由、つまりどんな場合に表彰が行われるかですが、これについては法令上の決まりなどはなく、全く自由に決めることができます。

　表彰制度を設けている場合に、必ずといっていいほどあるのが「永年勤続表彰」です。これは、永年にわたり誠実に勤務した職員に対して、その勤務態度を賞賛し、引き続き勤務することを期待して表彰するものです。そもそも長期にわたって勤続すること自体に表彰するだけの価値があるのか、という考え方もありますが、介護事業所では職員の短期間での離職が重要な課題となっていますから、永年勤続

第9章　表彰および懲戒

表彰を行うことも意味があるものと思われます。

　永年勤続表彰を行う節目を勤続年数10年、15年、20年などというように定めて、それぞれの節目ごとに賞金の額や賞品に差を設ける方法が一般的です。

　そのほかによく見られる表彰の事由としては、業務上の改良や創意工夫、災害の防止や災害時の特別な功労などが挙げられます。

　規程例の第47条第5項にある「優れた提案に対する表彰」は、「業務上の改良や創意工夫」と似ていますが、後者は顕著な功績があったことが表彰の要件となっています。これに対して前者は、提案それ自体が優れたものであればよいというものですから、職員が積極的に提案をするという職場風土をつくるのによい効果が期待できます。

　どんな場合に表彰をするかは、施設の理念や方針などそれぞれの職場の実情に合わせて考えられるべきものです。しかし、ある特定の職種や特定の役割を持った職員だけがいつも表彰され、他の職員には実質的に表彰される機会がない、ということになれば職員の不満の原因にもなります。こういう事態を避けるためにも、表彰の事由はもとより、表彰制度の運用においては公平性に配慮することも必要です。

2. 懲戒の種類

規程例

（懲戒の種類）

第49条　職員が次条および第51条の各号のいずれかに該当する行為を行ったときは懲戒処分とする。懲戒の種類および程度は次のとおりとする。

　(1)　戒　　告　始末書を提出させ、将来を戒める
　(2)　減　　給　1回の行為につき平均賃金の1日分の2分の1を、繰り返し行われても総額が月額給与の10分の1を超えない範囲で賃金を減額する
　(3)　出勤停止　14日以内の期間を定めて出勤を停止し、その

間の給与を支給しない
  (4)　降職降格　職位または資格を降ろす
  (5)　諭旨退職　退職願を提出させ、職員としての身分を失わせる
  (6)　懲戒解雇　即時解雇し、職員としての身分を失わせる

ここだけは押さえておきましょう！

* 懲戒についても、定めがあれば、就業規則に懲戒の種類、事由、程度、手続きなどについて記載しなければなりません。
* 就業規則に記載のない懲戒処分を課すことはできませんから、懲戒処分の種類を明記しておきましょう。

Point 1　懲戒処分の種類にはどんなものがありますか？

　まず基本的な考え方として押さえておきたいのは、懲戒処分を課す場合には、
　　・どんな行為をした場合に懲戒処分を受けるのか（懲戒の事由）
　　・どんな内容の懲戒処分を受けるのか（懲戒の種類）
が事前に決められていて、それが全ての職員に知らされていることが大前提である、ということです。言い換えれば、就業規則に記載されていない理由で懲戒処分を課したり、就業規則に記載されていない内容の懲戒処分を課したりすることはできません。従って、これらについて明確に規定しておくことが必要になります。

　懲戒処分の種類についてですが、基本的な4つのものがあります。処分の軽いほうから「戒告」、「減給」、「出勤停止」、そして「懲戒解雇」です。

　これらのもの以外の懲戒処分を定めているケースも多く、規程例では「降職降格」、「諭旨退職」も定められています。

　それぞれの内容につき、順を追って見ていきます。

第9章　表彰および懲戒

①戒告

　始末書を書かせることによって将来を戒めること、つまり「今後は一切こういうことはしません」と誓約させることです。「けん責」と呼ばれることもあります。

　また「戒告」よりも軽い処分として「訓告」、「叱責」を設けることもあります。これは、文書または口頭で注意をして反省を促すことです。

　この「戒告」自体で職員の経済上の不利益は発生しませんが、賞与や昇給、昇格などの人事評価の際には、これを理由として低い評価とすることがあります。

②減給

　懲戒処分として給与を減額することです。<u>法律によって減額の限度が定められており</u>[※1]、「1回につき平均賃金の1日分の2分の1、1カ月につき総額の10分の1」を超えて減額することはできません。

　この「1カ月につき総額の10分の1」というのは、何回も懲戒処分になる行為を繰り返して「1日の2分の1」が積み重なった場合でも、月給の10分の1を超えて減給することはできないということです。このために減給できない部分は、翌月の給与から控除することが認められています。

③出勤停止

　これはある一定の期間を決めて出勤停止を命ずる処分です。その期間中は無給とします。出勤停止の期間については、法律上の定めはありませんが、給与が支払われないことを考慮し、妥当な範囲に制限すべきでしょう。一般的には、7日から14日程度の範囲で定められる場合が多くみられます。

　この出勤停止による給与の不支給は、その期間は労働をしていないことを理由とするものです。従って、前述の「減給」にあった減額の上限についての規定は適用されません。

　また、懲戒処分に該当するかどうかを検討するために、とりあえず「自宅待機」を命じる場合がありますが、これは出勤停止と区別して考えなければなりません。<u>自宅待機は懲戒処分ではなく、「使用者の責に帰すべき事由による休業」となりますから、少なくとも平均賃金の60％以上の休業手当を支払わなければなりません</u>[※2]。

④降職降格

　懲戒処分としての降格は、例えば人事考課の結果が劣悪であったことによる降格など、人事制度運用上のルールとして職位（役職）や資格等級を引き下げる場合とは異なり、制裁罰として職位や資格等級を引き下げることです。通常、職位や資格等級は賃金制度とリンクしていますから、降格処分を課されることにより賃金などの面でも不利益が発生します。

　もし役職者や資格等級の高い職員に非行があったとしても、就業規則に懲戒処分としての「降格」の規定がないと、職位や資格等級を引き下げる根拠がないことになります。

⑤諭旨退職

　諭旨退職とは、本来は懲戒解雇に処することが妥当ではあるが本人が深く反省しているような場合には、その情状を酌量して、退職届の提出を勧告して自発的な退職の扱いとすることです。

　もし本人が退職の勧告に応じない場合は、本来どおり懲戒解雇に処することとなります。

⑥懲戒解雇

　懲戒解雇は懲戒処分の中でも最も重いものであり、解雇予告手続き、つまり解雇予告も解雇予告手当の支払いもせずに即時に解雇するというものです。これは、労働基準法の「労働者の責めに帰すべき事由」[※3]に基づいて解雇する場合には、労働基準監督署長の認定を受ければ解雇予告手続の適用が除外されるという規定によるものです。

　懲戒解雇は、直ちに職員の生活の手段を奪うことになります。適用するに当たっては、本当に懲戒解雇をするだけの事由があるのか、本人に考慮すべき事情はないのか、法令に基づいた手続きが取られているかなどを総合的に見て、慎重に判断しなくてはなりません。

　懲戒解雇の場合には退職金を支給しない旨の記載が就業規則によく見られますが、これがあるからといって、必ずしも支給しなくてよいことにはなりません。判例などによると、退職金には賃金の後払いという性格もあるため、懲戒解雇する場合であってもその全部を不支給とすることは認められない、としたケースもあります。

用語解説16　人事考課

従業員の勤務態度や実績などを、人事や労務管理の一環として管理者が適正に評価することをいいます。管理者は、各従業員の勤務態度をはじめ、業務の遂行能力、業務実績などを考課要素に従って測定し、客観的に評価を加えることにより、その結果を賃金や賞与、昇進昇格、配置異動、能力開発などの人事管理に利用します。

参照規定・法令

※1　労働基準法　第91条
※2　労働基準法　第26条
※3　労働基準法　第20条第1項、第3項

3. 懲戒の事由、その他

規程例

（戒告、減給、出勤停止、降職降格の事由）

第50条　職員が次の各号のいずれかに該当するときは、その情状に応じ、戒告、減給、出勤停止または降職降格に処する。

(1) 正当な理由がなく無断欠勤、無断外出をした場合、または正当な理由がなく繰り返し遅刻または早退するなど、勤務を怠ったとき

(2) 勤務時間中に職場を離脱して職務を怠り、業務の運営に支障を生じさせるなど勤務態度が不良なとき

(3) 過失により災害または営業上の事故を生じさせ、法人に損害を与えたとき

(4) 第3章の服務規律に違反したとき

(5) 職場内において、性的な言動によって他人に不快な思い

をさせたり、職場環境を悪くしたとき
(6) 素行不良で法人内の秩序または風紀を乱したとき
(7) その他この規則に違反し、または前各号に準ずる不都合な行為があったとき

(諭旨退職および懲戒解雇の事由)

第51条　職員が次の各号のいずれかに該当するときは、その情状に応じ、諭旨退職または懲戒解雇に処する。
(1) 正当な理由なく無断欠勤が14日以上に及んだとき
(2) 遅刻・早退または欠勤を繰り返し、3回にわたって注意を受けても改めないとき
(3) 法人内において窃盗、横領、傷害等刑法犯に該当する行為があったとき
(4) 故意または重大な過失により法人に重大な損害を与えたとき
(5) 素行不良で著しく法人内の秩序または風紀を乱したとき
(6) 兼業禁止規定に違反し、業務に関連する起業をし、または他に雇用されたとき
(7) 職務上の地位を利用して私利を図り、または取引先等により不当な金品を受け、もしくは供応を受けたとき
(8) 重大な経歴詐称をしたとき、および不正手段で入社したとき
(9) 施設(法人、会社)の経営上または業務上の重大な秘密を社外に漏らしたとき
(10) 第3章の服務規律に違反する重大な行為があったとき
(11) セクシュアル・ハラスメントの禁止規定に違反し、その情状が悪質と認められるとき

⑿　過去に懲戒に処せられたにも関わらず、改める見込みがないとき
⒀　その他この規則に違反し、または前各号に準ずる重大な行為があったとき

（賞罰委員会）

第52条　職員の表彰・懲戒は、賞罰委員会の議を経てこれを行う。
　　２　賞罰委員会は、必要の都度これを設置し、審議終了と同時に解散する。

ここだけは押さえておきましょう！

＊　どんな行為が懲戒処分の対象になるのかをはっきり示すために、懲戒の事由について明記しましょう。
＊　諭旨退職、懲戒解雇の事由は、他の懲戒の事由とは分けて記載しましょう。

Point 1　懲戒の事由としては、どのような事項を定めておくべきでしょうか？

　懲戒の事由となるのは、企業秩序を乱す行為や職場規律に違反する行為です。秩序を維持し規律を保つために、使用者には懲戒権が認められています。[※1]

　一般的に懲戒事由とされるものは、以下のように区分することができます。それぞれの職場の実態に応じて、具体的な内容を定めることになります。

① 職務怠慢に関する行為
　無断欠勤、無断外出、遅刻、早退、勤務中に職場を離れる行為

② 業務命令や服務規律などに違反する行為
　業務上の報告義務に対する違反
　出張命令・配置転換・職種変更・転勤命令・出向命令に対する違反

セクシュアル・ハラスメント、パワー・ハラスメントに該当する行為
政治活動・宗教活動の禁止行為に対する違反
兼業禁止に対する違反
会社諸規程に対する違反

③　施設や備品などの管理に関する違反行為
　　事業場の施設、什器備品等への破損行為

④　施設に対して経営上または社会的に損害を与える行為
　　機密漏えい禁止に対する違反
　　コンピュータ・携帯電話の不正目的使用禁止に対する違反

⑤　就業時間外・業務外の行為であっても施設および施設関係者に影響を与える行為
　　私生活上の非行および刑事事件等による施設の名誉や信用を毀損（きそん）する行為

　懲戒の事由はできるだけ具体的に定める、といっても考えられる全てのことを書いておくことは不可能です。しかし、就業規則に記載されていない事由で懲戒処分を課すことはできません。そこで必要となるのが「包括的規定」です。懲戒の事由の一番最後には、「前各号に準ずる重大な行為があったとき」などにも懲戒処分の対象となることを必ず記載しておくべきです。

　また、実際に懲戒処分にあたる行為をした人だけではなく、教唆（きょうさ）行為、幇助（ほうじょ）行為についても懲戒対象となることを定めている就業規則も見られます。教唆とは、実際に行為をした人をそそのかすこと、幇助とは行為をした人の手助けをすることです。このような行為についても懲戒処分の対象にするのであれば、懲戒の事由のところで定めておくことが必要となります。

参照規定・法令
※1　労働契約法　第15条

第9章　表彰および懲戒

👉Point 2　懲戒の事由は懲戒処分の種類ごとに記載しておくべきでしょうか？

　例えば「以下の行為をした場合には戒告とする」、「次に掲げる行為をした者は減給処分とする」というように、懲戒の事由と懲戒処分とを対応させて定めおくべきでしょうか。

　確かにこの方式のほうが明快であるという利点はあります。しかし、実際に発生する具体的な懲戒の事例では、外見的には同じに見える行為であっても、発生した状況や本人の反省の深さなどさまざまな要素を考慮すると、必ずしも一律に同じ懲戒処分を課すことは適当ではない、ということも起こります。

　従って、懲戒の事由と懲戒処分とを対応させずに、懲戒の事由をまとめて定めておき、それに当てはまる行為があった場合には、あらゆる状況を考慮していずれかの懲戒処分を選択する、という方式のほうが運用していく上では便利です。しかし、懲戒処分の中でも最も重い処分である懲戒解雇と、それと同等の諭旨退職が課せられる事由については、他の懲戒処分が課せられる事由とは明確に分けて定めるのが適切です。

👉Point 3　懲戒解雇（諭旨退職）の事由にはどのようなものがあるのでしょうか？

　懲戒解雇およびそれに準ずる諭旨退職は、懲戒の中でも最も重い処分ですから、その事由はより具体的に示しておかなくてはなりません（規程例第51条参照）。

　第8号にある「重大な経歴詐称をしたときおよび不正手段で入社したとき」は、転職が当たり前の時代を反映しこれに関するトラブルも増えていますし、特に介護の業界は中途採用が多いですから、必要な規定です。職員を採用する際に応募者が偽った経歴を申告することにより、使用者は誤った判断をすることになりかねません。また虚偽や不正が発覚すれば、労使関係の信頼も築けないことになります。

　しかし、経歴を詐称したというだけでは、企業秩序を乱したとして全てが懲戒解雇の対象にできるというものではありません。判例などによると、職場の人事管理を混乱させ、経営にまで影響を与えるような「重大な経歴詐称」があった場合には、懲戒解雇の事由に該当する、とされています。

　第9号の「施設（法人、会社）の経営上または業務上の重大な秘密を社外に漏らしたとき」という事由も重要な項目です。業務に関する機密保持や個人情報の保持を義務付けることは当たり前となっていますから、この秘密保持に違反した場合は

第II部　就業規則見直しのためのチェック・ポイント

懲戒処分とすることも規定しておくべきです。求められる秘密保持の程度は、その職員の職務内容、地位などにもよりますが、管理職にある職員のみならず、一般の職員ももちろんこの義務を負っています。

やはりこの場合にも、社外に漏らされた秘密がどれほどに重要なものであるのかと、施設（法人、会社）の経営に与えた影響の大きさなどを考慮した上、懲戒解雇の事由に該当するかどうかを判断する必要があります。

そのほかに懲戒解雇の事由として、最近の社会情勢を反映したものを記載しておく必要も出てきています。悪質なセクシュアル・ハラスメント（以下セクハラ）、飲酒運転などです。

セクハラに関しては、就業規則などでセクハラを行ったものに対する懲戒規定を定めて周知することが法律によって求められていますが、悪質なセクハラについては、懲戒解雇の可能性も示しておくことが必要です。

飲酒運転については、社会的な批判の高まりを受けて、より懲戒処分を厳しくする傾向にあります。業務中の飲酒運転に限らず、就業時間外における飲酒運転についても、重大な犯罪行為として懲戒解雇の事由となることを定めておくべきでしょう。

懲戒解雇となる事由はできるだけ具体的に定めておく、といっても考えられる全てを網羅することはできません。ここでも一番最後に「包括的規定」、つまり「前各号に準ずる重大な行為があったとき」にも懲戒解雇の対象となることを必ず記載しておきます。

Point 4　賞罰委員会とはどんなものでしょうか？

表彰制度や懲戒処分の運用について、公平性を保つために設置されるのが賞罰委員会です。ここで複数の委員により審議を行うことによって、より公正な決定がなされることが期待できます。特に懲戒処分を行う場合は、職員に不利益を課すことになりますから、賞罰委員会の場で本人に弁明の機会を与えるなど、手続き面において正当性や公正さが求められます。

賞罰委員会を設ける場合は、別に「賞罰委員会規程」を作成し、委員会の目的、委員の構成、委員の選出方法、任務や委員の任命と任期、委員会の招集、資料の収集、委員会の決定、議事録の作成などに関する事項を定めておきましょう。就業規則には、規程例第52条のように賞罰委員会を設けることを記載します。

第10章　安全および衛生

1. 安全衛生の義務、健康管理および就業禁止

> ### 規程例
>
> （安全衛生の義務）
>
> 第53条　法人は、職員の安全衛生の確保および改善を図るため、必要な措置を講ずるものとする。
>
> 2　職員は、災害防止のために、法令および法人が定める安全衛生の諸規定を守るとともに、次の事項を遵守しなければならない。
>
> 　(1)　安全衛生に関する規則並びに安全管理者等の命令、指示に従うこと
>
> 　(2)　職場の整理整頓に努め、災害を未然に防止すること
>
> 　(3)　災害防止の妨げとなる場所に、物品、器具等を放置し避難通行の妨げとなるような行為をしないこと
>
> 　(4)　療養および病後の就業については、法人の指示に従うこと
>
> 　(5)　その他、安全に関する責任者および上長の指示、注意を遵守すること
>
> （健康管理および就業禁止）
>
> 第54条　法人は職員の衛生管理に努め、常に保健衛生に留意し、就業を不適当と認める職員がいるときは、医師の認定する期間は就業させない。職員または利用者への安全配慮の必要のある場合

にも同様の措置を行う。

ここだけ は押さえておきましょう！

＊　安全衛生に関し、職員が守らなければならない事項を明記しましょう。

Point 1　安全衛生に関しては、どのような内容を就業規則に記載すればいいでしょうか？

　職場の安全や衛生に関する事項については「任意的必要記載事項」（P16、第1部　3.(3)参照）とされており、※1これらについて何か定めをする場合には、必ず就業規則に記載しなければなりません。

　労働契約法では、労働契約を結んでいるのであれば当然に、※2使用者は労働者の安全に配慮しなければならないと規定されています。また、労働安全衛生法でも※3労働者の健康に配慮するように努めなければならないとされています。施設としてはしっかりとした安全衛生の管理体制を構築するとともに、それに関して職員に守ってもらうべきことを就業規則に記載しておかなければなりません。

　施設には職員の安全や衛生を管理する義務がありますから、必要に応じて就業を一時的に禁止する措置をとる場合があることも明記しておきましょう。

　新型インフルエンザなど、※4感染すれば社会的な影響が大きいいくつかの感染症に労働者が感染した場合には、公衆にまん延することを防ぐために就業を制限することが法律で定められています。

　特に介護施設は、安全衛生上の問題が発生しやすい職場環境にあります。本人の健康管理という視点からだけではなく、利用者や、他の職員に対する安全配慮義務という観点からもきちんとした対応が求められますので、就業規則に就業禁止について規定しておくことは重要です。

参照規定・法令

※1　労働基準法　第89条第6号
※2　労働契約法　第5条
※3　労働安全衛生法　第65条の3
※4　感染症の予防及び感染症の患者に対する医療に関する法律　第18条第2項

コラム　インフルエンザなどの感染症への対応

インフルエンザなどの感染症への対応は、特に高齢の利用者の方と接する機会の多い介護施設においては、厳重なルールを制定しておくべきでしょう。

鳥インフルエンザやO-157などのように、法的に就業制限がかかるような場合は、勤務させることはできません。このような休業については、企業に責任がある休業ではないので、給与の補償義務はありません。

さらに、就業制限に指定されてはいないものの、一般のインフルエンザなど感染症の疑いがある場合は、勤務を控えるというルールにすべきでしょう。この場合の休業の取り扱いはどうなるのでしょう。医師等の指示により休業させる場合は、給与の補償義務はないとされていますが、家族の感染などによる自宅待機などの措置のように、就業制限の範囲を超えての休業は、企業に責があると解され、休業補償の必要がある場合があります。

これ以外には、事業継続の保全について、日頃から対策を立てておくことも必要です。休業者が出た場合の対策本部の設置や情報管理の徹底、業務マニュアルの整備による代替要員の配置などが企業に求められるでしょう。

2. 健康診断

規程例

（健康診断）

第55条　法人は、職員に対して、毎年1回、定期に健康診断を行う。

2　職員は、前項の定期健康診断を必ず受診しなければならない。

3　法人は、定期健康診断の結果を、全ての職員に通知する。

4　職員は、定期健康診断の結果に異常の所見がある場合には、法人の指定する医師による再検査を受診しなければならない。

第II部 就業規則見直しのためのチェック・ポイント

ここだけ は押さえておきましょう！

＊ 定期健康診断を受診することは、職員の義務であることを明記しましょう。

Point 1 定期健康診断についてはどのような事項を就業規則に記載すればいいでしょうか？

　就業規則には、施設は毎年1回、定期健康診断を行うことを規定し、さらに職員は必ずそれを受診しなければならないことを明記しましょう。

　法律では、労働者に対しては毎年1回、定期健康診断を実施することが使用者の義務とされています。またこの定期健康診断を受診するかどうかは自由なのではなく、労働者には受診する義務が課せられています。受診は職員の義務であることは就業規則にも記載しておくべきでしょう。

　ただし、使用者が指定する医師や病院での受診を希望しない場合は、他の医師や病院で健康診断を受診し、この結果を証明する書面を使用者に提出することも認められています。

　定期健康診断は実施することが目的ではなく、その結果を活用しなければ意味がありませんから、使用者には健康診断を実施した場合にはその結果を労働者に通知する義務があります。この結果通知を行わなかったために労働者の健康状態が悪化したような場合には、安全配慮への義務に違反することになります。このように、結果を通知することには重要な意味がありますから、これも就業規則にも記載しておくべきです。

　使用者に求められているのは、結果を通知するところまでであり、もし異常の所見があったとしても、再検査を受けさせたり治療させたりする機会を設けなければならないという法律上の義務はありません。しかし、職員の健康管理を徹底するという意味でも、規程例第55条第4項のように、施設が指定する医師の再検査を受診することを就業規則で義務付けておくことが望ましいでしょう。

　なお法令では、定期健康診断を実施する対象者は、「常時使用する労働者」とされています。また、常時使用する短時間労働者（パート職員）にも定期健康診断を実施する必要がある、という通達も出ています。しかしこれらの規定にかかわらず、介護福祉施設で業務を行うという性質上、受診対象者については広く考えるべきでしょう。

122

参照規定・法令

※1 　労働安全衛生法　　第66条第1項
※2 　　　〃　　　　　　〃　第5項本文
※3 　　　〃　　　　　　〃　第5項但書き
※4 　　　〃　　　　第66条の6
※5 　労働安全衛生規則　第44条第1項
※6 　短時間労働者の雇用管理の改善等に関する法律の施行通達　平成19.10.1基発第1001016号

第11章 雑則

1. 災害補償

規程例

（災害補償）

第56条　職員が業務上の負傷、疾病または死亡したときは、労働基準法の定めるところによって補償を行う。

2　補償を受ける者が、同一の事由によって労働者災害補償保険法によって保険給付を受ける場合は、その価額の限度において補償を行わない。

ここだけは押さえておきましょう！

* 使用者に補償の義務がある業務上の災害については、労災保険によって給付がなされたときには、その補償の責任を免れることを明記しましょう。

Point 1　労働災害が起こった場合の補償については、どのように記載すればいいですか？

労働基準法では、労働者が業務上で負傷したり、業務が原因で疾病にかかったりした場合には、使用者はそれを補償しなければならないと規定されています。その補償には、次のものがあります。

療養補償　業務上の負傷や疾病について、**必要な療養**または療養の費用の負担（※1）

休業補償　業務上の負傷や疾病により勤務ができなくなり、賃金が支払われない場合の補てん（※2）

障害補償　業務上の負傷や疾病により身体に障害が残った場合、傷害の程度に応じた補償（※3）

第11章 雑　則

遺族補償　　労働者が業務上死亡した場合の遺族に対する補償（※４）

葬祭料　　　労働者が業務上死亡した場合の葬祭料の負担（※５）

　これらの補償は、使用者に過失があるなしにかかわらず行わなければならないとされています。しかし、使用者に経済的な能力がなければ、職員は補償を受けられないということになりかねません。このような状況にならないように労働者の保護を徹底するため、使用者には国が運営する保険制度に強制加入することが義務付けられています。従って、労働災害が起こった場合は、この保険制度から給付が行われることになります。これが労働者災害補償保険法による労働者災害補償保険（以下、労災保険）です。

　労災保険による給付は、労働基準法で規定されている使用者の災害補償に対する責任に代わって行われるものです。[※6]労災保険によって労働基準法の災害補償に相当する給付が行われたときは、使用者は補償の責任を免れることが法律に規定されていますから、使用者による補償と労災保険の補償は重複しないことを就業規則にも記載しておきましょう（規程例第56条第２項）。

　なお、[※7]休業補償については、労災保険の給付は賃金が支払われない日の第４日目から支給するものとされています。よって、はじめの３日分については労災保険ではカバーされないことになりますので、この部分についてのみ使用者からの補償が必要になります。休業に対する補償は、平均賃金（P103、用語解説15参照）の60％が最低の基準となります。

　[※8]災害補償に関することは、定めがあれば必ず記載しなければならない項目（P16、第１部　3．(2)参照）です。法定の基準を上回る法定外の補償を行う場合は、それに関する事項も記載しておきましょう。

用語解説17　必要な療養

　業務上、または通勤時に発生した労働者の負傷、疾病等に対して行われる療養の給付であり、指定病院等において、医療行為などの現物給付として行われます。その範囲は政府が必要と認めるもの（診察、薬剤または治療材料の支給、処置、手術その他の治療、居宅における療養上の管理及びその療養に伴う世話その他の看護、病院又は診療所への入院及びその療養に伴う世話その他の看護、移送）に限られます。

参照規定・法令

※1 　労働基準法　　第75条第1項
※2 　労働基準法　　第76条第1項
※3 　労働基準法　　第77条
※4 　労働基準法　　第79条
※5 　労働基準法　　第80条
※6 　労働基準法　　第84条第1項
※7 　労働者災害補償保険法　第14条第1項
※8 　労働基準法　　第89条第8号

2. 損害賠償、教育訓練

規程例

（損害賠償）

第57条　職員が故意または過失によって法人に損害を与えたときは、法人はその全部または一部を賠償させる。

2　職員は、懲戒処分受けたことをもって前項の損害賠償を免れることはできない。

（教育訓練）

第58条　法人は、職員に対し、職務に必要な知識、技術、一般教養および業務上必要な資格を得るために必要な教育ならびに企業秩序および職場秩序維持に必要な訓練を行う。

2　職員は、前項に定める教育訓練を積極的に受けなければならない。

第11章 雑　則

ここだけ は押さえておきましょう！

* 職員が施設に損害を与えた場合に課せられる懲戒処分と、損害賠償の義務は別であることを明記しましょう。
* 教育訓練について定めがある場合は、就業規則に訓練の内容等について具体的に記載しましょう。

Point 1　職員が施設に損害を与えた場合、その損害を賠償させることはできますか？

　労働基準法では、使用者は、労働契約の不履行について違約金を定めたり、損害賠償を予定する契約をしてはならないと規定されています。しかしこれは、労働者が損害を発生させた場合に、使用者がその賠償を請求することまでを禁止しているものではありませんから、職員が故意または過失により施設に損害を与えた場合には、施設はその職員に対して、民法上の債務不履行または不法行為に基づく損害賠償請求権を持つことになります。

　ただし、判例によれば、その損害が労働者の過失によって発生したものであっても、状況によっては使用者が損害賠償を請求できる範囲は制限される、とされています。労働者の業務の内容、労働条件、勤務態度、労働者の過失の程度、事故を防止し、損害を分散させるために使用者はどの程度配慮していたか、といったさまざまな事情を考慮した上で、労働者が賠償することが妥当な範囲で、使用者は損害賠償を請求することになります。

　これらのことを考慮し、規程例のように「損害の全部または一部を賠償させる」などとし、事情によっては損害賠償の責任が減免されることがあることを記載しておくとよいでしょう。

　このような職員の労働契約の不履行または不法行為は、当然のことながら、施設の秩序維持義務に違反する行為となります。その行為に対する制裁罰としての懲戒処分を受けたからといって、それを理由に損害賠償責任を免れるわけではありません。

　また逆に、損害を賠償したからといって懲戒処分を免除されるわけではありません。懲戒と損害賠償は別の問題ですから、この点を明確にするために規程例第57条第2項のように明記しておくべきでしょう。

第Ⅱ部　就業規則見直しのためのチェック・ポイント

用語解説18　債務不履行

　民法による債務不履行とは、本来行うべき債務の履行が、債務者の責任によって行われないことをいいます。また、債務を履行することができなくなり、それについて債務者に責任があり、かつ不履行であることに正当な事由がない場合も、債務不履行に当たります。

用語解説19　不法行為

　民法による不法行為とは、ある者が他人の権利や利益を違法に侵害した結果、他人に損害を与えた場合に、その者（加害者）に対して損害を賠償すべき義務を負わせる制度のことをいいます。故意または過失により他人の権利や、法律上保護された利益を侵害した場合は、債務不履行ではなく、不法行為とみなされます。

参照規定・法令

※1　労働基準法　第16条
※2　民法　第415条、第709条

Point 2　教育訓練に関する事項は、就業規則に記載しておくべきでしょうか？

　労働基準法では、職業訓練に関する定めをする場合においては、これに関する事項を就業規則に記載しなければならないと規定されています。施設が職員に対して行う教育訓練には、業務を遂行するために必要な資格や技能の習得をさせるための職業訓練や、人材育成を目的とした職員のスキルアップを図る教育研修などがありますから、教育訓練に関する事項についても就業規則に記載しなければなりません。

　また、介護施設においてはこれらの教育訓練は、職員の知識・技術の向上や業務遂行能力を高めると同時に、利用者に対して提供するサービスの質の充実、向上という側面からも欠かせないものです。教育訓練を実施するかどうかは施設の任意ですが、教育訓練は制度化して大いに力を入れていきたいものです。

　教育訓練に関する事項として規定しておくべき項目は、行うべき職業訓練の種類、訓練に係る職種等、訓練の内容、訓練期間、訓練を受けることができるものの

第11章 雑則

資格等とされот ています。

　また、法律により、教育訓練について性別を理由として差別的な取り扱いをしてはならない[※3]と定められています。教育訓練を実施するに当たって、結婚していること、一定の年齢に達したこと、子どもがいることなどを理由として、結果的に女性職員についてのみその対象から除外すること、性別で異なる条件を付けることなどが禁止されています。

参照規定・法令

※1　労働基準法　第89条第7号

※2　通達　昭和44年11月24日　基発第776号

※3　雇用の分野における男女の均等な機会及び待遇の確保等に関する法律　第6条第1号

第Ⅲ部

介護施設の
モデル就業規則

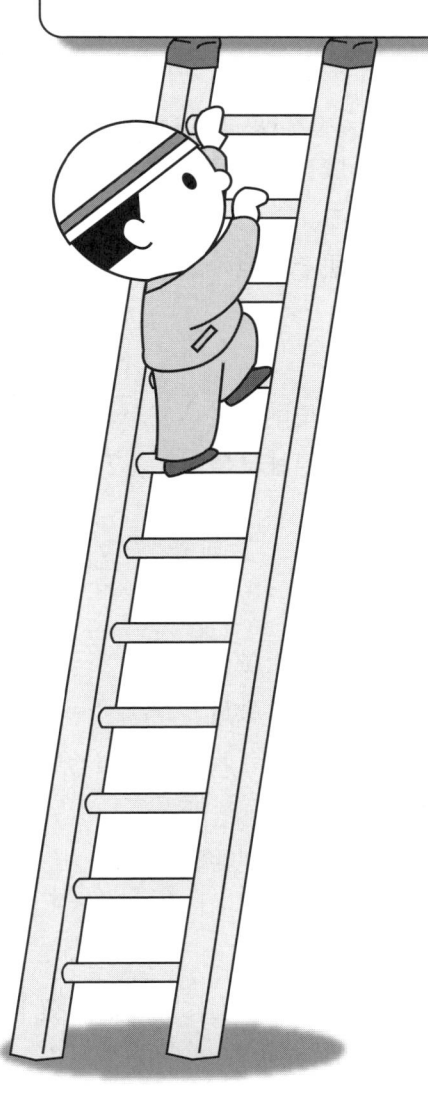

第Ⅲ部 介護施設のモデル就業規則

第1章　総則

(目的)
第1条　この就業規則(以下「規則」という)は、○○○○(以下「法人」という)が運営する△△△△(以下「施設」という)の職員の労働条件、服務規律その他の就業に関し必要な事項を定めたものである。

2　この規則に定めのない事項については、労働基準法その他の法令の定めるところによる。

(法令の遵守義務)
第2条　法人(または施設：以下同じ)および職員は、この規則に従い、かつ関係法令を遵守して、相互に協力のうえ法人の発展と地域福祉に尽力するとともに、労働条件の向上に努めなければならない。

(適用範囲)
第3条　職員の区分は、以下のとおりとする。

(1)　正職員　　　　第2章の手続きによって採用された職員
(2)　契約職員　　　有期契約で雇用する専門職員、技術職員
(3)　パート職員　　正職員より短い所定労働時間で雇用される有期契約職員
(4)　嘱託職員　　　定年退職後引き続き雇用される有期契約職員
(5)　アルバイトその他の臨時職員

2　この規則は、前項第1号に定める正職員のみに適用する。

3　第1項第2号から4号に定める職員については、それぞれ別に定める「契

約職員就業規則」、「パート職員就業規則」、「嘱託職員就業規則」を適用する。

4　第1項第5号に定める職員には、「パート職員就業規則」を準用する。

第2章　採用

（採用）
第4条　法人は、就職を希望する者の中から、選考試験に合格し、所定の手続きを経た者を職員として採用する。

（採用時の提出書類）
第5条　職員として採用された者は、採用後2週間以内に次の各号の書類を提出しなければならない。ただし、選考に際し提出済みの書類についてはこの限りではない。

　　(1)　履歴書
　　(2)　住民票記載事項証明書
　　(3)　前職のある者は、年金手帳および雇用保険被保険者証
　　(4)　健康診断書
　　(5)　誓約書
　　(6)　身元保証書
　　(7)　入社の年に給与所得のあった者は所得税源泉徴収票
　　(8)　自動車運転免許証の写し（ただし、自動車運転免許証を有する場合に限る）
　　(9)　資格証明書の写し（ただし、何らかの資格証明書を有する場合に限る）
　　(10)　その他法人が必要と認めるもの

2　前項の定めにより提出した書類の記載事項に変更を生じたときは、速やかに書面で変更事項を届け出なければならない。

（身元保証人）
第6条　前条第1項第6号に定める身元保証書の身元保証人は、責任を持って本人を保証することができる能力のある成年の者1名とする。

2　保証人が死亡その他の理由によりその資格を失ったときには、直ちに新た

な保証人を定めなければならない。

(試用期間)
第7条　新たに採用された者については、採用の日から3カ月間を試用期間とする。ただし、法人が必要と認めるときは、この期間を短縮・延長し、もしくは設けないことがある。

　2　法人は、試用期間中の者に職員としての適格性がないと判断した場合には、試用期間の途中であっても解雇し、または期間満了時に本採用拒否をすることができる。

　3　試用期間は勤続年数に通算する。

(試用期間中の解雇)
第8条　法人は、試用期間中の者が次のいずれかに該当するときには解雇または本採用拒否をすることができる。
　　(1)　必要な業務を修得する能力がなく、本採用とするのが不適当と認められるとき
　　(2)　第3章に定める服務規律に違反し、教育を行っても改善の見込みがないと認められるとき
　　(3)　採用後14日以内、または試用期間中の一給与計算期間中に、正当な事由がなく3日以上欠勤したとき
　　(4)　法人への提出書類の記載事項または面接時に申し述べた事項が事実と著しく反し、そのことがわかっていれば採用しないとき
　　(5)　心身の健康状態が悪く、業務の遂行に支障となる恐れがあるとき
　　(6)　第43条の解雇の規定、または第51条の懲戒解雇の規定に該当するとき
　　(7)　その他前各号に準ずる程度の不適格な事由があるとき

　2　前項の事由に基づいて解雇するときは、30日前に予告するか30日分の解雇予告手当を支払う。ただし、採用後14日以内の者を解雇するときは、解雇予告手続を行わずに即時解雇する。

(人事異動等)
第9条　法人は、次の各号のいずれかに該当する場合には、業務上の都合により職員に対して、従事する職務の変更、職場の異動、転勤または関係事業所等への出向等を命じることがある。
　　(1)　必要な業務を修得する能力がなく、本採用とするのが不適当と認められるとき

(2) 人事の異動または交流によって業績向上が図られると認められるとき
(3) 適材適所の配置のため、職務の変更が必要と認められるとき
(4) 職員が配置転換等を希望し、法人がそれを妥当と認めたとき
(5) 休職者が復帰した場合で、休職前の職場に復帰させることが困難なとき
(6) 事業の拡張、縮小または新事業の展開等に伴い必要と判断されるとき
(7) 関連事業所等への出向・派遣、転籍を命じるとき
(8) その他事業の運営上必要と認められるとき

2　前項の命令を受けた職員は、正当な理由がなくこれを拒むことはできない。

(昇格・降格等)
第10条　法人は、職員の業務成績、能力、適性等に基づいて昇格または降格、もしくは役職位の任命または解任を命じることがある。

2　前項の他、法人は第49条の定めに基づいて、降格もしくは役職位の罷免を行うことがある。

第3章　服務規律

(職務の基本原則)
第11条　職員は、社会福祉事業に従事する者としての使命を自覚するとともに、この規則および諸規程を遵守のうえ互いに協力して職場の秩序を維持し、自己の職務に専念しなければならない。

(服務心得)
第12条　職員は、次の事項を守り規律を保持して、職務に精励しなければならない。
(1) 常に健康に留意し、明朗かつ積極的な態度で勤務すること
(2) 業務を遂行する際には、法人の方針を尊重するとともに、上司の指示に従い、同僚と協力し合ってチームワークの向上に努めること
(3) 常に福祉施設職員としての品位を保ち、利用者、家族、取引先等とは誠実な態度で接し、信用を損なう言動を行わないこと
(4) 勤務時間中にみだりに私語を交わしたり、私用の電話やメールはしな

いこと
(5) 酒気を帯びるなど、就業するのに不適切な状態で勤務しないこと
(6) 上司の承認を得ずに、勤務時間中に早退・外出その他職務を離脱しないこと
(7) 職場内および業務時間中に政治活動または宗教活動を行わないこと
(8) 職場内において演説・集会および文書等の配布・貼付などを行わないこと
(9) 職場の整理整頓に心がけるとともに、火災・盗難の防止および安全衛生（特に施設内感染の防止）に注意すること
(10) 設備、備品、消耗品等を大切に使用し、許可を得ずに持ち出さないこと
(11) 法人が貸与したパソコン等の電子端末は、業務遂行に必要な範囲で使用するものとし、私的に利用しないこと
(12) 職務上の地位を利用して、金品の貸借関係を結んだり、贈与、供応などの利益を受けたりしないこと
(13) 施設利用者に対して常に親切丁寧に接し、言葉遣いや態度に注意を払い、不安や不信感を懐かせないこと
(14) 法人の許可を得ずに、他の企業の役職員を兼務しないこと
(15) 前各号のほか、この規則に違反するような行為はしないこと

（セクシュアル・ハラスメントの防止）
第13条　職員は、次の各号に掲げる性的な言動等を行ってはならない。
(1) 相手（利用者などの介護関係者を含む。以下同じ）の意に反する性的な会話や、噂の流布などをすること
(2) 職務上の地位を利用して交際を強要すること
(3) 性的な写真等を配布・掲示し、またはこれらを見ることを強制すること
(4) 相手の身体に不必要に接触すること
(5) その他、相手の望まない性的言動により、円滑な業務を妨げると判断されること
2　セクシュアル・ハラスメントに関する問題が発生した場合には、直ちに施設長に報告してその指示に従うとともに、関係者は迅速かつ適切に対応しなければならない。

(パワー・ハラスメントの防止)
第14条　職員は、職場内での部下・後輩など下位にある職員に対して、職務権限や人事上の影響力を行使して、その下位にある職員の人格や名誉を侵害するような言動を行ってはならない。

(機密保持)
第15条　職員は、法人の内外を問わず、在職中または退職後においても、業務上の機密事項や法人の不利益となるような事項を他に漏らしてはならない。

(個人情報の取り扱い)
第16条　職員は、業務上、個人情報を取り扱う際には、別に定める「個人情報取扱規程」を遵守するとともに、在職中または退職後においても、利用者およびその家族、取引先その他関係者、法人の役職員等の個人情報を、正当な理由なく開示し、または他に漏らしてはならない。

(出退勤)
第17条　職員は、出退勤の際には出退勤時刻を自らタイムカードに記録しなければならない。

(遅刻、早退、欠勤等)
第18条　職員は、遅刻、早退、欠勤または勤務時間中に私用で外出するときには、事前に上司に申し出て許可を受けなければならない。ただし、やむを得ない理由で事前の申し出ができなかった場合には、事後速やかに届け出て承認を得なければならない。

－第4章　勤務時間、休憩および休日－

(変形労働時間制)
第19条　職員の勤務時間は、毎月1日を起算日とする1カ月単位の変形労働時間制によるものとし、週の所定労働時間は、1カ月を平均して40時間以内とする。
2　1日の所定労働時間は原則として8時間とし、始業・終業の時刻および休憩時間は、職種ごとに別表(省略)に定めるとおりとする。
3　前項の規定にかかわらず、法人は、業務の都合上必要な場合には始業・終業時刻を繰り上げ、または繰り下げることがある。

4　各人ごとの月間勤務割表は、前月25日までに作成し、職員に提示する。
　　5　法人は、業務の都合上必要な場合には職員に提示した勤務割表を変更することがある。ただし、その場合は変更の対象となる職員の意見を聴くものとする。

（休憩時間の自由利用）
第20条　職員は、休憩時間を自由に利用することができる。ただし、外出をする場合には事前に上司にその旨を届け出なければならない。

（休　日）
第21条　職員の休日は、1カ月を通じて9日とし、各人ごとに定める月間勤務割表により前月25日までに職員に提示する。
　　2　前項の休日は、1週間（日曜日から土曜日まで）において少なくとも1日以上、割り当てるものとする。

（休日の振替）
第22条　法人は、業務の都合上必要がある場合には、前条の休日を他の日に振り替えることができる。
　　2　前項の振替を行う場合には、少なくとも3日前までに振り替えるべき休日と、振り替えられる労働日とを特定して、対象となる職員に通知するものとする。
　　3　休日の振替を命ぜられた職員は、正当な理由がなくこれを拒むことはできない。

（代　休）
第23条　第21条の休日に勤務させた場合には、業務に支障がない限り代休を与えるものとする。なお、この代休は無給とする。

（臨時の休業）
第24条　経営上の都合または天災事変等やむを得ない事由によって通常の業務が行えないときは、職員の全部または一部について、臨時に休業させることがある。
　　2　前項の休業の事由が、法人の責めによるときは、平均賃金の60％以上の休業手当を支払う。

（時間外および休日勤務）
第25条　法人は、業務の都合上必要な場合には、第19条の所定労働時間を超え、または第21条の所定休日に勤務させることがある。

2　前項の場合、法定労働時間を超える労働または法定休日における労働については、あらかじめ職員代表と書面による協定を締結し、これを所轄の労働基準監督署長に届け出るものとする。

3　時間外勤務または休日勤務を命ぜられた職員は、正当な理由がなくこれを拒むことができない。

（適用除外）

第26条　労働基準法上の監督もしくは管理の地位にある職員については、本章に定める勤務時間、休憩および休日の規定は適用しない。

2　当法人において前項の監督もしくは管理の地位にある職員とは、○○以上の役職に就く者とする。

第5章　休暇等

（年次有給休暇）

第27条　各年次ごとに所定労働日数の8割以上出勤した職員に対しては、次の表のとおり勤続年数に応じた日数の年次有給休暇を与える。

勤続年数	6カ月	1年6カ月	2年6カ月	3年6カ月	4年6カ月	5年6カ月	6年6カ月〜
付与日数	10日	11日	12日	14日	16日	18日	20日

2　勤続6カ月未満の職員に対しては、勤続2カ月目と勤続4カ月目にそれぞれ1日ずつ付与する。ただし、前の2カ月間を継続して勤務し、所定労働日数の8割以上出勤したことを条件とする。

3　年次有給休暇の請求権は2年とし、その年次に取得しなかった年次有給休暇は、20日を限度に翌年に限り繰り越すことができる。

4　年次有給休暇は、半日単位に分割して取得することができる。この場合、半日を単位としたものは2回をもって1日とする。

5　年次有給休暇は、職員が請求する時季に取得させるものとする。ただし、職員が請求した時季に年次有給休暇を取得させることが事業の正常な運営を妨げる場合は、他の時季に取得させることがある。

6　年次有給休暇を取得した場合は、通常の賃金を支払うものとする。

(年次有給休暇の計画的付与)
第28条　法人は、職員の過半数が加入する労働組合があればその組合、それがなければ職員の過半数を代表する者と労使協定を締結して、各職員の年次有給休暇のうち5日を超える日数については、計画的に取得させることができる。
　2　前項の場合、職員は労使協定で指定された時季に年次有給休暇を取得しなければならない。

(産前産後の休業等)
第29条　6週間（多胎妊娠の場合は14週間）以内に出産する予定の女性職員から請求があったときは、休業させる。
　2　出産した女性職員は、8週間は就業させない。ただし、産後6週間を経過した職員から請求があったときは、医師が支障がないと認めた範囲の業務に就かせることができる。

(育児休業等)
第30条　育児・介護休業法に定める要件を満たす職員は、法人に申し出て、育児休業または育児短時間勤務制度等の適用を受けることができる。
　2　育児休業、または育児短時間勤務制度の適用を受けることができる職員の範囲その他必要な事項については、別に定める「育児・介護休業規程」による。

(介護休業等)
第31条　育児・介護休業法に定める要件を満たす職員は、法人に申し出て、介護休業または介護短時間勤務制度等の適用を受けることができる。
　2　介護休業、または介護短時間勤務制度の適用を受けることができる職員の範囲その他必要な事項については、別に定める「育児・介護休業規程」による。

(生理休暇)
第32条　法人は、生理日の就業が著しく困難な女性職員から請求があったときは、必要な期間休暇を与える。
　2　前項の休暇については、無給とする。

(公民権の行使の休暇)
第33条　法人は、職員が勤務時間中に、選挙権、被選挙権その他公民としての権利を行使し、または公の職務を執行するために必要な時間を請求したときには、これを認める。ただし、その目的を達成することができる範囲において

請求された時刻を変更することができる。

(裁判員休暇)
第34条　法人は、職員が裁判員候補者として出頭し、または裁判員（もしくは補充裁判員）として選任を受け裁判審理に参加するときには、職員からの請求に基づき裁判員休暇を与える。
2　裁判員休暇を取得した場合は、通常の賃金を支払うものとする。

第6章　賃金、賞与、退職金

(賃金・賞与)
第35条　職員の賃金および賞与に関する事項は、別に定める「賃金規程」による。
(退職金)
第36条　職員の退職金に関する事項は、別に定める「退職金規程」による。

第7章　休職および復職

(休職)
第37条　職員が、次の各号のいずれかに該当する場合は、休職を命ずることがある。
　(1)　業務外の傷病により欠勤が引き続き3カ月（暦日）を超えるとき
　(2)　自己の都合によりやむを得ず欠勤するとき
　(3)　公職に就任し、業務と両立しないと認められるとき
　(4)　第9条の定めにより出向するとき
　(5)　刑事事件に関し起訴され、勤務に就けないとき
　(6)　その他特別の事由により法人が休職を必要と認めたとき
2　休職期間中の賃金は、前項第4号による休職の場合以外は、原則として支給しない。
(休職の期間)
第38条　前条による休職の期間は、次のとおりとする。
　(1)　前条第1号の場合

　　　　(ア)　勤続年数1年以上3年未満　　　　　3カ月
　　　　(イ)　勤続年数3年以上5年未満　　　　　6カ月
　　　　(ウ)　勤続年数5年以上　　　　　　　　　1年
　　(2)　前条第2号、第6号の場合　　　法人が必要と認める期間
　　(3)　前条第3号の場合　　　　　　　公職に就任している期間
　　(4)　前条第4号の場合　　　　　　　出向している期間
　　(5)　前条第5号の場合　　　　　　　当該事件が裁判所に係属する期間
 2　休職期間は勤続年数に通算しない。ただし、前条第1項第4号の場合は、勤続年数に通算する。
 3　復職後3カ月以内に、同一の事由により再び欠勤し、通常業務の遂行が難しいと認められる場合には再度休職を命じ、復職前の休職期間と通算する。

(復職)
第39条　法人は、休職期間の満了日以前にその事由が消滅したものと認めた場合は、復職を命ずる。
 2　復職に当たり、法人は医師の診断書など必要と認める書類の提出を求めることがある。
 3　復職後の職務については、原則として休職前の職務に復職させる。ただし、業務の都合上異なる職務に配置することがある。
 4　休職期間が満了しても復職できない場合は、退職とする。

─ 第8章　定年、退職および解雇 ─

(退職)
第40条　職員が次の各号の1つに該当するときは、退職とする。
　　(1)　死亡したとき
　　(2)　第38条に定める休職期間が満了するまでに休職事由が消滅しないとき
　　(3)　期間を定めて雇用されている者の雇用期間が満了したとき
　　(4)　自己の都合により退職を申し出て会社の承認があったとき
　　(5)　行方不明となり、30日を経過したとき

(定年、継続雇用)
第41条　職員の定年は60歳とし、その誕生日の属する月の末日をもって退職とす

2　労使協定の定めるところにより、次の各号に掲げる基準のいずれにも該当する者については、65歳まで雇用を継続する。
　　　（1）　定年後も引き続き勤務することを希望すること
　　　（2）　直近の健康診断の結果、業務に支障がないと認められること
　　　（3）　過去に懲戒等の処分を受けていないこと

（自己都合退職の手続き）
第42条　職員は、自己の都合により退職しようとするときは、少なくとも30日前までに申し出て、法人の承認を得なければならない。

（解　雇）
第43条　職員が次のいずれかに該当するときは解雇する。
　　　（1）　精神または身体の障害により、業務に耐えられないと認められるとき
　　　（2）　能力・技能が著しく劣り、または勤務態度に問題があり改善の見込みがないとき
　　　（3）　事業の縮小、事業所の閉鎖等、やむを得ない経営上の必要があるとき
　　　（4）　その他前各号に準ずる雇用を継続できないやむを得ない事由があるとき

（解雇予告）
第44条　職員を解雇する場合には、30日前に本人に予告をするかまたは平均賃金の30日分の解雇予告手当を支給する。予告の日数は平均賃金を支払った日数だけ短縮するものとする。
　　2　前項の規定は、天災事変等やむを得ない事由で事業を継続して運用することが不可能なとき、または職員の責に帰すべき事由により解雇する場合で行政官庁の認定を受けたとき、あるいは試用期間中の者（採用後14日を超えて使用した者を除く）を解雇するときには適用しない。

（解雇制限）
第45条　業務上の傷病のために休業する期間およびその後30日間、産前・産後の女性が休業する法定期間およびその後30日間は解雇しない。
　　2　前項の規定は、業務上の傷病による休業期間が3年を経過してもその傷病が治癒しないため打ち切り補償を行ったとき、天災事変等やむを得ない事由により事業を継続して運営することが不可能になった場合で、あらかじめ行政官庁の認定を受けたときには適用しない。

(退職者の責務)
第46条　職員が退職しまたは解雇されたときは、その職員は業務の引継ぎをしなければならない。
　2　職員は健康保険被保険者証ならびに会社より貸与された一切の金品を直ちに返納しなければならない。
　3　職員が法人に対して債務がある場合、直ちに債務の返済を行わなければならない。
　4　職員は在職中に知り得た法人および利用者等の機密情報を退職後も他へ漏洩せず、また自ら利用してはならない。

第9章　表彰および懲戒

(表彰の事由)
第47条　職員が次のいずれかの一つに該当する場合には、これを表彰する。
　　(1)　業務上の改良や創意工夫などにより、法人の運営に貢献したとき
　　(2)　人格や技能が優れ、他の職員の模範となったとき
　　(3)　法人の社会的信用や名誉を高めるなどの功績があったとき
　　(4)　永年にわたり誠実に勤務したとき
　　(5)　職員が優れた提案をしたとき
　　(6)　その他法人が表彰すべきものと認めたとき

(表彰の内容、方法)
第48条　表彰は、賞状を授与するとともに、賞品または賞金を贈呈する。
　2　前項に定める表彰に関する手続きおよび詳細な内容については、別に定める「表彰規程」による。

(懲戒の種類)
第49条　職員が次条および第51条の各号のいずれかに該当する行為を行ったときは懲戒処分とする。懲戒の種類および程度は次のとおりとする。
　　(1)　戒　　告　始末書を提出させ、将来を戒める
　　(2)　減　　給　1回の行為につき平均賃金の1日分の2分の1を、繰り返し行われても総額が月額給与の10分の1を超えない範囲で賃金を減額する

(3) 出勤停止　14日以内の期間を定めて出勤を停止し、その間の給与を支給しない
(4) 降職降格　職位または資格を降ろす
(5) 諭旨退職　退職願を提出させ、職員としての身分を失わせる
(6) 懲戒解雇　即時解雇し、職員としての身分を失わせる

（戒告、減給、出勤停止、降職降格の事由）
第50条　職員が次の各号のいずれかに該当するときは、その情状に応じ、戒告、減給、出勤停止または降職降格に処する。
(1) 正当な理由がなく無断欠勤、無断外出をした場合、または正当な理由がなく繰り返し遅刻または早退するなど、勤務を怠ったとき
(2) 勤務時間中に職場を離脱して職務を怠り、業務の運営に支障を生じさせるなど勤務態度が不良なとき
(3) 過失により災害または営業上の事故を生じさせ、法人に損害を与えたとき
(4) 第3章の服務規律に違反したとき
(5) 職場内において、性的な言動によって他人に不快な思いをさせたり、職場環境を悪くしたとき
(6) 素行不良で法人内の秩序または風紀を乱したとき
(7) その他この規則に違反し、または前各号に準ずる不都合な行為があったとき

（諭旨退職および懲戒解雇の事由）
第51条　職員が次の各号のいずれかに該当するときは、その情状に応じ、諭旨退職または懲戒解雇に処する。
(1) 正当な理由なく無断欠勤が14日以上に及んだとき
(2) 遅刻・早退または欠勤を繰り返し、3回にわたって注意を受けても改めないとき
(3) 法人内において窃盗、横領、傷害等刑法犯に該当する行為があったとき
(4) 故意または重大な過失により法人に重大な損害を与えたとき
(5) 素行不良で著しく法人内の秩序または風紀を乱したとき
(6) 兼業禁止規定に違反し、業務に関連する起業をし、または他に雇用されたとき

⑺　職務上の地位を利用して私利を図り、または取引先等により不当な金品を受け、もしくは供応を受けたとき
　⑻　重大な経歴詐称をしたとき、および不正手段で入社したとき
　⑼　法人の経営上または業務上の重大な秘密を社外に漏らしたとき
　⑽　第3章の服務規律に違反する重大な行為があったとき
　⑾　セクシュアル・ハラスメントの禁止規定に違反し、その情状が悪質と認められるとき
　⑿　過去に懲戒に処せられたにもかかわらず、改める見込みがないとき
　⒀　その他この規則に違反し、または前各号に準ずる重大な行為があったとき

(賞罰委員会)
第52条　職員の表彰・懲戒は、賞罰委員会の議を経てこれを行う。
　2　賞罰委員会は、必要の都度これを設置し、審議終了と同時に解散する。

第10章　安全および衛生

(安全衛生の義務)
第53条　法人は、職員の安全衛生の確保および改善を図るため、必要な措置を講ずるものとする。
　2　職員は、災害防止のために、法令および法人が定める安全衛生の諸規定を守るとともに、次の事項を遵守しなければならない。
　　⑴　安全衛生に関する規則並びに安全管理者等の命令、指示に従うこと
　　⑵　職場の整理整頓に努め、災害を未然に防止すること
　　⑶　災害防止の妨げとなる場所に、物品、器具等を放置し避難通行の妨げとなるような行為をしないこと
　　⑷　療養および病後の就業については、法人の指示に従うこと
　　⑸　その他、安全に関する責任者および上長の指示、注意を遵守すること

(健康管理および就業禁止)
第54条　法人は職員の衛生管理に努め、常に保健衛生に留意し、就業を不適当と認める職員がいるときは、医師の認定する期間は就業させない。職員または利用者への安全配慮の必要のある場合にも同様の措置を行う。

(健康診断)

第55条　法人は、職員に対して、毎年1回、定期に健康診断を行う。

　2　職員は、前項の定期健康診断を必ず受診しなければならない。

　3　法人は、定期健康診断の結果を、全ての職員に通知する。

　4　職員は、定期健康診断の結果に異常の所見がある場合には、法人の指定する医師による再検査を受診しなければならない。

第11章　雑則

(災害補償)

第56条　職員が業務上の負傷、疾病または死亡したときは、労働基準法の定めるところによって補償を行う。

　2　補償を受ける者が、同一の事由によって労働者災害補償保険法によって保険給付を受ける場合は、その価額の限度において補償を行わない。

(損害賠償)

第57条　職員が故意または過失によって法人に損害を与えたときは、法人はその全部または一部を賠償させる。

　2　職員は、懲戒処分受けたことをもって前項の損害賠償を免れることはできない。

(教育訓練)

第58条　法人は、職員に対し、職務に必要な知識、技術、一般教養および業務上必要な資格を得るために必要な教育ならびに企業秩序および職場秩序維持に必要な訓練を行う。

　2　職員は、前項に定める教育訓練を積極的に受けなければならない。

第IV部

トーク
矢崎哲也・小澤薫アドバイス
押さえておきたい就業規則のポイント

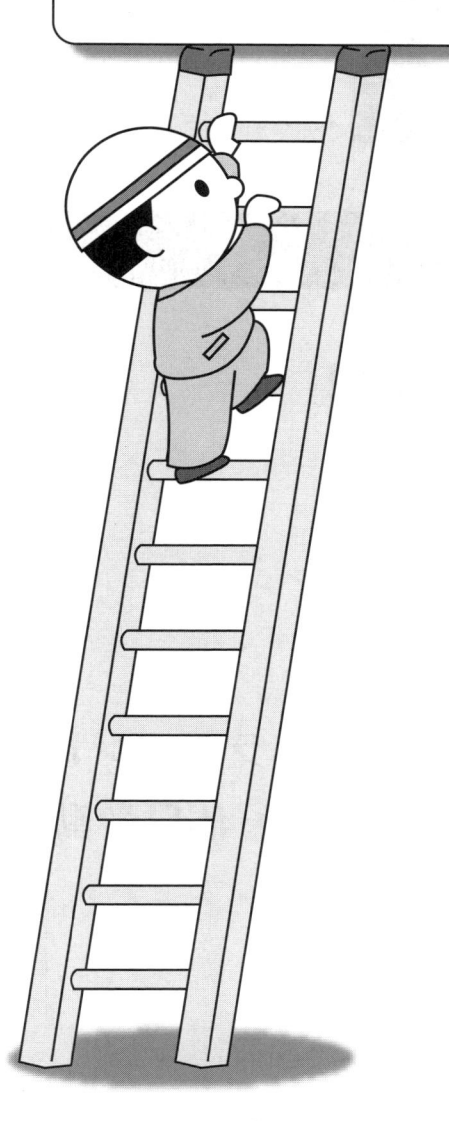

第Ⅳ部 トーク

矢崎哲也・小澤薫アドバイス
押さえておきたい就業規則のポイント

矢崎哲也
Profile
社会保険労務士
人事・賃金コンサルタント

介護施設の人事評価制度、賃金制度、労務管理、職場風土改革などが専門

小澤薫
Profile
特定社会保険労務士

人事・労務コンサルティング会社
(株)ヒューマン・プライム
代表取締役

トークテーマ

1　職員の区分と就業規則の適用範囲
2　採用時の提出書類
3　試用期間
4　人事異動・出向、昇格・降格
5　休職
6　服務規律、機密保持、セクシュアル・ハラスメント
7　勤務時間、休憩時間、休日、時間外労働・休日労働
8　退職・定年、解雇
9　表彰、懲戒処分

1 職員の区分と就業規則の適用範囲

　就業規則には、それが誰に適用されるものなのかが明確に書かれていなければなりません。特に介護施設には、正規職員（正社員）だけではなく、パート職員、嘱託職員など雇用形態が違う複数の区分（種類）の職員が働いており、それぞれ労働条件も異なります。法律では、労働条件が異なるグループごとにそれぞれの就業規則を作成することが求められています。

例1　医療法人Ａの場合

第2条　この規則で「職員」とは、第2章に定める手続きにより採用され、常時病院等の業務に従事する者をいい、次の区分による。
　　(1)本採用……所定の手続きを経て採用された者で試用期間が終了して勤務する60歳未満の常勤者をいう
　　(2)嘱　託……本採用から引き続き再雇用する65歳未満の常勤者をいう
　　(3)パート……必要に応じ臨時に採用する者をいい、勤務及び給与等労働条件に関して本採用と異なる取り扱いをする
　2　前項第1号の職員以外の者に適用する就業規則は、別に定める
　3　第1項の職員以外の者及び法人が指定する者には、この規定と異なる定めをすることがある

例2　社会福祉法人Ｂの場合

第3条　この規則で職員とは、第2章で定めるところにより採用され恒常的に施設の業務に従事する者をいう

トーク　就業形態ごとに適用される就業規則がないのはＮＧ！

矢崎：正規職員、パート職員、嘱託職員など職員の区分とそれぞれの定義、そして就業規則の適用がどうなっているのかについて、はっきりと書かれている就業規則は意外と少ないですよね。

小澤：職員の区分については、「組織運営規程」などに規定されている場合もありますが、どこにも書かれていないケースがほとんどですね。私は、**正規職員の就業規則にその事業所で働く全ての職員の区分と、就業規則の適用関係を書いて**

おくことをお勧めしています。要するに、この事業所には適用される就業規則がない職員はいませんよ、と宣言しておくのです。

矢崎：「当施設の職員の区分にはA、B、C、Dがあって、この就業規則はAに適用する。B、C、Dにはそれぞれ別に定める就業規則を適用する」というように、**一目見ればすぐ分かるように整理されている**といいですね。例1の書き方がそれに近いです。

小澤：誰に対して適用される就業規則なのかがあいまいだと、そこで働いている人たち全員に、その就業規則の全てが適用されることにもなりかねませんよね。例えば、正規職員のためにある退職金制度についての規定が、嘱託職員にも適用されるようなことになってしまいます。

矢崎：例2の書き方は、「この就業規則は常勤の正規職員だけに適用する」という意味だと思いますが、ほかにはどんな区分の職員がいて、その人たちの就業規則はどうなのかがはっきりしませんね。

小澤：区分によって労働条件なども当然違いますから、それぞれに適用する就業規則を作らなくてはなりません。例えば、「パート職員にはこの就業規則は適用しない」と書くだけではなく、パート職員に適用する別の就業規則を作っておくことが必要ですね。

矢崎：ところで労働基準法では、職員が常時10人以上いる事業所は就業規則を作って労働基準監督署に届け出る義務がある、と定められています。ここでいう常時10人以上とは、「常勤の職員が10人以上いる」ということではなく、「雇っている職員がいつも10人以上いる」ことを指すのですよね。

小澤：そうです。正規職員のみならず、パート、嘱託、アルバイトなどの職員もカウントされることに注意が必要ですね。中には正規職員が10人以上でなければ就業規則を作る義務がない、と思っていた事業所もありました。

矢崎：さらに、正規職員だけに適用される就業規則があればいい、という誤解もよくありますね。そうではなくて、**職員が10人以上いれば、区分にかかわらず全員について適用される就業規則がなければなりません**。例えばアルバイト職員には適用される就業規則がない、という状態は厳密には違法になりますから、気をつけたいところです。

2 採用時の提出書類

　採用時に提出を求める書類については、必要と思われるものをできる限り具体的に就業規則に記載しておくことが望ましいでしょう。また、募集時に提出してもらうものと採用決定後に提出してもらうものを分けて記載する例もあります。

例1　社会福祉法人Cの場合

第5条　職員は、前条第2項を承認して応募した者について、競争試験または選考によって採用する。

2　採用試験に応募する者は、次の書類を理事長に提出しなければならない。
　(1)受験申込書
　(2)自筆の履歴書
　(3)写真
　(4)その他法人が指定する書類

3　競争試験は、次の各号によって行う。
　(1)筆記試験
　(2)面接試験

4　職員の採用は、理事長が辞令書をもって行う

第6条　職員として採用された者は、初出勤の日までに次の書類を理事長に提出しなければならない。ただし、理事長が特に必要がないと認めた場合には、その一部を省略することができる。
　(1)誓約書
　(2)身元保証書
　(3)住民票記載事項証明書（全員のもの）
　(4)戸籍全部事項証明書
　(5)健康診断書
　(6)自動車運転免許証の写し
　(7)資格証書の写し（必要職種のみ）
　(8)年金手帳（20歳以上に限る）
　(9)配偶者の年金手帳（配偶者を被扶養者にする場合）
　(10)雇用保険被保険者証（前職がある場合）

⑾源泉徴収票（本年中に給与所得がある場合）
⑿所得税の扶養控除等申告書
⒀その他理事長が必要と認めたもの
2　前項の提出書類の記載事項について異動が生じたときは、その都度、速やかに届け出なければならない。

■**例2**　社会福祉法人Dの場合■

第6条　新規採用者は、採用後速やかに次の書類を提出しなければならない。ただし、その必要を認めない場合は、その一部を省略することができる。
(1)誓約書
(2)身元保証書
(3)その他必要と認めるもの
2　前項の書類の記載に変更が生じた場合は、その都度速やかに届け出なければならない

トーク　提出書類はできるだけ具体的に記載しよう！

矢崎：履歴書、住民票記載事項証明書、身元保証書はほとんどの施設で提出が求められていますね。誓約書をとることも広く行われているようです。いろいろな**規則を守ることや、命令に従うことを採用のときに誓約させておくことは大いに意味がありますから、義務付けるべきで**しょう。

小澤：そのほか、前職のある人からは年金手帳や雇用保険の被保険者証、源泉徴収票などを提出してもらいます。そして一番最後に「**その他施設（法人、会社）が必要と認めた書類**」を入れておくと、その都度任意に必要な書類の提出を求めることができるので、これはぜひ記載しておきたい項目です。

矢崎：介護施設として、特に提出してもらわなくてはならない書類としては、資格が必要な職種については資格証書の写し、また、利用者の送迎などで車を運転する人には運転免許証の写しも必要です。例1では、これらがほとんど網羅されていますので、書き方の見本になりますね。

小澤：例2の記載方法はどうでしょうか。具体的な書類名の記載がほとんどありませんから、十分とはいえないですね。提出が決まっている書類については、できる限り具体的に記載したほうが

矢崎：以前は、住民票や戸籍抄本を提出させることが多かったようで、**古い就業規則の規定がそのままになっているところ**も結構あるようですね。

小澤：例1にある「戸籍全部事項証明書」は、提出を求めるべきものではないと思います。住民票や戸籍抄本を提出させることは、**社会的身分に基づく差別につながるため好ましくない**、との行政指導が行われていますし、個人情報の保護という観点からも問題になることも考えられます。住所や年齢などの確認に必要であれば、「住民票記載事項証明書」で足りると思いますね。

3 試用期間

　試用期間とは、ある一定の期間は「試験的な雇用期間」であることを定めておいて、その間に勤務態度、能力、技能、健康状態などの適性を判断した上で正式に職員として採用するかどうかを決める、という制度です。

　試用期間は、雇用のミスマッチを早く発見して対応するためには有効です。しかし、働く側からすると不安定な身分に置かれますから、試用期間の長さや本採用を拒否する要件などについて、就業規則に明確に定めておく必要があります。

例1　社会福祉法人Eの場合

第5条　新たに採用した者は、採用の日から3カ月の試用期間を設け、その間の身分は第2条にいう臨時雇用者とする。ただし、試用期間は状況により短縮または延期することがある。

2　試用期間中または試用期間満了の際、引き続き職員として勤務させることが不適当と認められる者については第18条の手続きに従い解雇する。

例2　社会福祉法人Fの場合

第8条　職員として採用された者のうち、正規職員A、正規職員B、嘱託職員、臨時職員は採用の日から3カ月間を試用期間とする。ただし、本会が認めたときは、この期間を短縮、または設けないことができる。

2　試用期間中に本会が次の要件により、職員を不適格と認めた場合は、解雇できるものとする

> (1) 心身の障害のため職務の遂行に必要な能力を著しく欠く場合であって、適切な雇用管理を行い、雇用の継続性を考慮してもなお、業務に耐えられないと認められたとき。
> (2) 勤務成績が著しく不良で、改善の見込みがなく就業の適格性を欠くと認めたとき。
> (3) 試用の基準となった、業務に必要な資格や経歴に詐称があったとき。ただし、試用開始後14日を超えて解雇する場合は、第21条の手続きにより解雇する者とする。
> 3　試用期間は勤続年数に通算する。

トーク7　本採用拒否の要件は明確にしておくべき！

矢崎：ほとんどの就業規則には、試用期間についての規定があります。試用期間は必ず設けなければならない、と法律で定められているものではありませんから、設けるのであれば就業規則にしっかりと書いておかなければなりません。試用期間の長さは3カ月、あるいは6カ月という施設が多いですね。

小澤：これはほかの業種でもあまり変わらないように思います。そもそも試用期間とは、この施設で職員として働いていく適性があるかどうかを見極める期間ですから、それが判断できる最短の期間はといえば、3カ月から6カ月くらいが適当なのでしょう。

矢崎：「1年を超える試用期間は長すぎるから無効である」とした裁判例があります。試用期間中に職員として不適格と認められれば「本採用拒否」という形で解雇されることになりますから、職員にとっては不安定な身分の期間です。不必要に長い期間、不安定な身分に置いておくことは好ましくありません。

小澤：例えば試用期間を3カ月と定めていても、この職員についてはもう少し様子を見たい、というケースも出てくるでしょう。そういう場合に備えて、**試用期間は延長ができる旨も就業規則に記載しておくべきです**。それとは逆に、試用期間を短縮したり、または必要ではないという場合もあるかもしれません。それについても書いておけば、実情に沿った柔軟な運営が可能になります。

矢崎：ただし延長する場合には、その期間があまり長いと、当初から必要以上に長い試用期間を定めたのと同じことにな

りますから、例えば延長期間は3カ月以内とする、というように期間を区切って延長しなければなりません。

小澤：ところで例1では、試用期間中、職員の身分を「臨時雇用者」と定義しています。また施設によっては、試用期間中については賃金を時給制にしているなど、本採用後とは違った取り扱いをしている場合もあるようですね。

矢崎：「臨時雇用者」が実際にどう処遇されているのかにもよりますが、**雇用契約は採用したときからスタートしています**から、試用期間ももちろん勤続年数にカウントされますし、社会保険の適用などでも特別な扱いをすべきではありません。試用期間が終了してから本来の雇用契約が始まる、ということではありません。

小澤：しかし、試用期間中は仕事の面ではまだ一人前ではないので「見習い期間」だという意味合いで、賃金について本採用後とは別の扱いにするということは、あらかじめ採用のときに労働条件として示しておけば、合理的な範囲であれば差し支えないと思います。

矢崎：試用期間中に職員として働くことが不適格と判断された場合には、本採用が拒否されて解雇、つまり雇う側が一方的に雇用契約を解約することになりますが、**通常の解雇との違いはどうなのか**、ということも就業規則に記載しておくべきですよね。特に「こういう場合には解雇します」という試用期間中の解雇の理由については、明確に書いておいたほうがいいでしょう。

小澤：**試用期間中は、本採用後よりも広い範囲で解雇の自由が認められています**から、就業規則にも、本採用後の通常の解雇理由について書いてある条文を引用するだけではなく、試用期間中に解雇する場合の理由を書いておいたほうがいい、ということですね。例えば例2のような書き方です。

矢崎：解雇の手続きについても少し違いがあります。**試用期間中であれば、採用から14日以内に解雇する場合には解雇予告手続を取る必要がない**、ということです。つまり**解雇の30日前に予告したり、解雇予告手当を支払ったりする必要がなく、即時に解雇できる**ということです。このことも就業規則に書いておくべきでしょう。

小澤：ところで、実際に試用期間中に職員として不適格と認められて解雇された、という話はあまり聞かないような気がしますが……。せっかく**ミスマッチを発見したら、それに対処できる制度とし**

て試用期間が認められているのですから、もっとうまく活用すべきだと思いませんか。

矢崎：同感です。多くの場合は、試用期間中といっても適格性をチェックするという意識はあまり持たずに、漫然と期間が過ぎていくという感じではないでしょうか。本採用後には解雇のハードルは高くなりますから、試用期間を有効に活用すべきです。雇用のミスマッチは、雇う側にとっても雇われる側にとっても不幸ですから。試用期間を有効に活用するためにも、就業規則にはできる限り明確に記載しておく必要があります。

小澤：しかしその一方で、試用期間は教育の期間であることも忘れてはなりません。不適格な部分は十分に指導し、教育をしたもののそれでも改善の見込みがない、というときに初めて解雇することが認められます。

4 人事異動・出向、昇格・降格

　職員を効率的に配置するために、職務の変更、転勤、出向などの人事異動が行われます。採用当初とは条件が変わることになりますから、あらかじめ将来の人事異動に応じる旨の同意を職員から得ておくことが必要です。
　併せて、昇格や降格についても規定しておくべきです。特に、本人の勤務成績や態度などに問題があり降格させる場合に、根拠となる規定がないためにトラブルになることも考えられます。

例1　社会福祉法人Gの場合

（人事異動等）
第10条　理事長は、次の各号の一に該当する場合は、職員に対し、業務上の必要により従事する職務の変更、職場異動、または関係事業所等への出向を命じることができる。
　(1)人事の異動または交流によって業績向上が図られると認められる場合
　(2)適材適所の配置のため、適職と認められる職務への変更が必要と認められる場合
　(3)職員が配置換え等を希望し、妥当と認められる場合
　(4)休職者が復職した場合で、以前の職場に復帰することが困難な場合

(5)事業の拡張、縮小または新事業等に伴って必要と判断される場合
(6)関係事業所等への出向を命じる場合
(7)その他経営上必要と認められる場合
2　前項の命令を受けた職員は、正当な理由なくこれを拒むことはできない。

(昇格・降格等)
第11条　理事長は、職員の成果、職務適性等に基づいて、昇格または降格、もしくは役職位の任命または解任を命じることができる。
2　前項のほか、理事長は、本規則第21条（懲戒の種類）の定めに基づいて、降格もしくは役職位の罷免を行うことができる。

例2　医療法人社団Hの場合

(配置換えおよび出向)
第31条　施設は業務上必要がある場合は、職員に対し、転勤、職場異動または従事する職務の変更もしくは関係施設への出向・派遣を命じ、あるいは他部署への応援を命ずることがある。
②　前項の命令を受けた職員は、正当な理由なくこれを拒むことはできない。
③　職員の配置換え、転勤等は次の場合に行う。
　1．職制上の地位の昇格、降格または罷免の場合
　2．事業の拡張または縮小に伴う職能または職制改革の場合
　3．人事の異動または交流によって業績向上が図られると認めた場合
　4．適材適所の配置のため、適職と認められる職務に変更する場合
　5．本人が配置換え等を希望し、施設がそれを妥当と認めた場合
　6．休職者が復職した場合で、以前の職場に復帰することが困難な場合
　7．他社への出向・派遣を命じた場合
　8．その他経営上必要と認められる場合

トーク　人事異動の可能性は明記すべき！

小澤：専門職の集まりである介護施設では、違う職種へ異動させるケースは少ないかもしれません。しかし、同じ法人（会社）が運営する施設間で異動させることはよくあります。やはり人事異動に ついては明確に書いておく必要がありますね。

矢崎：そうですね。「この施設でずっと働くつもりで入職したのに、別の施設へ

異動をしろというのはおかしい」というようなトラブルは十分に考えられます。採用するときには、働く場所や従事する業務についても労働条件として明示することになっていますが、このときには採用した直後のものを示せばよいことになっています。ですから、**転勤や職務の変更が考えられる場合には、将来的に人事異動があるかもしれないこと、そして原則としてその異動命令は拒否できないことを就業規則に書いておかなければなりません。**

小澤：要するにそう規定することによって、もともと人事異動の権限は法人（会社）にありますから、実際に異動させるときにはその都度、職員の同意を得ることは必要ないということになります。ただし、**職務内容や勤務地を限定する、という条件付きで採用した職員を異動させるには、本人の同意が必要になります**から、採用のときにこの辺りの条件を雇用契約ではっきりさせておくことは徹底してほしいですね。

矢崎：それと、介護施設ではあまりないかもしれませんが、**職員を法人（会社）に在籍させたまま、関連会社などにある程度長い期間出向させたり、あるいは今の雇用関係を打ち切って、関連会社に転籍させたりする場合などには、就業規則への記載とともに本人の同意を得ること**が必要となります。

小澤：実際に人事異動を行うのはどんな場合かについても、考えられる範囲で具体的な理由を掲げておいたほうがいいと思います。例1、例2のように、多くの就業規則ではそれが書かれていますが、ただ「業務上の都合により……人事異動を命じることがある」としか書いていない規定も結構あります。

矢崎：ところで、「正当な理由がなければ人事異動を拒否することができない」ということになっていますから、逆に「**正当な理由があれば人事異動を拒否することができる**」ことになりますよね。それではいったい正当な理由とは何なのか、例えばどんな理由があれば転勤命令を拒否できるのかについて具体的に書かれた就業規則は見たことがないような気がします。

小澤：そういえばそうですね。例えば育児や介護、子どもの教育、本人や家族の健康問題などが考えられますが、これを記載しておくこともトラブル防止には役立つとは思います。しかし、ケースによって程度や状況が違いますから、記載されている理由にあてはまったからといって、一概に異動命令を拒否できることにはなりません。これはその都度、労使の信頼関係のもとで事情を十分考慮し

て、人事権の濫用や異動拒否権の濫用にならないよう、ケースごとに判断していくしかないでしょう。

矢崎：昇格や降格についての規定がある就業規則は少ないような印象を受けます。例1には、それが記載されています。昇格が問題になることはあまりないと思いますが、**降格については労働条件の不利益な変更につながりますから、根拠となる規定を就業規則に入れておくべきだと思います。**

小澤：例えば人事評価制度の中で降格の仕組みがあるような場合ですね。人事評価の結果をS、A、B、C、Dの5つにランク付けし、2年連続でDだった場合には格付け等級を1等級降格させる、というようなケースです。降格の結果として賃金なども下がることになりますから、降格させる根拠になる規定が就業規則に明記されていないことは問題ですね。

矢崎：そのほかには、管理職者がリーダーシップに欠けるなど、どうもその能力がないので役職から降ろしたい、という場合も同様です。それと、問題を起こした職員への懲戒処分の一つとして降格や役職の罷免などを行うことは、通常は就業規則の「懲戒の種類」のところに記載しますが、ここでも併せて書いておいたほうがいいでしょう。

5 休職

　休職制度とは、病気などによって働くことができなくなった場合に、ある一定の期間、労働を免除するというもので、ほとんどの事業所で設けられています。
　この制度は法令に定めがあるものではありませんので、設ける場合には必ず就業規則にその内容などについて詳しく定めておかなければなりません。

例1　社会福祉法人Ｉの場合

（休　職）
第11条　理事長は、職員が次の各号の一に該当する場合は、休職を命ずることがある。
　　(1)業務外の疾病により欠勤が引き続き3カ月を超える場合
　　(2)刑事事件により起訴された場合

(3)その他特別の事由により休職を必要と認められる場合
2　休職を命じられた職員は、職員としての身分は保有するが職務には従事しない。休職を命ぜられた職員の休職期間中の給与については、給与規程に定めのある場合を除いて支給しない。

(休職の期間)
第12条　前条の規定による休職期間は、次のとおりとする。
　　(1)前条第1号の場合
　　　　ア、勤続年数1年未満の者　　　1カ月
　　　　イ、勤続年数3年未満の者　　　3カ月
　　　　ウ、勤続年数5年未満の者　　　6カ月
　　　　エ、勤続年数5年以上の者　　　12カ月
　　(2)前条第2号の場合
　　　　当該事件が裁判所に係属する期間
　　(3)前条第3号の場合
　　　　その必要な期間
2　前条第1項第1号の事由により休職を命ぜられた職員が第11条第1項但し書きの規定により復職し、1カ月以内に再び同一疾患により休職を命ぜられた場合、その者の休職期間は復職前の休職期間に引き続いたものとみなす。

(復　職)
第13条　第11条第1項第1号により休職を命ぜられた職員について、休職期間が満了し疾病が治癒した場合復職を命ずる。ただし、休職期間中であっても、医師の診断の結果その事由が消滅したときは、復職を命ずるものとする。
2　第11条第1項第2号および第3号により休職を命ぜられた職員について、休職期間が満了したときは、復職を命ずることがある。

■例2■　社会福祉法人Jの場合

(休　職)
第8条　職員が次の場合に該当したときは、休職を命ずることがある。
　　(1)業務上の事故により負傷し、または疾病により勤務に服することができないとき
　　(2)業務外の事故により負傷し、または疾病による欠勤が3カ月以上に及

　　　　び、なお治癒しないとき
　　　(3)育児休業を認めたとき
　　　(4)介護休業を認めたとき
　　　(5)その他特別な事情があって休職させることを適当と認めたとき
(休職期間)
第9条　前条の休職期間は、次のとおりとする。
　　　(1)第1号の場合：医師が必要と認める期間
　　　(2)第2号の場合：1年間
　　　(3)第3号、第4号、第5号の場合：必要な期間
(休職中の処遇)
第10条　休職期間中は、職員としての身分は保有するが、業務上の傷病による場合、または特別な事由がある場合を除いては、給与を支給しない。
(復　職)
第11条　休職期間満了前に休職事由が消滅し、診断書その他必要な書類を提出したときは、復職させる。
　2　復職時は原則として旧職務に復職させるが、事情によっては旧職務と異なる職務に配置することもある。

トーク　理由、期間、処遇など、詳しく記載を！

矢崎：休職制度は法律で義務付けられているものではありませんが、何かの理由で長期間働くことができなくなったときに、有給休暇を使い切ったらすぐに退職や解雇になってしまうのでは職員も安心して働けませんし、施設にもデメリットは大きいので、必要な制度です。

小澤：法律的にいうと、休職とは「労働者との労働契約関係を維持しながら、ある一定の期間、労働を免除する措置」となります。**この制度を設ける場合には、就業規則に記載することが必要**ですが、記載すべき事項としては、休職の理由、休職期間、休職期間中の給与などの処遇、休職期間を勤続年数に含めるのか、さらには休職期間が終わったあとの復職についてや、復職できない場合の取り扱いなどがあります。

矢崎：まずどんな場合に休職となるのかですが、例1では、(1)業務外の疾病により欠勤が引き続き3カ月を超える場合、(2)刑事事件により起訴された場合、(3)そ

の他特別の事由により休職を必要と認められる場合、の3つを挙げていますが、これはどうでしょうか。

小澤：(1)では「疾病」ではなく「傷病」、つまりケガの場合も含めるほうがいいと思います。(2)はこのような書き方が一般的ですが、実際に休職を命じるには出勤できない状態であることなどが必要とされています。このほかには、「出向休職」、「私事休職」、「公職休職」などがあります。「出向休職」とは、出向期間中は出向元の会社との関係では休職扱いとされるというものです。「私事休職」とは、個人的な事由でやむを得ず長期間欠勤となる場合の休職です。「公職休職」は、議員などの公職に就いたために勤務することができないときの休職です。

矢崎：ところで、例2では「業務上の事故による負傷、または疾病による欠勤」や「育児休業」、「介護休業」なども休職を命じる理由としていますが、これは適当なのでしょうか。

小澤：「業務上の事故による負傷、または疾病による欠勤」については、労働基準法で災害補償が規定されていて、労働の提供ができない場合には休業補償が義務付けられています。従って、これを理由に休職をさせるということはあり得ません。また、「育児休業」、「介護休業」は、育児・介護休業法で休業の請求を拒めない規定がありますので、これも休職の対象にはなりません。

矢崎：そのとおりですね。また、ある就業規則では「業務の縮小のために一時的に休職扱いとする」といった記載がありましたが、これも休職の発令の対象ではなく、一時帰休として休業手当の対象とすべきものです。

小澤：休職の期間についてですが、例1では、休職の理由別、さらに理由によっては勤続年数により休職期間に差がつけられています。例2では、理由別のみとなっています。私傷病による休職の場合には、勤続年数の長短に応じて休職期間を設定することが一般的だと思います。試用期間中の職員や、入職1年未満の職員について適用しないという基準も必要かと思います。

矢崎：そうですね。**特に私傷病による休職は、退職や解雇を先延ばしにするという恩恵的な意味合いがありますから、勤続年数に応じて期間を長くする場合が多い**ですね。各施設の就業規則でも休職期間は最短で1カ月から最長では1年半とさまざまでした。大企業では2～3年という例もあるようですが、中小規模の事業所ではそうもいきませんから、実情に応じて決めるべきです。**復帰を前提とし**

て休職させるのですから、期間は定めておかなくてはなりません。

小澤：私傷病休職の場合、休職に至るまでの欠勤の期間について定められていない就業規則がありますが、やはりこの欠勤期間についても明記しておくことが必要です。例えば**欠勤が3カ月を超えた場合**に、さらに**療養が必要と認められるときには休職を命ずる**というように、**段階を踏むことが必要**でしょう。また、この欠勤の期間は暦日なのか要勤務日なのかも決めておくべきです。

矢崎：休職期間中の給与などの処遇についてですが、給与規程でこのことを定めているにしても、就業規則の休職の箇所にも、例えば「休職期間中は無給とする」などと明記しておくべきでしょう。

小澤：処遇という点では、退職金の支給基準や昇格・昇進など人事上の影響が及ぶ事項として、休職期間を勤続年数に含めるかどうかも明記すべきでしょう。一般的には、**休職期間は出向休職などを除いて勤続年数には通算しないことが多い**です。

矢崎：それから、最近はうつ病などメンタル系の疾患が増えていますが、一度、復職しても同じ理由でまた働けなくなってしまうというケースもよく聞きますよね。**一定の期間内で欠勤を繰り返すような場合に備えて、前後の休職期間の通算についての規定も必要**だと思います。

小澤：最後に、**休職期間が終了しても復職できない場合の取り扱いですが、自動的に退職となることを定めておくことが重要**だと思います。この定めがないと、期間が満了したにもかかわらず復職ができない場合には、解雇の手続きをとらなければならなくなってしまうからです。

矢崎：そうですね。自動退職の定めは重要だと思います。就業規則では通常、退職の理由について書いてある箇所で「休職の期間が満了しても復帰することができないとき」と書かれていますから、重複はしますが休職の箇所にも記載しておくことをお勧めします。

6 服務規律、機密保持、セクシュアル・ハラスメント

　就業規則には、大きく分けて「職場で守るべき規律・秩序」と「労働条件の具体的な内容」の2つが記載されています。職員同士のチームワークのもとで合理的・効率的に職場を運営していくためには、職員にこれだけは守ってほしいという基本的なルール、つまり服務規律を就業規則で明確に定め、周知することが必要になります。

　その中でも特に、介護の現場では利用者やその家族などの個人情報の保護、職務上の機密の保持も重要な課題ですから、服務規律の中で明記しておくべきです。また、セクシュアル・ハラスメントの防止も事業主（施設）に課せられた義務ですから、職員に守らせるべき重要な規律の一つとして掲げておかなくてはなりません。

例1　医療法人社団Kの場合

（服務の基本原則）

第36条　職員は、この規定に定めるもののほか、業務上の指揮命令に従い、自己の業務に専念し、作業能率の向上に努めるとともに、互いに協力して職場の秩序を維持しなければならない。

（服務心得）

第37条　職員は、常に次の事項を守り服務に精励しなければならない。

1．常に健康に留意し、積極的な態度を持って勤務すること
2．自己の業務上の権限を越えて専断的なことを行わないこと
3．業務の遂行に当たっては、施設の方針を尊重するとともに管理者の指示に従い、同僚と互いに協力し合ってチームワークの向上に努め職務を遂行すること
4．常に品位を保ち、顧客や取引施設に対しては常に誠実な態度で当たり、施設の名誉を害し、信用を傷つけるようなことをしないこと
5．施設の業務上の機密および施設の不利益となる事項を他に漏らさないこと
6．施設の車両、機械、器具その他の備品を大切にし、原材料、燃料、その他の消耗品の節約に努め、製品および書類は丁寧に取り扱いその保管を厳にすること

6 服務規律、機密保持、セクシュアル・ハラスメント

7. 許可なく職務以外の目的で施設の設備、車両、機械、器具その他の物品を使用しないこと
8. 職務に関し、不当な金品の借用または贈与の利益を受けないこと
9. 勤務時間中はみだりに職場を離れないこと
10. 酒気を帯びて勤務しないこと
11. 職場の整理整頓に努め、常に清潔に保つようにすること
12. 所定の場所以外での喫煙、または所定の場所以外で許可なく火気を使用しないこと
13. 暴行、賭博、窃盗、器物の破損等の不法行為または、喧嘩、流言、落書きその他職場の風紀秩序を乱し、あるいは他人の業務を妨害するような行為をしないこと
14. 業務外の目的で施設を使用するときは、あらかじめ施設の許可を受けるとともに、使用後は速やかに原状に回復すること
15. 許可なく施設内において業務以外の目的で掲示、貼紙、印刷物の配布および演説、集会等を行わないこと。また、施設内および業務時間中に政治、宗教活動を行わないこと
16. 業務終了後あるいは休日を利用して、アルバイトほか他の職に就いて副収入を得ないこと
17. 就業中であるか否かにかかわらず、施設所有の機器を使い、私的な目的で電子メールなどの送受信をしないこと（施設が必要と認めた場合は、施設は個々の職員が送受信した電子メールの内容を調査できる）
18. インターネット上のホームページを業務以外の目的で閲覧しないこと
19. コンピューターソフトウエアの無断コピーなど他人の著作物を不正に使用し他人の知的財産権を侵害しないこと
20. 業務に使用する情報機器等は、自己の責任において紛失・窃盗等が起こらないようにすること

（セクシュアル・ハラスメント）

第37条の2　職員は職務に関連し、または職場において、次に挙げる性的言動等（セクシュアル・ハラスメント）を行ってはならない。

1. 性的言動（性的冗談、意図的に性的うわさの流布、食事等の執拗な誘いなど）
2. 性的なものを視覚に訴えること（ヌードポスターの掲示など）

3．性的な行動（身体への不必要な接触など）
　　　4．男女の性を理由とする差別（女性のみに顧客接待を命じるなど）
　　　5．その他前各号に準ずる行為
　　②前項に掲げる行為または準ずる行為を受けた職員は、別に定める「苦情処理担当者」に申し立てることができる。

例2　社会福祉法人Lの場合

（服務の基本原則）
第17条　職員は社会福祉事業の精神に則り、施設利用者の福祉のために精励し、かつ職務の遂行に当たっては、協力一致して全力をあげてこれに専念し、施設の名誉と信用を傷つけることなく、責任を重んじ礼儀を尊び上司の職務上の指示、命令に従わなければならない。

（服務心得）
第18条　職員は、次の各号に留意して業務に従事しなければならない。
　　(1)施設利用者に対して常に親切丁寧を旨とし、言語、態度には細心の注意を払い、不安や不信感を懐かせてはならない
　　(2)職員は常に自己の健康に留意し明朗な態度をもって勤務し、酒気を帯びる等して勤務してはならない
　　(3)施設および設計什器の清潔整理を心掛け、伝染病等の発生を防止しなければならない
　　(4)火気およびガス等の危険物の保管、取り扱いを厳重にし、火災予防や事故防止に努めなければならない
　　(5)施設、設備等を大切にし物資の節約に努め、許可なくして物品の持ち出しをしてはならない
　　(6)お互いに人格を尊重し、秩序と品格を保ち、同僚と相和し協力して業務の円滑な運営に当たること
　　(7)自分の職務は速やかに正確に処理し、その能率化を図ること

（禁止行為）
第19条　職員は次の各号に掲げる行為をしてはならない。
　　(1)社会福祉施設の信用を損ない名誉を傷つけること
　　(2)職務上知ることのできた秘密を他に漏らすこと
　　(3)許可を受けないで、勤務時間中にみだりに職場を離れること
　　(4)許可を受けないで、他の業務につくこと

6 服務規律、機密保持、セクシュアル・ハラスメント

(5) 許可を受けないで、施設の業務以外の目的で施設設備、車両その他の物品を使用すること
(6) 職務上の権限を越えて専断的なことをすること
(7) 職務上の地位を利用して自分の利益を図ること
(8) 職員が施設内およびBの敷地内において集会、演説、放送をし、または文書、図画、腕章、たすき、はちまき等を配布、掲示、着用すること。ただし、事前に届け出て許可を受けた場合はこの限りではない

トーク　服務規律：利用者の保護やサービス向上の役割も果たす！

矢崎：服務規律については、どこの事業所の就業規則を見ても例外なく記載されています。しかし、労働基準法では服務規律を「就業規則に必ず記載しなければならない事項」には含めていませんね。これはどう考えればいいのでしょう。

小澤：労働基準法では、事業所で「表彰」や「制裁」について定めている場合には、それを必ず就業規則に記載しなければならないことになっています。制裁とは、職員に職場の規律や秩序に違反する行為があった場合に、使用者が懲戒処分などのペナルティを課すことですが、その前提として、職場で守られるべき規律や秩序である服務規律とは具体的に何を指すのかが決められていなくてはなりません。ですから結果として、就業規則には服務規律についても必ず記載されることになるのです。

矢崎：職員が守るべき規律や秩序を就業規則ではっきりと示しておいて、もしそれに違反した場合にはペナルティーを課すことを明らかにして、それで職場の規律を維持するということですね。だとするとその規律、つまり**職員がやらなければならないことや、やってはならないことをできるだけ具体的に書いておくこと**が必要ですね。

小澤：そうですね。例1、例2のように多くの就業規則では「服務心得」として具体的な行動を箇条書きにしています。例2は、服務心得（やらなければならないこと）と禁止行為（やってはならないこと）とに整理して書いていますが、このスタイルは分かりやすくていいと思います。

矢崎：服務心得や禁止行為として実際に何を挙げるかについては、法律上の決まりなどは何もありませんから、**施設の経営方針**などに沿って、実情に合わせてそ

第Ⅳ部　トーク
矢崎哲也・小澤薫アドバイス　押さえておきたい就業規則のポイント

れぞれ必要と思われるものを定めておくことになります。具体的な規律がたくさん書かれている就業規則もあれば、抽象的なことが数項目しか書かれていないのもあります。例1はたくさん書かれているほうだと思います。

小澤：介護施設に特徴的な規律としては、例2の（服務心得）の(1)に挙げられているように、「施設利用者に対して常に親切丁寧に接し、言葉遣いや態度に注意を払い、不安や不信感を懐かせないこと」という内容のものが多くの施設で見られます。また、身体拘束の禁止についても服務規律の一つとして規定している施設もあります。**服務規律は、職場の秩序を維持するためだけではなく、利用者の保護やサービス向上の役割も果たします**から、そういう意味でもとても重要なものですね。

矢崎：そうです。それに就業規則の中で、一番その施設の方針や独自性を打ち出すことができる箇所でもあります。**服務規律は職員の行動規範でもあります**。少し大きく言えば、**職員の行動を変え、施設の文化を変える役割も持ちます**から、もっと重要視されてもいいと思います。またそれだけに、施設独自のものをぜひ考えてほしいと思います。書店などに出回っている就業規則の見本をそのまま使うのは、特に服務規律の部分についてはやめてほしいですね。

小澤：服務規律のうち特に重要なものについては、就業規則に記載するのはもちろんですが、**採用時に提出してもらう「誓約書」にも明記している**例が多いですね。残念ながら就業規則を職員に広く周知していない職場や、就業規則を一度も見たことがない、という職員も多いのが現実ですから、これは大切なことだと思います。

矢崎：服務規律を具体的に書くとともに、それに違反した場合はどうなるか、ということも明記しておくことが必要ですね。一般的には、就業規則の「服務規律」の箇所ではそのことは書かずに、「表彰および懲戒」のところで、懲戒処分の事由として「就業規則第○条に定める服務規律に違反したとき」というように規定するケースが多いです。ただし、服務規律に違反したら直ちに懲戒処分を課してもいいということではありません。違反した規律の重さと、処分の重さとのバランスが取れていることが大切です。

6 服務規律、機密保持、セクシュアル・ハラスメント

> **トーク** 機密保持：職員に重要性を周知徹底させるべき！

小澤：職員が業務を行う際には、施設（法人、会社）が持ついろいろな機密事項に触れる機会がありますね。こういった**機密保持に関することも、服務規律として記載すべき重要なもの**だと思います。

矢崎：職員が業務の上で知った秘密を守る義務は、たとえ就業規則に書かれていなくても、雇用契約上の義務として当然に負うものです。でも、就業規則にも具体的に機密保持に関して定めておくべきだと思います。これにより**職員に機密保持の重要性を周知徹底させることができる**からです。

小澤：機密保持については簡単に記載されているものが多いようですが、例1では（服務心得）、例2では（禁止行為）のところに記載があります。機密保持について独立した条文を作って詳しく書いている例や、服務規律の箇所には書かずに、懲戒の事由として記載されているものもあります。また、機密保持の中でも個人情報の保護についての記載がある就業規則はまだ少ないようです。

矢崎：個人情報については、個人情報保護法によりその取り扱いに関しては厳重な注意が求められていますから、機密保持の規定とは別に"個人情報の取り扱い"として、就業規則に記載しておきたい項目です。特に**介護施設においては、利用者や家族のプライバシーに関する情報に接する機会がたくさんありますから、これらの取り扱いを徹底する意味でも絶対に必要な項目**だと思います。

小澤：個人情報保護法では、直接的には施設（法人、会社）の義務として定められていますが、それをしっかり守るためには、個人情報の取り扱いについて規定を設けるなどして、個々の職員にも守る義務を課すのは当然のことですね。

矢崎：厚生労働省からも、医療・介護関係事業者に向けての個人情報の適切な取り扱いのためのガイドラインが出されています。こういったものを参考に、**個人情報の取り扱いに関するルールを制定して、介護事業者としての立場から、個人情報の取り扱いについて、職員に徹底させることが大切**だと思います。

小澤：介護事業所では職員の退職も多いのが現状です。機密保持に関して重要なことは、在職中はもちろん退職した後にも秘密を守ってもらわなければならない、ということです。退職とは労働契約が終了することですから、いろいろな義

務もそこで終了すると考えられます。在職中だけではなく退職後であっても機密を保持する義務は続く、という記載をしておくことが望ましいですね。例1、例2ともそのことは書かれていませんでした。

トーク7　セクシュアル・ハラスメント：セクハラ防止は事業主の義務！

小澤：介護施設では、多くの職員は常に上司の目が届くところで仕事をしているわけではありませんし、また女性職員や若い職員が多いなどの特徴もありますから、セクシュアル・ハラスメント（以下、セクハラ）も起こりやすい職場環境だといえると思います。男女雇用機会均等法という法律で、**職場におけるセクハラの防止は事業主の義務**だとされていますから、就業規則にも服務規律の一つとしてしっかりと記載しておくべきですね。

矢崎：そうですね。見直しがされていないのか、セクハラ防止の規定がない就業規則もあります。ところで、セクハラという言葉はよく耳にすると思いますが、具体的にどういう行動がセクハラなのかは意外と知られていないですし、また人により認識に違いがあるのではないでしょうか。

小澤：職場におけるセクハラは、「対価型」と「環境型」の2つのタイプに分けられています。厚生労働省から出されている「指針」には、その例が示されています。**「対価型セクハラ」とは、例えば職場で事業主や上司が労働者に対して性**的な関係を要求したが、これを拒否したために労働者が、解雇、降格、減給などの不利益を受けることです。これに対し**「環境型セクハラ」とは、例えば職場において事業主や上司が労働者の腰、胸などにたびたび触ったため、苦痛に感じて就業意欲が低下する**、というような支障が生じることです。

矢崎：そういう具体的な例を、就業規則に定めておくことが望ましいですね。例1では、「服務心得」とは別に「セクシュアル・ハラスメント」という条文が設けられています。ここには問題となる言動などが具体的に書かれていて、またそういう行為を受けた場合の苦情処理の窓口についても記載があります。就業規則としてはこのくらいの書き方で十分だと思いますが、まだこれ以外にも求められていることはありますよね。

小澤：先ほどの「指針」には、セクハラ防止のために事業主がとるべき措置のポイントが挙げられています。セクハラの内容や、それがあってはならない旨の**方針を明確化**して周知すること、セクハラ行為をした者についての**厳正な対処**を定

め、就業規則等に明記すること、適切に対応できる**相談窓口を設置する**こと、セクハラの事実に対し迅速かつ適切な対応をすること、**再発防止に向けた措置を講**ずることなどがあります。できれば、セクハラに関しては就業規則に書く以外にも別に「セクハラ防止マニュアル」のようなものを作って、詳しく定めておいたほうがいいと思います。

矢崎：それから、セクハラに似たものとして、パワー・ハラスメント（以下、パワハラ）も起こってはならないことです。パワハラとは、部下や後輩などに対して、**職務権限や人事上の影響力を行使して人格や名誉を侵害するような言動を**することです。これについては法的な規制はありませんが、セクハラ同様、就業規則に入れておいたほうがいいでしょう。セクハラもパワハラも、もし発生してそれが外部に知れわたると、施設として大きなイメージダウンになり、利用者からの信頼もなくなります。発生の防止に万全を期したいものですね。

7 勤務時間、休憩時間、休日、時間外労働・休日労働

　勤務時間や休憩時間、休日に関することは、賃金とともに労働条件の重要な部分です。労働基準法には、始業および就業の時刻、休憩時間、休日、休暇、交替勤務に関することなどは、就業規則に必ず記載しなければならない事項であると定められています。

　介護施設では変形労働時間制を採用しているところも多く見られます。この場合にも、変形労働時間制の対象となる職員やその内容などについて、就業規則に定めておくことが必要です。

例1　社会福祉法人Mの場合

第34条　職員の勤務時間は休憩時間を除き、原則として1日7時間15分とし、1週40時間を超えない範囲において定める。ただし、業務の都合により毎月1日を起算日とし末日までの1カ月間を平均して1週間の勤務時間が40時間を超えない範囲において勤務を命ずることができる。

（始業・終業・休憩時間）
第35条　職員の始業、終業、休憩時間は、※別表1～8のとおりとする。ただし、業務のほか、都合により勤務時間の繰り上げ、繰り下げを行うことができ

る。

　2　前項の勤務時間、休日等の割り振りは勤務割表により提示する。

(休憩の利用)
第36条　職員は、休憩時間を所定の場所において、施設の規律を妨げない限り自由に利用することができる。ただし、休憩時間中、外出する場合はその旨を連絡し、始業時刻までに施設に戻らなければならない。

(時間外及び休日勤務)
第37条　施設は、業務の都合により第35条に定める勤務時間の外に時間外勤務または休日勤務を命ずることがある。また、緊急のときは呼び出し勤務をさせることがある。

(妊産婦の時間外・休日勤務及び深夜勤務の制限)
第38条　妊産婦が請求した場合においては、第37条の規定にかかわらず時間外勤務及び休日勤務をさせない。

　2　妊産婦が請求した場合においては第37条の規定にかかわらず深夜勤務をさせない。

(非常災害時の勤務)
第39条　災害その他避けることのできない事由により、臨時に必要のあるときは、労働基準法の所定の手続きを経て勤務時間を超えて就業を命ずることがある。

(休日)
第40条　職員の休日は、勤務割表に定めた休日とするものとする。

　2　業務の状況により前項の休日を変更することができる。ただし、1週間前には周知するものとする。

(振替休日)
第41条　業務の運営上やむを得ない事由が生じた場合、勤務表で定めた休日を1週間以内のほかの日に振り替えることができる。振り替えに当たっては、事前に当該職員の意見を聴取の上、振り替えによる休日を特定して通知するものとする。

(代休)
第42条　休日に勤務させる場合は、本人の請求により業務に支障がない限り代休を与えるものとする。

(宿直及び日直)

第43条　業務上必要があるときは、施設長は職員に宿直、または日直を命ずることがある。
　2　宿直または日直を命ぜられた職員は宿直、日直勤務中あらかじめ指定された部署において、来客の受付若しくは施設設備の監視、保全、文書の収受その他連絡の任に当たるものとする。

■例2　医療法人社団Nの場合■

（勤務時間）
第27条　職員の勤務時間は、休憩時間を除き、4週間を超えない期間につき1週間当たり40時間を超えない範囲で定めるものとする。ただし、勤務上必要な場合は1週間の労働時間が48時間を超えない範囲であらかじめ勤務割表により特定し、周知する日において8時間または週において41時間を超えて勤務を命ずることができる。

（始業時刻及び終業時刻）
第28条　職員の始業及び終業時刻は、交替勤務職員を除き、次のとおりとする。
　　(1)月曜日から金曜日まで、それぞれ午前8時30分から午後5時30分までとする。
　2　前項に定める勤務時間によることが適当でない勤務部署については、理事長が別に定めることができる。

（交替勤務職員の始業時刻及び終業時刻）
第29条　交替勤務職員の始業時刻及び終業時刻は※別表のとおりとし、職員を2組以上に分けて就業させる場合における労働時間の割り振りは、業務の状況に応じ施設長が行う。

（交替勤務職員の始業時刻、終業時刻及び休日の提示）
第30条　前条に規定する交替勤務職員の勤務時間、第34条に規定する休日の割り振りは、原則として前月25日までに勤務割表を作成して提示する。

（休憩時間）
第31条　職員の休憩時間は、原則として正午から午後1時までとする。交替勤務職員の休憩時間は、第30条の勤務割表の中において明示する。

（育児時間）
第32条　生後1年に達しない乳児を育てる女子職員から育児時間の請求があった場合には、所定の休憩時間のほか、1日につき2回それぞれ45分の育児時間を与える。

(休日)
第33条　職員の休日は、交替勤務職員を除き、次のとおりとする。
　　　(1)土曜日、日曜日
　　　(2)国民の祝日
　　　(3)年末年始（12月30日〜31日、1月1日〜4日）

(交替勤務職員の休日)
第34条　交替勤務職員の休日は、4週間を通じて8日、前条第1項第1号、第2号及び第3号に相当する日数とする。

(休日の振替)
第35条　交替勤務職員以外の者が休日に勤務する必要がある場合には、業務の状況により1週間以内において他の日をもって休日に替えることができる。ただし、この場合は、少なくとも3日前に振り替えるべき休日と労働日を特定し、当該職員に通知するものとする。

(時間外勤務及び休日勤務)
第36条　業務上特に必要がある場合（災害その他避けることのできない事由により臨時の必要がある場合を含む）は、労働基準法の定めるところにより、所定の勤務時間外又は休日に勤務させることができる。

(代休)
第37条　第36条により勤務させた場合は、本人の請求により、業務に支障がない限り代休日を与えるものとする。

(宿直)
第38条　満18歳以上の職員に対しては、宿直を命ずることがある。
　2　宿直を命ぜられた職員は、宿直勤務中あらかじめ指定された部署において、来客の受け付け、若しくは施設設備の監視、保全、文書の収受、その他連絡の任に当たるものとする。

(宿直の勤務時間)
第39条　宿直の勤務時間は、午後5時30分から翌日の午前8時30分までとする。

※別表は省略

7　勤務時間、休憩時間、休日、時間外労働・休日労働

> **トーク**　勤務時間：変形労働時間制をうまく活用すべし！

矢崎：まず勤務時間ですが、労働基準法には1週間については40時間（職員数が常時10人未満の介護事業所では44時間の特例もあります）、1日については8時間を超えて勤務させてはならない、という大原則があります。また、**勤務時間に関しては必ず就業規則に記載しなければならない項目であり、始業および終業の時刻を規定しておくことが必要**とされています。

小澤：ということは、例えば「始業：午前9時、終業：午後5時30分」のように具体的な時刻を決めておくことが必要で、「労働時間は1週間につき40時間、1日について8時間とする」というような書き方では、要件を満たしていないことになりますね。

矢崎：はい、そうです。例2では、第29条に『交替勤務職員の始業時刻及び終業時刻は別表のとおりとし……』という記載があり、その別表を見ると、施設ごと・職種ごとに始業時間、終業時間、休憩時間が明記されています（別表は省略）。例えば介護職員の場合は、早番、日勤、遅番、夜勤と4パターンの勤務時間が決められています。このように、就業規則の本文ではなくて別表の形式で始業・終業の時刻を決めておくことによっても、法令の要件を満たすことはできます。

小澤：複数のパターンの勤務時間を決めておき、交互に勤務させる方法が「交替勤務制」といわれるものですが、例2の施設の場合は、第30条に『交替勤務職員の勤務時間、（中略）休日の割り振りは、原則として前月25日までに勤務割表を作成して提示する』とあります。このように、実際に運用するときには**勤務時間のパターンを決めておくだけではなく、事前にカレンダーなどにより職員ごとに日ごとの勤務時間を決めて、周知しておく**ことも必要です。これによって初めて、勤務時間を特定したことになります。

矢崎：介護施設は24時間体制のところがほとんどですから、夜勤を含む交替勤務制を実施しています。夜勤はどうしても勤務時間帯が長くなり、「1日について8時間」と法律で決められた上限を超えてしまいがちです。そのため、夜勤がある職員については、「変形労働時間制」を組み合わせるとよいでしょう。例1、例2の施設でも、1カ月単位の変形労働時間制と交替勤務制を組み合わせて運用しています。

小澤：1カ月単位の変形労働時間制と

は、簡単にいえば、1カ月の労働時間を平均してみたときに1週間の労働時間が40時間におさまればよい、という勤務体制のことです。この方法を使えば、ある週には法定労働時間の40時間を超えてもかまいませんし、ある日には12時間勤務させる、ということもできます。もともとは、忙しい時期とそうでない時期の差が大きい業種などで、労働時間を調整して無駄な時間外労働を減らすために作られた制度ですが、介護施設では、交替勤務制と併せて活用することでメリットがあります。

矢崎：変形労働時間制を採用している施設のほとんどは、「1カ月以内単位の変形労働時間制」でしたが、「1年単位の変形労働時間制」を取り入れている施設もあります。また、変形労働時間制と似た制度として「フレックスタイム制」があります。

小澤：「勤務時間の繰り上げ、繰り下げ」は、文字どおり始業や終業の時刻を前倒しにしたり、逆に後ろにずらしたりする制度ですが、最近の事例で言えば、震災による電力不足への対応で職場全体の勤務時間をずらす場合などに使われるものです。何かの事態に備えて、記載しておいたほうがいいでしょう。

矢崎：職場全体の勤務時間をずらす場合も考えられますが、介護施設では交替制勤務をとっている上、パートタイマーなどさまざまな雇用形態の職員がいますから、いろいろな事情によってあらかじめ作成した勤務割表をどうしても変更しなければならないことが想定されます。こういった場合に備えて「勤務割表は、やむを得ない事由によって変更することがある」と書いておいたほうがいいと思います。もちろん、変更の対象になる職員の意見を尊重するなどの配慮は必要ですが。

小澤：就業規則の上では勤務時間についてきちんと規定してあっても、それが実態として運用されていないと意味がないですよね。最近は、**介護事業に限らずあらゆる業種において、労働時間の把握については厳しい取り扱いが求められて**います。長時間労働が過労死や精神疾患につながり、労働災害となるケースが増えているためです。**労働時間を把握することは事業主の義務ですから、規定を整備するとともに、実態を適正に管理することが必要**ですね。

矢崎：そのとおりですね。労働時間を把握する義務は施設の側にある、ということを忘れないでほしいですね。残業時間について、**職員の自己申告に任せている事業所もかなりありますが、これはできる限り避けなくてはなりません**。タイム

7 勤務時間、休憩時間、休日、時間外労働・休日労働

トーク　休憩時間：「休憩」の定義は職員が自由に休める時間！

小澤：休憩時間の規定の仕方で、「9時から17時までの間の1時間とする」という書き方のものを見たことがあります。本来は、休憩時間は職場で一斉に取らなければならないという原則がありますが、介護施設などでは仕事の性質上できないため、この原則は適用されません。しかし、いつでも取れるときに取るというのでは、結局、忙しくて休憩できなかった、ということもあり得ますから、**休憩時間についても何時から何時までと具体的に就業規則で決めておきたいもの**です。

矢崎：それと、何よりも**休憩時間は職員に自由に利用させなければならない、ということが大事**ですね。私が見たある施設では、職員が休憩するスペースが十分ではないため利用者がいる部屋で昼休みを取っていて、何か必要があればすぐに駆けつけなければならないことになっていましたが、これでは休憩を取らせたことにはなりません。「電話当番」などもこれと同じで休憩時間ではありませんから、別の時間に改めて休憩を与えなければなりません。

小澤：休憩時間の最低基準は、労働時間が6時間を超えて8時間までなら45分、8時間を超えたら1時間と法律で決められていますが、実際には所定労働時間が8時間でも、お昼休みは45分ではなくて1時間、としている事業所がとても多いですね。少しでも残業があればその日の労働時間は8時間を超えてしまいますから、煩わしさを避けるために最初から休憩を1時間にしているのだと思います。

トーク　休日：「休日の振替」を活用し、休日出勤をスムーズに！

矢崎：休日についてですが、ほとんどの施設では介護職員は交替勤務体制を取っていますから、勤務割表で休日が決定されることになります。これによりそこで法定の基準（週休1日または4週に4日）以上が確保されることになっています。ところで、**休日の1日とは、暦日**、つまり午前0時から午後12時までの24時間であることが原則ですが、介護職員などでは**例外も認められています**よね。

小澤：はい、「3交替制勤務制」を採用していて、そのことが就業規則にもはっきりと記載されていて、それが規則的に

運用されているなどの要件を満たせば、暦日でなくても連続した24時間の休みであればよい、という通達が厚生労働省から出ています。

矢崎：「休日の振替」という制度もほとんどの就業規則に書かれてはいますが、実際にはあまり活用されていないのでは、という気がします。休日に働いてもらいたいときに、あらかじめほかの出勤日を指定してその日を休日にすること、つまり**休日と出勤日とを交換してしまう**ことで、もともと休日だった日は休日ではなくなりますから休日出勤扱いにしなくてよいというもので、施設（法人、会社）にとっては有利です。有効に使ってほしいですね。

小澤：休日の振替を行うには、**就業規則に「休日の振替を行うことがある」ということとその手続きを規定しておくとともに、事前にどの日とどの日とを振り替えるのかを特定して、職員に通知をすることが必要です**。ここが「代休」と違うところです。例2では、少なくとも3日前に職員に通知することになっています。また、休日の振替を命じられたら、「職員は正当な理由がなければ拒むことができない」ことも、念のため書いておいたほうがいいと思います。

トーク　時間外労働・休日労働：まずは36協定の締結の確認を！

矢崎：次に、就業規則で決められた勤務時間を超えて働かせたり、休日に勤務をさせる場合についてですが、必ず**「所定労働時間外や所定休日に勤務を命ずることがある」ということを就業規則に書いておかなければなりません**。この規定がなければ、残業や休日出勤をさせる根拠がどこにもないことになってしまいます。例1、例2にもそのことは記載されていますが、ここでも「職員は正当な理由がなくこの命令を拒むことはできない」ことも書いておいたほうがいいでしょう。

小澤：さらに**法定の労働時間を超えて**、あるいは法定の休日に働かせる場合には、**労使協定（いわゆる36協定）を締結して、労働基準監督署に届出をすることが必要**なのですが、このことが就業規則には記載されていても、実際には**労使協定が結ばれていなかったり、協定の有効期限を過ぎていることがよくあります**から、ぜひ一度、確認していただきたいですね。

矢崎：そうですね。労働基準法は、罰則を設けてまでも法定労働時間外や法定休日に働かせることを禁止していることと、36協定があって初めて、その罰則を免れることができるということも知って

おいてほしいですね。

小澤：ところで勤務時間や休憩、休日についての労働基準法の規定が適用されない職員もいます。いわゆる管理・監督者といわれる人たちですが、「うちの施設では管理・監督者とは具体的にはどういう役職を指し、この人たちに適用しないのは就業規則の第何条から第何条まで」ということもはっきりと書いておくべきだと思います。

矢崎：例2には、宿直についての規定があります。介護施設での宿直は、ほとんどの場合は通常の勤務と同じ仕事内容だと思いますが、もし宿直や日直のときに通常の業務は行わなくて、事故防止や徘徊の監視だとか、非常事態に備えて待機しているだけというような場合には、**労働基準監督署長の許可を得ることによって**、管理・監督者と同じように勤務時間や休憩、休日の規定を適用しない扱いとすることができます。

8 退職・定年、解雇

「退職・定年」と「解雇」は、どちらも労働契約が終了することを意味します。特に働く側にとっては、どんな場合に退職や解雇になるのかなどは極めて重要なことです。

労働基準法でも、「退職に関する事項」は就業規則に必ず記載しなければならないことの一つとされています。

例1　社会福祉法人Oの場合

（定年）

第24条　職員の定年は60歳とし、その到達年度末をもって退職とする。ただし、高齢者雇用安定法第9条第2項に基づく労使協定の定めるところにより、次の各号に掲げる基準のいずれにも該当する者については、65歳まで再雇用する。

(1)引き続き勤務することを希望する者。

(2)担当業務経験が豊富なこと。

(3)無断欠勤がないこと。

(4)直近の健康診断結果、業務遂行に問題がないこと。

(5)就業中に懲戒等の処分がないこと。

(退職)
第25条　職員が次の各号の一つに該当するときは、その日をもって退職とし、職員の身分を失う
　(1)死亡したとき。
　(2)退職届を出して受理されたとき、または退職届後14日を経過したとき。
　(3)定年退職の日に達したとき。
　(4)休職期間が満了しても休職事由が消滅しないとき。
　(5)期間の定めてある雇用が満了したとき。
　(6)労働基準法第81条における打切補償がなされたとき。

(退職手続)
第26条　職員が退職する場合は、少なくとも14日前までに退職届を提出しなければならない。
　2　退職届を提出した者は、理事長の承認があるまでは、従前の義務に服さなければならない。ただし、退職届提出から14日を経過したとき、または次の場合にはこの限りではない。
　(1)傷病、身体虚弱等で業務に堪えられないとき。
　(2)試用期間中のとき。
　(3)その他やむを得ない事由があるとき。

(解雇)
第27条　職員が次のいずれかに該当するときは、解雇するものとする。ただし第62条2項に該当すると認められたときは、同条の定めるところによるものとする。
　(1)精神、身体の障害により業務に堪えられないとき。
　(2)勤務成績、業務能率が不良で、就業に適しないと認められたとき。
　(3)経営の合理化による業務の改廃、経営の簡素化、事業の縮小等により剰員が生じたとき。
　(4)その他各号に準ずるやむを得ない事由があるとき。
　2　前項の規定により職員を解雇する場合は、少なくとも30日前に予告するか、または平均賃金の30日分の平均賃金を支給して、即時解雇する。ただし、予告日数は、1日について平均賃金を支払った場合その数だけ短縮することができる。なお、労働基準監督署長の認定を受けて第63条に定める懲戒解雇をする場合、及び次の各号のいずれかに該当する職員を解雇する

場合はこの限りではない。
(1)日々雇い入れられる職員（1カ月を超えて引き続き雇用された者を除く）
(2)2カ月以内の期間を定めて使用する職員
　（その期間を超えて引き続き雇用された者を除く）
(3)試用期間中の職員（14日を超えて引き続き雇用された者を除く）

（解雇の制限）
第28条　前条の規定にかかわらず、次の各号の(1)(2)に該当する期間、及びその後30日間は解雇しない。ただし、天変地異その他やむを得ない事由のため事業の継続が不可能となり、あらかじめ行政官庁の認定を受けた場合または業務上負傷しあるいは疾病にかかった者に対して、打切補償を行った場合はこの限りでない。
(1)業務上負傷し、または疾病にかかり療養のため休業する期間。
(2)産前産後の女子職員が、第57条により休業する期間。
2　天変地異その他やむを得ない事由のため事業の継続が不可能となった場合は、労働基準監督署長の認定を受けて解雇する。

（金品の返還）
第29条　施設は職員が解雇されまたは退職するときは、職員の権利に属する全ての金品をその争いがあるものを除き遅滞なくこれを返還する。権利者が請求した場合には、請求した日から7日以内に返還する。

■ 例2 ■　社会福祉法人Ｐの場合 ■

（定年及び再雇用）
第47条　職員の定年は60歳とし、定年に達した日の属する年度の3月31日をもって退職する。
2　定年退職後、別に定める再雇用規程により、嘱託として再雇用することができる。

（一般退職）
第48条　職員が次の各号の一つに該当する場合は、その日を退職の日とし職員としての身分を失う
(1)本人の都合により退職を願い出て、理事長の承認があったとき。
(2)死亡したとき。
(3)期間の定めのある雇用について期間が満了したとき。

(4)休職を命じられた者について休職期間が満了したとき。
(5)行方不明となり、30日を経過したとき。

(退職の手続き)
第49条　職員が退職しようとするときは、原則として14日前までに退職願を理事長に提出し、退職決定までは従前の業務を継続しなければならない。

(解雇)
第50条　職員が次の各号の一つに該当する場合は解雇する。
(1)無断欠勤(無届及び正当な理由のない欠勤を含む)が1カ月(暦日数をいう。以下同じ)以上に及んだとき。
(2)精神または身体の障害により、業務に堪えられないと認められるとき。
(3)業務上の傷病(通勤上を除く)による休業が3年を経過してもその傷病が治癒せず、打切補償を支払ったとき(法律上支払ったとみなされる場合を含む)。
(4)技能が著しく劣悪、協調性を著しく欠く、入所者等への対応が著しく不適格、その他職員として適格性を欠き改善の見込みのないとき。
(5)本規則第58条に定める懲戒免職事由に該当したとき。
(6)業務の縮小その他やむを得ない業務上の必要があるとき。
(7)その他前各号に準ずるやむを得ない事由があるとき。

(解雇予告)
第51条　職員を解雇する場合には、30日前に本人に予告するかまたは30日分の解雇予告手当を支給する。予告の日数は平均賃金を支払った日数だけ短縮するものとする。ただし、天災事変等やむを得ない事由で事業を継続して運営することが不可能な場合、または職員の責に帰す事由により解雇する場合で行政官庁の認定を受けた場合、あるいは試用期間中の者(採用後14日間を超えて使用した者を除く)を解雇する場合はこの限りではない。

(解雇制限)
第52条　業務上の傷病のため休業する期間及びその後30日間、産前・産後の女性が休業する法定期間及びその後30日間は、前条の規定にかかわらず解雇しない。ただし、天災事変等やむを得ない事由により、事業を継続して運営することが不可能となった場合で、あらかじめ労働基準監督署長の承認を受けた場合はこの限りではない。

(事務の引継等)

> 第53条　職員が退職または解雇されたときは、担当する業務の引き継ぎを完全に履行し、健康保険証、その他法人から貸与された物品等を返還しなければならない。

トーク　退職・定年：想定される事由を網羅し記載すべし！

矢崎：退職とは、解雇以外の理由で労働契約が終了することです。就業規則には「退職に関する事項」を必ず記載しなければならないことになっていますから、どんな場合に退職となるのかも明確にしておく必要があります。退職の事由としては、例1では第25条に6項目、例2では第48条に5項目記載されていますが、**退職事由として想定されるものを網羅しておくべきですね。**

小澤：退職の事由として、通常は「死亡したとき」も記載されます。職員が死亡した場合は、労働契約の当事者の一方がいなくなるわけですから、当然に契約終了、つまり退職という扱いになります。次に、「休職期間の満了」も退職事由として定めるべき項目の一つです。傷病などの理由で休職していて、満了の時期となっても復職できないような場合は、**自動的に退職となることを定めておくべきです。**就業規則の「休職」の箇所にも記載すべきですが、重複となったとしても退職事由にも記載しておきましょう。

矢崎：例2には、「行方不明となり、30日を経過したとき」という事由が記載されています。突然出勤しなくなり、連絡がつかなくなる事例は見受けられます。こういった状況に対応できるように、退職の事由として記載しておくことが必要です。**この規定がないと、通常は解雇の扱いにすることになりますが、**行方不明になった職員には解雇の意思を伝えることができないため、解雇手続きが困難になります。無断欠勤が一定期間続いたときには、退職の意思表示があったものとして自動的に雇用関係を終了できるように記載しておくべきです。

小澤：次に定年退職についてですが、「定年退職」とは職員が一定の年齢に達したときに自動的に労働契約が終了となる制度です。定年を設けておくことにより、施設（法人、会社）からも職員からも特に意思表示をしなくても、その年齢になると当然に労働契約が終了します。**法律の規定によって定年年齢は60歳を下回ることはできません。**定年を60歳と定めている施設が多いようですが、65歳を定年としている施設や定年の定めがない施設もありました。また、**「定年を60**

第Ⅳ部　トーク
矢崎哲也・小澤薫アドバイス　押さえておきたい就業規則のポイント

歳とする」というような記載ですと、退職日が特定できず運用に困ることも考えられます。「満60歳の誕生日」、「満60歳の誕生日の属する月の末日」、「満60歳の誕生日の属する年度末」などのように決めておくとよいでしょう。

矢崎：定年後の再雇用についても記載しておく必要がありますね。**定年年齢を定めている場合は、①65歳までの定年の引き上げ、②65歳までの継続雇用制度の導入、③定年の定めの廃止、のいずれかを選択しなければなりませんが、多くの場合は、②の継続雇用制度を導入して**います。この継続雇用制度を運用するときには、継続して雇用を希望する職員を全員雇用しなければいけないのでしょうか？

小澤：原則は、継続雇用を希望している職員を全員雇用しなければなりません。しかし、**定年退職者のうち、どの人を継続雇用するかについて、条件を設けることも可能です**。その場合、例えば「直近の健康診断の結果、業務に支障がないと認められること」、「過去5年間の出勤率が85％以上であること」などのように、**客観的に判断できる条件を設けるべきです**。「会社が必要と認めた者に限る」、「上司の推薦がある者に限る」などは、客観的でなく、分かりづらいため、継続雇用の条件としては認められません。

矢崎：本来、継続雇用については、労使で話し合って制度の内容や継続雇用の条件などを決め、労使協定を結ぶことになっています。しかし2011年の3月末までは、中小規模の事業場では特例として施設（法人、会社）側が就業規則に記載することで継続雇用の条件を決めることができたため、今でも労使協定が結ばれていない場合が見受けられます。**希望者全員を継続雇用するのではなく条件を設けるのでしたら、それについて労使協定を締結する必要があります**。

小澤：継続雇用に関しては、多くの施設で記載されていますが、希望者全員を再雇用するという施設もあるようです。また、「労使協定による」と明記されている就業規則もあります。労使協定によって継続雇用の条件を設ける場合は、その内容を再雇用規程など別規程に詳細を定めるか、就業規則にも明記しておいたほうがいいでしょう。

矢崎：自己都合による退職の場合の手続きについても、就業規則に定めておくべき事項です。就業規則に定めがない場合は、民法により、少なくとも14日前までに申し入れれば、労働契約を解消することができます。しかし、**14日ではなく、1カ月などの一定の期間を置くこと、さらに会社の承認を受けることなどを自己都合退職の手続き要件として就業規則に**

規定する事業場が多いですね。業務の引き継ぎ等を考慮した場合、やはり14日では短かすぎるため、実態に合わせて規定しているのでしょう。

小澤：退職の申し出の期間では、事例では30日（1カ月）がほとんどでしたが、3カ月と規定しているものや、14日と規定しているものなどもありました。14日以外は、法的な拘束力があるわけではありませんが、事業場のルールとして規定しておくべきでしょう。その期間の長さとして30日（1カ月）程度が妥当であると多くの事業所では考えている、ということです。

トーク　解雇：する側もされる側も内容が理解できる表記を！

矢崎：解雇とは、雇い主のほうから一方的に雇用契約を終わらせることです。働く人にとって解雇されるということは、直ちに生活の手段を失うことにつながりますから、不意打ちにならないように、どういう場合に解雇するのかという理由、つまり解雇事由が就業規則に明記されていなくてはなりません。

小澤：解雇は、「普通解雇」、「整理解雇」、「懲戒解雇」の3つのタイプに分けられますが、このうち懲戒解雇の事由については就業規則では通常は、「表彰・懲戒」の章に記載されますから、ここでは、普通解雇、整理解雇について記載することになります。

矢崎：例1では第27条、例2では第50条に解雇事由が記載されています。身体や精神の障害により業務に耐えられないとき、勤務成績や態度がよくなく職員としての適性に欠けるときのほか、いわゆる整理解雇として、業務の縮小や事業所を閉鎖するときなどが、解雇事由として挙げられる一般的なものです。

小澤：それでは、就業規則に記載されている解雇事由以外の理由では絶対に解雇することができないのか、という問題がありますね。もっとも、2つの規程例のように、一番最後に**「その他各号に準ずるやむを得ない事由があるとき」という包括的な理由が書かれている例がほとんど**ですが。

矢崎：解雇するのが相当だという合理的な理由であれば、就業規則に書かれていない理由であっても解雇できるという考え方もありますが、就業規則に記載されている解雇事由に当てはまらないと解雇できない、とする見解もあります。ですから、**最後にこの包括的な事由を記載しておいて、あらゆる場合に対応できるようにしておくことにはとても大きな意味**

第Ⅳ部　トーク
矢崎哲也・小澤薫アドバイス　押さえておきたい就業規則のポイント

があります。

小澤：それから、**試用期間中の職員の解雇についてですが、本採用後の職員を解雇するときよりも解雇事由を広げておく**ことが認められていますから、就業規則の「試用期間」の箇所に試用期間中の解雇事由を別途記載しておく例が多くみられます。この方式をお勧めします。

矢崎：解雇の事由の次は手続きですね。解雇をするときには、「解雇予告手続き」といわれる一定の手順を踏まなくてはなりません。**解雇することを30日以上前に予告するか、あるいは30日分の平均賃金を支払わなければならない**、という決まりになっています。その組み合わせも可能で、例えば10日前に予告して20日分の平均賃金を支払って解雇する、ということができます。

小澤：この解雇予告手続きが解雇するための要件、つまりこの手続きをきちんと踏みさえすれば解雇ができる、という誤解もときどきあるようですね。あくまでも、**まず解雇するだけの合理的な理由がある場合に、この手続きを踏むことによって初めて解雇が可能になる**、ということですから、注意をしていただきたいです。

矢崎：例外的に、この解雇予告手続きを踏まずにすぐに解雇できる場合もあります。懲戒解雇をする際に、労働基準監督署長から「解雇予告除外認定」を受けた場合や、試用期間中で採用されてから14日以内の職員を解雇する場合などです。**懲戒解雇であれば解雇予告手続きは不要で即時解雇できるという誤解も多く、就業規則にもそういう書き方をしてある事例を見たことがあります。これも気を付けたいことろです。**

小澤：解雇予告手続きについて記載されていない就業規則もみられます。法律で決まっていることですから、就業規則に記載がなくても、もちろんどの事業所にも適用されます。しかし、解雇する場合には法定の手続きに従って行う、という厳格な姿勢をアピールするためにも記載しておいたほうがいいでしょう。

矢崎：労働基準法では、「解雇の制限」といって、ある特定の時期についてはその人を解雇することができない、と決められていますから注意が必要ですね。いくら解雇事由に当てはまり、解雇予告手続きをとったとしても、その時期の解雇は無効になります。

小澤：業務上のケガや病気で休業をしている期間とその後の30日間、それと女性が産前・産後の休業を取っている期間とその後の30日間は解雇することがで

きません。これも法律で定められていることですから、もし就業規則に記載されていないとしても、どこの事業所にも必ず適用されます。それにもかかわらず当事者が知らないというのはまずいですから、やはり記載しておくべきでしょう。

矢崎：実はほかにも、法律で解雇が禁止されているケースはいくつかあります。国籍や信条などを理由とする解雇、育児休業や介護休業の取得を申し出たことを理由とする解雇などです。これらも法律の規定ですから全ての事業所に適用されますし、ほとんど常識的なことばかりですので、就業規則に全てを記載しておく必要はありませんが、実際に解雇する際には気をつけなければならないことです。

小澤：解雇を巡るトラブルは労働紛争の中でもとても多いですから、それを避けるためにも就業規則には必要なことはしっかり記載しておくことと、お互いにその内容を理解しておくことが重要だと思います。

❾ 表彰、懲戒処分

「表彰」や「懲戒処分」についても、職場で決まりごとがあるのならば就業規則に記載することが必要です。

特に懲戒処分については、職員がどんな行為をした場合にどんな処分を受けるのかが明確に記載されていなくてはなりません。

また、表彰制度も職場の活性化のために上手に使いたいものです。

例1　社会福祉法人Ｑの場合

（表彰）

第54条　職員が次の各号の一に該当する場合には、本条第2項の表彰選考委員会に諮り、表彰する。

　(1)永年誠実に勤務し、その勤務成績が優秀で、他の模範とするに足ると認めた場合。

　(2)業務上、有益な発明、発見若しくは改良、創意工夫又は考案し、施設の運営に著しく貢献したと認められる場合。

　(3)災害を未然に防止し、又は非常災害に際し特別の功労があった場合。

(4)その他施設運営上、特別な功績又は善行があった場合。
2　表彰選考委員会の委員は、本会側2人、職員代表側2人をもって構成する。
3　表彰は、表彰状及び賞金又は賞品を授与して行う。
4　第1項第1号による表彰は、20年及び30年の勤続年数を経過した翌年度に行う。

（懲戒）
第55条　職員が次の各号の一に該当する場合においては、第60条に定める懲戒審査委員会に諮り懲戒を行う。
　　(1)この規則又は業務上の指示命令にしばしば違反したとき又はその違反が重大な場合。
　　(2)素行及び勤務状態が不良であって、本会の名誉を傷つけたとき。
　　(3)故意又は重大な過失により、本会に損害又は不利益を生じさせたとき。
　　(4)職務上の怠慢又は指揮監督の不行き届きによって、災害を引き起こしたとき。
　　(5)重要な経歴を偽り、その他不正な方法で採用されたことが明らかになったとき。
　　(6)その他社会福祉施設の職員としてふさわしくない非行があった場合。
　　(7)故意又は過失により、本会が保有する個人情報又は業務上の機密を漏らしたとき。
2　第1項の懲戒事由のうち、特に次に該当するいずれかの行為があった場合、第56条第6号に定める懲戒解雇とする。
　　(1)正当な理由なく無断欠勤が7日以上に及び、出勤の督促に応じなかったとき。
　　(2)正当な理由なく無断でしばしば遅刻、早退又は欠勤を繰り返し、指導を受けたにもかかわらず改めなかったとき。
　　(3)正当な理由なく、しばしば業務上の指示、命令に従わなかったとき。
　　(4)故意、または重大な過失により、当法人に重大な損害を与えたとき。
　　(5)刑法その他刑罰法規の各規定に違反する行為を行い、その犯罪が明らかになったとき。
　　(6)素行不良で、著しく法人内の秩序又は風紀を乱したとき。
　　(7)複数回にわたり懲戒を受けたにもかかわらず、なお改善の見込みがない

と認められたとき。
(8) 許可なく職務以外の目的で、法人の施設、物品を使用したとき。
(9) 職務上の地位を利用して、私利を目的として関係者等から不当な金品を受け、若しくは求めたとき。
(10) 私生活上の非違行為や法人に対する誹謗中傷等によって、法人の名誉、信用を大きく傷つけ、業務に重大な悪影響を及ぼしたとき。
(11) 法人の業務上重要な秘密を外部に漏えいして法人に損害を与え、又は業務の正常な運営を阻害したとき。
(12) 第22条の禁止事項について重大な違反があったと認められるとき。
(13) その他前各号に準ずる程度の不適切な行為があったとき。

(懲戒の種類)
第56条　前条の規定による懲戒は、その情状により、次の区分に従って文書を交付して行う。
(1) 戒告　説諭して将来を戒める。
(2) けん責　始末書を提出させて将来を戒める。
(3) 減給　始末書を提出させて6カ月以内の期間で1賃金支払い期における給与総額の10分の1を超えない範囲で減給して将来を戒める。
(4) 出勤停止　始末書を提出させて6カ月以内の出勤を停止し、その期間の給与は支給しない。
(5) 昇給停止　始末書を提出させて次期昇給を1年を超えない範囲において延期する。
(6) 懲戒解雇　予告期間を設けることなく、即時解雇する。この場合には退職金を支給しない。

(監督責任)
第57条　職員が懲戒に該当する行為をしたときは、当該監督者を本人同様懲戒することができる。ただし、当該監督者がこれを防止する方法を講じていたと認められるときは、これを軽減又は免ずることがある。

(懲戒の復元)
第58条　懲戒された職員が、その後改心の情著しい場合、懲戒審査委員会の審査を経て、これを復元することができる。

(損害賠償)
第59条　懲戒に該当する行為のあった職員に対しては、本会の受けた損害の全部

又は一部を求償することができる。

(懲戒審査委員会)

第60条　懲戒審査委員会の委員は、本会側2人、職員代表側2人をもって構成する。

(異議の申立)

第61条　懲戒された職員が、その懲戒処分に対して不服があるときは、処分された日以後60日以内に懲戒審査委員会に口頭又は文書をもって異議の申立をすることができる。

例2　社会福祉法人Rの場合

(表彰)

第40条　職員が次の一に該当する場合には、審査の上これを表彰する。

(1)職員として多年にわたり、勤務に精励した者。

(2)業務上有益な研究、発明、改良、創意工夫等を行い業務及び施設の発展に貢献した者。

(3)災害時に際し、人命救助、財産の保全等に献身的行為をなし又は災害の未然防止に顕著な業績があった者。

(4)職務の内外を問わず他の模範とするに足る善行のあった者。

(5)その他特に表彰する必要があると認められた者。

(懲戒)

第41条　懲戒は、謹慎、減給、出勤停止、解雇に分けて行う。

(1)謹慎は、始末書を受けて将来を戒める。

(2)減給は、平均賃金の1日分の半額以内、総額において賃金支払期間の賃金の総額の10分の1以内を減額とする。

(3)出勤停止は、始末書を受け10日以内の出勤を停止し、その間の賃金は支給しない。

(4)解雇は第15条の規定により行う。但し、行政官庁の認定を得ない場合には第13条の規定よって行う。

(懲戒を課す事項)

第42条　職員は、次の各号の一に該当するときは懲戒処分にする。

(1)正当な理由なく無届欠勤をしたとき。

(2)他人の金品、その他を窃取したとき。

(3)施設の物品等を無断で持ち出し、又は持ち出そうとしたとき。

(4) 暴行、恐かつ等の行為のあったとき。
(5) 職務上の指示に従わず、職場の秩序を乱し、又は乱そうとしたとき。
(6) 勤務状況不良にて勤務意欲に欠け、正当な理由なくして、しばしば欠勤又は遅刻、早退したとき。
(7) 業務上の秘密を外部に漏らし、又は漏らそうとしたとき。
(8) 故意又は重大な過失により施設に損害を与えたとき。
(9) 第19条の禁止行為をなしたとき。

(損害賠償)
第43条 前条第8号の行為により施設に損害を与えたときは、これを原状に回復させ、又は回復に必要な費用の全部を賠償させることがある。
2 損害賠償の責任は退職後であっても免れない。

トーク (1) 表彰：加点主義の発想で人材マネジメントを！

矢崎：就業規則には通常、「表彰と懲戒」という章が設けられています。でも、そのほとんどは懲戒処分についての条文ばかりで、表彰についてはわずかな内容しか書かれていない例が多いようです。表彰について全く記載されていない就業規則も見たことがあります。その職場には表彰制度がない、ということなのでしょう。

小澤：よくないことをした人には制裁を加えて職場の規律を保つことも労務管理上はとても重要ですが、いいことをした人を褒めたたえる「加点主義」の発想も、これからの人材マネジメントでは大切ですよね。

矢崎：価値がある行動や業績を取り上げ、みんなの前で表彰するということは、その職員の承認欲求、つまり「認められている感」を満たすことになり、モチベーションアップにつながるものです。また、職場の雰囲気を明るくする効果もあります。ぜひ実行していただきたいです。

小澤：何か大きなことを成し遂げたときにだけ表彰するのではなく、本当に日常の仕事の中での小さなことでもいいことは認めて褒める、そしてささやかでいいですからご褒美をあげる。これを職場の文化にしていきましょう、ということですね。

矢崎：そのとおりです。決して堅苦しい制度ではなく、少し遊び心を持ってもい

第Ⅳ部　トーク
矢崎哲也・小澤薫アドバイス　押さえておきたい就業規則のポイント

いのです。中には思わず笑ってしまうようなユニークな表彰制度がある会社もあります。表彰制度は、就業規則の中でも施設の独自性を打ち出せる、数少ない項目の一つでもあります。工夫してつくり、大いに活用してほしいと思います。

小澤：さて、一般的に表彰の理由として代表的なものといえば「永年勤続表彰」があります。例1にも例2にも、表彰の理由の最初に出てきます。今まで目にした就業規則の中には、勤続何年目に表彰するのかという節目の年数と、そこで授与される報奨金の額が具体的に記載されているものもありました。

矢崎：この永年勤続表彰に対する考え方ですが、成果主義を強調する風潮のもとでは、評価されるべきは勤続年数の長さではなく、どれだけ組織に貢献したのかということですから、永年勤続表彰は廃止すべきだ、というような動きも世間ではありましたよね。

小澤：確かにそういう考え方もありますが、**介護業界では職員の短期間での離職が問題となっているのですから、長期にわたって勤続すること自体を表彰することは理にかなっている**と思います。ただ、例1のように、最初に表彰されるのが勤続20年、というのは介護職員の場合は少し現実的ではないような気がします。

矢崎：そのほかに表彰する理由としては、業務上の改良や創意工夫、災害の防止や災害時の特別な功労などが、多くの規程に挙げられています。また、どんな場合に表彰してその場合に賞品として何が授与されるか、というような詳しいことは、別に「表彰規程」を設けてそこで決めている施設もあります。

トーク7　(2)懲戒処分の種類：規則に書かれていない処分は課すことはできない！

小澤：懲戒処分を行う場合には、就業規則にどんな行為をしたらどんな処分を課すのか、ということを明記しておかなければなりません。**就業規則に書かれていない理由で、就業規則に書かれていない懲戒処分を課すことはできない**からです。

矢崎：刑事法の大原則である「罪刑法定主義」の考え方ですね。ところで、まず懲戒処分の種類ですが、だいたいどの就業規則にも載っている基本的な4つの処分があります。処分の軽いほうから「戒告」、「減給」、「出勤停止」、そして「懲戒解雇」です。

小澤：戒告は「けん責」と呼んでいる例もありますが、その内容は、本人に始末書を提出させて、「今後はこういうこと

はしません」と誓わせることです。また、戒告よりも軽い処分として「訓告」、「叱責」を設けている施設もありました。これは、施設のほうから文書または口頭で、「今後はこういうことをしないように」と注意をすることです。

矢崎：次の減給ですが、文字どおり懲戒処分として給与を減額することです。**法律で限度が決められていますから注意が必要**です。懲戒処分として給与を減額する場合には、「1回につき平均賃金の1日分の2分の1、1カ月につき総額の10分の1」を超えて減給することはできません。この「1カ月につき総額の10分の1」というのは、何回も懲戒処分になる行為を繰り返して「1日の2分の1」が積み重なった場合でも、月給の10分の1を超えて減給することはできない、という意味でしたね。

小澤：そうです。この限度があるため減給できない部分は、翌月の給与から控除することが認められています。次に出勤停止ですが、これはある一定の期間を決めてその範囲で出勤をさせないことです。あくまでも懲戒処分として行われる出勤停止ですから、**懲戒の事由に当てはまる行為があったかどうかを調べる間は取りあえず自宅待機を命じる、という場合とは区別して考えなければなりません。**

矢崎：最後の懲戒解雇は一番重い懲戒処分ですが、それによって職員は生活の手段を失うことになりますから、**本当に懲戒解雇をするだけの理由があるのか、法令に基づいた手続きが取られているかなど、極めて慎重に進めなくてはなりません。**

小澤：本来は懲戒解雇としてもおかしくない場合に、本人も深く反省しているので将来のことを考えて退職願を提出させ、職員の身分を失わせるという「諭旨退職」もいくつかの施設でみられました。

矢崎：それ以外にも「降格」という処分を設けている施設もあります。人事管理のために等級制度を導入しているところが増えています。**懲戒処分を課すべき職員の役職や等級を下げたくても、就業規則に規定がないと下げる根拠がないことになりますから、「降職・降格」の規定も設けておくべきでしょう。**

> **トーク** **(3)懲戒の事由：特に懲戒解雇の事由は明示しておくべし！**

小澤：次に懲戒の事由についても、就業規則に明記しておかなければなりません。どんな行為をしたら懲戒処分の対象になるのかを職員にはっきりと理解して

第Ⅳ部　トーク
矢崎哲也・小澤薫アドバイス　押さえておきたい就業規則のポイント

もらう意味でも、明記が必要です。懲戒の事由は、懲戒処分の種類ごとに記載しておくべきでしょうか？

矢崎：一般的には、**戒告・減給・出勤停止および降格についてはまとめて事由を規定し、懲戒解雇（諭旨退職を含む）だけは別に規定する**例が多いように思います。

小澤：懲戒処分と懲戒事由をそれぞれ対応させて定めておいたほうが分かりやすいですが、実際に具体的な懲戒の事例が発生したときに、懲戒処分の選択が難しくなることもあります。そこで懲戒事由をまとめて定めておき、それに当てはまる行為があった場合にはいろいろな状況を考慮して懲戒処分の種類を選択するというように、懲戒処分と懲戒事由を対応させずに定めておくほうが柔軟な運用ができるということで、このような記載の仕方が多いのだと思います。

矢崎：しかし懲戒処分の中でも最も重い処分であり、労働者がすぐに生活の手段を失うことになる懲戒解雇と、それと同等の諭旨退職が課せられる事由については、他の懲戒処分が課せられる事由とは明確に分けて定めておくべきだと思います。例1では、懲戒解雇の事由だけは別立てにしてあります。例2は、特に分けて記載していない例です。

小澤：懲戒の事由となるのは、職場の秩序を乱す行為や服務規律に反する行為です。具体的には、無断欠勤、遅刻・早退などの勤務怠慢行為、業務命令に違反する行為、安全衛生に関する規定違反、セクシュアルハラスメント・パワーハラスメントに該当する行為などのほか、職場の施設、什器備品などへの破損行為、情報漏えいなど企業に対して損害を与える行為などとなります。職場秩序を乱す行為が対象となるのであれば、職場以外での行為や就業時間外の行為は対象にならないのでしょうか？

矢崎：原則としてはなりませんが、犯罪行為などのように、その行為により企業の社会的名誉・信用が著しく害される場合には、職場秩序違反として懲戒の対象となり得ますね。

小澤：懲戒処分は就業規則に規定することが必要であり、就業規則に書かれていない理由で、懲戒処分を課すことはできないのですが、必ずしも全てを網羅することができるわけではありません。**事由の記載は内容を限定して具体的に定めることが必要ですが、さらに最後に必ず包括的な規定として「その他前各号に準ずる程度の不適切な行為があったとき」のような記載をしておきましょう。**

矢崎：特に懲戒解雇は最も重い処分であ

り、即時解雇となることもあり得ますので、事由については、より具体的に列挙しておくことが求められます。しかし、その他の懲戒事由と同様、全ての事由を掲げておくことには限界がありますので、やはり最後に包括規定を定める必要があります。

小澤：懲戒の事由として、最近の社会情勢を反映したものを記載しておく必要も出てきています。**経歴詐称や悪質なセクシュアルハラスメント（以下、セクハラ）**、**情報漏えい**、**飲酒運転**などです。経歴詐称は、転職が当たり前の時代を反映してトラブルも増えているためです。特に介護の業界は中途採用が多いですから、トラブルとなった場合を想定してこういった記載も必要でしょう。セクハラに関しては、就業規則などでセクハラを行ったものに対する懲戒規定を定めて周知することが必要とされています。悪質なセクハラについては、懲戒解雇の可能性も示しておくことが必要でしょう。

矢崎：業務に関する機密保持や個人情報の保持を義務付けることは当たり前となっていますから、この秘密保持に違反した場合は懲戒処分に該当することも規定しておくべきです。飲酒運転については、最近の社会的な批判の高まりにより懲戒処分を厳しくする傾向にあるようです。業務中の飲酒運転に限らず、就業時間外における飲酒運転についても、懲戒解雇の事由として定めておくことも必要だと思います。

小澤：このほかに**教唆行為・幇助行為についても懲戒対象となることを定めた規定**も見られました。教唆行為とは、実際に懲戒処分に当たる行為をした人をそそのかすこと、幇助行為とはその人の手助けをすることですから、自ら直接に企業秩序を乱すなどの行為をするのではありません。ですからこのような行為についても懲戒処分の対象にするのであれば、事由として定めておくことが必要です。

矢崎：その他の事項として、職員の表彰や懲戒は、賞罰委員会を設けて行うことを規定している就業規則も見られました。**賞罰委員会による審議を行うことによって、公正な決定を促すためです。特に懲戒処分については、本人に弁明の機会を与えるなど、手続き面において正当性や公正さが求められます。こういった賞罰委員会を設ける場合にも、そのことを就業規則に明記しておきましょう。**

第Ⅴ部

介護施設の各種規程例

第Ⅴ部 介護施設の各種規程例

各種規程例

社会福祉法人○○会 特別養護老人ホーム△△△△

就業規則
準職員就業規則
給与規程
定年ならびに再雇用などに関する規程
職員旅費規程
住宅手当・扶養手当の支給に関する規程
研修受講に関する規程
業務評価制度に関する規程

社会福祉法人××会 介護老人福祉施設□□□□

育児・介護休業一般規程

社会福祉法人○○会
特別養護老人ホーム
　　　△△△△

介護施設の各種規程例
就業規則
社会福祉法人○○会 特別養護老人ホーム△△△△

第1章 総則

（目的）
第1条　この規則は、社会福祉法人○○会（以下「法人」という）が経営する特別養護老人ホーム「△△△△」、ショートステイ「△△△△」、第1デイサービスセンター「△△△△」、ケアプランセンター「△△△△」、第2デイサービスセンター「△△△△」、在宅介護支援センター「△△△△」（以下「施設」という）に勤務する職員の就業及び労働条件待遇等に関する基本的事項を定めたものである。
　2　この規則に定めのない事項については、労働基準法、その他関係法令の定めるところによる。

（規則遵守の義務）
第2条　法人及び職員は、法令の定めるもののほか、この規則及びその他諸規程を遵守し、互いに協力して誠実にその職務を遂行しなければならない。

（職員の定義）
第3条　この規則で職員（正職員）とは、第7条に定めるところにより採用されたもので、常時施設の業務に従事する者をいう。
　　　　ただし、次の各号に掲げる者については除かれる。
　　　(1)　日々雇用される者
　　　(2)　期間を定めて雇用される者
　　　(3)　嘱託として雇用される者

（職員の職種）
第4条　職員の職種名は次のとおりとする。
　　　　(1)施設長　(2)副施設長　(3)事務長　(4)事務員　(5)介護職員
　　　　(6)看護職員　(7)機能訓練指導員　(8)生活相談員　(9)管理栄養士

⑽介護支援専門員　　⑾園芸療法士

2　前項のほかに、必要に応じてその他の職種を定めることができる。

3　第1項第5号の職員については、交替勤務職員と総称する。

(職員以外の者の就業)

第5条　法人に雇用される者で、職員以外の者（以下「臨時雇用職員等」という）の就業に関しては、別に定める「準職員就業規則」のほか、この規則を準用する。

第2章　人　事

(個人の尊重)

第6条　法人は、人事に関する職員の機密を保持し、職員の名誉を尊重するものとする。

(採用の選考)

第7条　職員の採用は、就業を希望する者の中から、筆記試験、書類審査及び面接等により選考を行い、それに合格した者を職員として採用する。

(採用の決定と提出書類)

第8条　前条により、採用が決定した者に対しては、法人より通知する。

2　採用決定通知を受けた者は、速やかに、次の書類を提出しなければならない。

　（1）　住民票記載事項証明書

　（2）　履歴書（自筆、写真添付）

　（3）　誓約書、身元証明書

　（4）　給与所得者の扶養控除等（異動）申告書

　（5）　源泉徴収票、年金手帳（基礎年金番号通知書）、雇用保険被保険者証（他所に勤務していた者）

　（6）　扶養家族届

　（7）　通勤経路及び利用交通機関届

⑻　健康診断書
　⑼　免許その他資格証明書写
　⑽　その他必要な書類（卒業証明書等）
3　前項の提出書類の記載事項に異動があったときは、その都度、速やかに届け出なければならない。

（試用期間）
第9条　新たに職員として採用された者は、採用の日から3カ月間を試用期間とし、その間その職務を良好な成績で遂行したとき、正式採用になるものとする。この場合、必要に応じて試用期間を短縮し、又は設けないことができる。
2　前項に定める試用期間中、法人が次の各号に掲げる場合等職員として不適格と認めた場合は採用を取り消すことがある。ただし、試用期間が14日を超えた場合は、第19条の規定を準用する。
　⑴　健康診断の結果、健康状態等が就職に支障があると認めた場合
　⑵　正当な根拠がなく、提出書類に虚偽の申請をした場合
　⑶　正当な理由がなく、施設の要求した書類の提出を拒否した場合
　⑷　その他、施設の職員として、能力・勤務態度が職員として不適当と判断した場合
3　試用期間は、勤務年数に通算する

（臨時雇用職員等）
第10条　正規の職員の欠勤等で、業務に支障を来す場合、臨時に職員を雇用することができる。
2　臨時雇用職員等の勤務時間、労働時間、給与等は「雇用契約書」に明示する。
　ただし、嘱託医師の給与については理事会において決定する。

（職種等の変更）
第11条　業務の運営上必要があるときは、職種の変更を命ずることがある。
2　前項の場合において正当な理由がなければこれを拒むことができない。

（休　職）

第12条　職員が次の各号の1に該当したときは休職を命ずることができる。
　　　　⑴　業務外の傷病により欠勤が引き続き3カ月を超える場合
　　　　⑵　業務外の傷病以外の事由により欠勤が引き続き3カ月を超える場合
　　　　⑶　刑事事件により起訴された場合
　　　　⑷　その他特別の事由により休職を必要と認められる場合
　　2　前項第1号又は第2号による欠勤者が出勤し、再び同一又は類似の事由により欠勤した場合で、その出勤日が15日に達しないときは、前後の欠勤日は連続したものとする。

（休職期間）

第13条　前条による休職期間は、次の各号によるものとする。
　　　　⑴　前条第1項第1号のとき　　　　勤続2年未満のもの　　　6カ月
　　　　　　　　　　　　　　　　　　　　　勤続2年以上のもの　　　9カ月
　　　　⑵　前条第1項第3号のとき　　　　その事件が裁判所に係属する期間
　　　　⑶　前条第1項第2・4号のとき　　その必要と認めた期間
　　2　休職を命じられた職員の休職期間中の給与は、支給しない。
　　3　休職期間は、勤続年数に通算しない。

（復職・自然退職）

第14条　休職期間満了前において休職事由が消滅したときは復職させる。ただし、旧職務と異なる職種に変更することがある。
　　2　休職期間が満了しても休職事由が引き続いて存するときは退職とする。

（定　年）

第15条　職員の定年は満60歳とし、定年に達した日の属する月の月末をもって退職とする。
　　2　定年に達した職員が、引き続き勤務することを希望したときは、希望した者全員を満65歳に達した日の属する月の月末まで継続雇用、あるいは再雇用（「再雇用など」という）する。この場合、本人の職務能力と職場の必要度に応じて勘案し、継続雇用、あるいは再雇用する。また、本人の業務評価の結果などをもとに、その能力が職務の遂行に関わる水準に達しない場合、能力

に応じて勤務形態を考慮し、再雇用する。継続雇用する場合、定年の翌日から満65歳に達した日の属する月の月末までとする。再雇用する場合、定年の日の翌日から7日後（月末が定年の場合、翌月の7日が再雇用の日となる）に、再び雇用する。
3　雇用契約の期間は1年とする。本人の希望する限りにおいて、これを更新することができるものとし、「定年ならびに再雇用などに関する規程」の別紙(1)に定める。
4　再雇用などの労働条件等については、更新のときに提示するものとする。

（自己都合退職）
第16条　職員が退職しようとするときは、少なくとも1カ月前までに退職願を提出しなければならない（退職の予定がある者は、3カ月前に部署長まで申し出ること）。

2　退職願を提出した者は、退職の日まで勤務し、引き継ぎ等を誠実に行わなければならない。
　　ただし、疾病又は事故等やむを得ない事情がある場合はこの限りではない。

（退　職）
第17条　第14条第2項、第15条及び第16条によるほか、次の各号の1に該当する場合は退職とし、職員としての身分を失う。
　　(1)　死亡したとき
　　(2)　労働契約期間が満了したとき
　　(3)　第18条の規定により解雇されたとき

（普通解雇）
第18条　職員が次の各号の1に該当するときは解雇する。
　　(1)　精神又は身体に障害があるか、若しくは虚弱疾病のため業務に耐えられないと認められたとき
　　(2)　刑事事件により起訴され有罪が確定したとき
　　(3)　業務成績、態度、素行、作業能率が著しく悪く職員として不適格と認

めたとき

(4) その他前各号に準ずる事由があり、職員として不適格と認めたとき

(解雇予告)
第19条　第18条若しくは第9条第2項により解雇する場合は、次の各号の1に該当する場合を除き、30日前に本人に予告するか又は予告に替えて平均賃金の30日分を支給する。

(1) 日々雇用する者(引き続き1カ月を超えて使用した者を除く)
(2) 2カ月以内の期間を定めて雇用した者
(3) 試用期間中の者で採用の日から14日以内の者
(4) 職員の責に帰すべき事由で解雇する場合で、行政官庁の認定を受けた場合
(5) 天災事変等やむを得ない事由のため事業の継続が不可能となり行政官庁の認定を受けた場合

第3章　服　務

第1節　服務の精神

(服務の基本)
第20条　職員は職務の社会的責任を自覚し、社会福祉の向上及び施設の使命達成のため全力をあげ、誠実に職務を遂行しなければならない。

(服務規律)
第21条の1　職員は常に次の事項を遵守し業務に従事しなければならない。なお、下記の遵守事項は、職員の守るべき基本的な規範であり、全ての職員にその遵守を求めるものである。

(1) 法令及び法人の諸規程を遵守するとともに、上司の職務上の指示命令に従わなければならない
(2) 施設の信用を傷つけ社会福祉施設職員として不名誉となる以下に例示するような行為をしてはならない

① 酒気を帯びて運転をすること
② 利用者の虐待に類する行為をすること
③ 勤務時間、勤務時間外を含めて、暴力行為により相手にケガを負わせたり、大きなトラブルを引き起こす行為をすること
④ 施設に対し多大な迷惑、損害を与える行為、また施設の名誉を傷つける行為をすること
⑤ 悪徳業者、あるいは不正な融資（金融ローン）の業者と関わり、施設に迷惑、損害を与える行為、また施設の名誉を傷つける行為をすること
⑥ 刑事訴追など法律違反により法的処分を受ける行為をすること
(3) 特別の許可を受けた場合を除き、その勤務時間中は全て職務の遂行に専念しなければならない
(4) 職場及び物品の整理整頓と危険防止を常に心がけるとともに、業務の目的にそって物品等を効率的に使用するように努めなければならない
(5) 職場の規律と品位を保ち、相互に協力するとともに、施設利用者に対しては誠意をもってその処遇に当たらなければならない
(6) 職務上知り得た秘密を在職中及び退職後も含めて他に漏らしてはならない
(7) 勤務中は服装規程による衣服を着用すること
(8) 拘束時間中は休憩時間も含めて喫煙してはならない（禁煙の努力義務）

（禁止行為）
第21条の2　業務上外にかかわらず、意図の有無にかかわらず、所謂セクシャルハラスメントとされる以下の行為をしてはならない。
(1) 卑猥な文章、写真等を他の職員の目につく所に置くこと
(2) 卑猥な会話や冗談により、他の職員に羞恥、困惑を感じさせること
(3) みだりに身体や性的な話や他の職員のうわさをすること
(4) みだりに身体や着衣等に接触すること
(5) みだりに交際や接触・性的関係等を求めること
(6) みだりに酒の酌や、飲酒を強要したり、重唱を求めること

第2節　勤務時間

（労働時間）

第22条　毎年4月1日を起算日とする1年単位の変形労働時間制を採用し、1年を平均して週40時間以内とする。1日の勤務時間は7時間45分とし、始業・終業の時刻及び休憩時間は、勤務表の定めにより勤務時間を別表(1)のとおりとする。なお、子育て支援などのため、別紙(1)の中に、準日勤の勤務時間を設定する。

2　前第1項の始業時刻については、業務の都合上やむを得ないときは実働時間を変えない範囲内で時間差出勤を命ずることができる。

（出　勤）

第23条　職員は始業時間前に出勤し、始業時間に勤務できるように準備するとともに、自ら所定のタイムカードに打刻しなければならない。なお、タイムカードは、他人が打刻することができないため、チーム業務を行っている者は十分注意を要する。

（出勤禁止等）

第24条　次の各号に該当する者が施設長の指示に従わない場合は出勤を禁止し、又は退出を命ずる。
  (1)　業務を妨害し、施設の秩序を乱し、又はその恐れのある者
  (2)　危険物、有害物を携帯する者

（欠　勤）

第25条　職員が欠勤するときは、事前に所定の手続きにより届け出なければならない。

　ただし、やむを得ない事由により事前に届けられない場合は、できる限り速やかに連絡し、出勤した日に所定の届出を行うこと。

2　傷病欠勤7日間を超えるとき（8日間以上）は、医師の診断書を提出しなければならない。

（早出・遅出・夜勤）

第26条　職員はあらかじめ編成された勤務表により、早出、遅出、夜勤などを命じられた場合は、命令に従わなければならない。

（時間外勤務）

第27条　業務都合上やむを得ない場合には、勤務時間を超えて時間外勤務を命ずることがある。なお、時間外勤務は、指定された勤務時間を超過して勤務するものであり、厳格な運用を求められるため、下記の事項の遵守を徹底すること。

① 時間外勤務は、施設の指示により行うものであり、必ず上司に相談して実施すること
② 上司の許可を受けて勤務し、時間外勤務記録簿の予定欄（左側）に記帳すること。また、許可を受けずに勤務する場合は、時間外勤務と認められないこと
③ 時間外に勤務をした後、速やかに時間外勤務記録簿の実施欄（右側）に記帳し、タイムカードに刻印すること
④ 職員の上司は、②の時間外記録予定欄、ならびに③の時間外記録実施欄の時刻について責任を持ち、管理部事務が行う時間外勤務計算の前にタイムカードと時間外勤務記録簿を照合し、月末に時間外勤務の状況を確認すること
⑤ 職員は、勤務時間が終了した後、速やかに勤務を終了しタイムカードを刻印する責任を負うものであり、業務終了後、残務整理のため時間が超過することがないよう各部署が心がける必要がある

（休日勤務）

第28条　勤務を要しないことが認められた休日であっても、業務の都合上やむを得ない場合には休日勤務を命ずることがある。

（時間外勤務、休日勤務の命令に服する業務）

第29条　職員に時間外勤務、休日勤務を命じることがある。

（遅刻、早退、外出）

第30条　遅刻、早退又は勤務中職場から外出（中抜け）しようとするときは、あらかじめ施設長の承認を受けなければならない。ただし、緊急やむを得ない場合は、事後に遅滞なく承認を受けること。

（休憩時間）

第31条　休憩時間は1日につき最低1時間とし勤務時間の途中に与える。ただし、業務の都合上により変更することがある。

2　休憩時間は自由に利用することができる。ただし外出する場合は、その旨届け出なければならない。

（休　日）

第32条　休日は、1年を平均して労働時間が週40時間以下となるよう別表(2)に定める。

2　起算日は4月1日とする。

（振替休日）

第33条　前条により定める休日を振り替えることがある。

（宿　直）

第34条　施設長は、職員に宿直（管理宿直）を命ずることができる。

2　宿直の業務内容、勤務時間等の必要事項（省略）は別に定める。

（出　張）

第35条　施設長は、業務上必要とする場合、職員に出張を命ずる。出張その他業務上の必要から施設外で勤務する場合は始業及び終業を電話などで速やかに連絡すること。

2　出張その他業務上の必要から施設外で勤務する場合で、勤務時間を算定しがたいときは、所定の勤務時間を勤務したものとみなす。ただし、施設長があらかじめ別段の指示をした場合は、その指示による。

（年次有給休暇）

第36条　6カ月間継続勤務し、所定就業日数の8割以上出勤した職員には、10日の年次有給休暇を与える。以後1年ごとに表に基づいて年次有給休暇を与える。

	1年	2年	3年	4年	5年	6年	7年
継続勤続年数	0.5	1.5	2.5	3.5	4.5	5.5	6.5以上
付与日数	10	11	12	14	16	18	20

2　新たに採用された職員の当該年度における出勤率は、次の算式により計算し、8割以上の者については第1項を適用し、8割未満の者については年次有給休暇を付与しない。

$$出勤率 = \frac{A \times 100 （\%）}{B}$$

　　A　…　採用日より6カ月間までの出勤日数
　　B　…　採用日より6カ月間までの所定就業日数

3　年次有給休暇は、所定の手続きにより職員が指定する時季に与えるものとする。ただし、業務に支障がある場合には他の時季に変更することができる。

4　前項の時季指定手続きは、指定する時季の少なくとも30日前に行わなければならない。ただし、やむを得ない事情がある場合はこの限りではない。

5　次の期間は第1項及び第2項の出勤率の算出上、出勤したものとみなす。
　　(1)　業務上の傷病による休業期間
　　(2)　年次有給休暇、産前産後休暇、育児休業期間、介護休業期間
　　(3)　選挙権その他公民権を行使した日

6　年次有給休暇の日数のうち、その年度に使用しなかった日数は、翌年度に限り繰り越して使用することができる。

7　年次有給休暇の期間については、所定労働時間労働した場合に支払われる通常の賃金を支払う。

8　年次有給休暇を取得した職員に対して賃金の減額、その他不利益な取り扱いはしない。

（特別休暇）

第37条　職員は次の1に該当するときは、特別休暇を請求することができる。特別休暇は、常勤勤務者に認められたもので、年次有給休暇ではなく、緊急時の対応を想定して設定したものであり、冠婚葬祭の応急的な休暇であることを理解する。取得は、職員の任意の請求により発生し、他の目的に使用できない。

(1)　結婚休暇

本人の結婚　婚礼の日などを含めて連続して5日間まで（公休を含む）

ただし、婚姻の届けを必要とする。特別の取得方法（期日の移動、休暇の分離）を希望する場合は、申し出により認められる場合がある。「婚礼の日など」とは、結婚式、新婚旅行の休暇などをいう

子の結婚　婚礼の日などを含めて連続して2日間まで（公休を含む）
ただし、婚姻の届けを必要とする

(2)　配偶者の出産休暇

出産の日などを含め連続して2日間まで（公休を含む）

「出産の日など」とは、出産と出産前の分娩準備のための時間などをいう

(3)　忌引休暇

配偶者、子、実の父母の死亡　「死亡の日」を含めて連続して5日間まで（公休を含む）

兄弟姉妹、祖父母、配偶者の父母の死亡　「葬儀の日」を含めて連続して2日間まで（公休を含む）

2　前項の休暇は、忌引休暇を除き、少なくとも1カ月前に請求しなければならない。

3　施設長は特別休暇を与えることにより、業務上、避けることのできない著しい支障を生じることが明白な場合には、請求日数を減じる等その内容を変更することができる。

4　第1項の特別休暇は有給とする。

5　第1項の特別休暇は第36条第2項の出勤率の算出上、所定就業日数より差し引くものとする。

（生理休暇）

第38条　生理日の就業が著しく困難な女子には、請求により生理休暇を与える。
　2　前項の休暇は無給とする。

（産前産後休暇）

第39条　6週間（多胎妊娠の場合は14週間）以内に出産予定の女子には請求により産前休暇を与える。
　2　産後は出産日より8週間の休暇を与える。
　3　第1項および第2項の休暇は無給とする。

（育児休業）

第40条　職員は1歳に満たない子を養育するため必要があるときは、施設に申し出て育児休業又は、育児短時間勤務の適用を受けることができる。
　2　育児休業、育児短時間勤務の適用を受けることができる職員の範囲その他必要な事項については、「育児・介護休業規程」で定める。

（育児時間）

第41条　満1年に達しない乳児を育てる女子職員については、あらかじめ申し出た場合は指定した場所において休憩時間の外、1日2回各々30分育児時間を無給で与える。

（介護休業）

第42条　職員のうち必要のある者は、施設に申し出て介護休業又は、介護短時間勤務の適用を受けることができる。
　2　介護休業、介護短時間勤務の適用を受けることができる職員の範囲その他必要な事項については、「育児・介護休業規程」で定める。

第4章　給　与

（給　与）

第43条　職員の給与に関しては別に「給与規程」で定める。

第5章　安全衛生

（安全保持義務）

第44条　職員は就業に当たって諸規則ならびに担当者の指示に従い利用者の保護を重んじ災害の未然防止に留意し安全保持ならびに保健衛生に努めなければならない。

　　　職員は安全のため次の事項を厳守しなければならない。

　（1）　器物、設備の整備整理整頓を励行すること

　（2）　道路、通路、非常口、消火設備のあるところに障害物を置いてはならない

　（3）　可燃性物品の慎重なる取り扱いにより、火災発生を防止すること

　（4）　許可なく火気の使用若しくは設備のない所で火気を使用してはならないことは勿論のこと入所者の火気使用については、十分監視をすること

（応急措置）

第45条　施設長は防火管理者及び火元責任者を選定し、火災防止のための必要な措置を取らなければならない。

　2　火災の発生、災害の発生を発見又は予知したときは、臨機応変の措置を取るとともに直ちにその旨を関係先に連絡し、互いに協力し合って被害を最小限にとどめるよう努力しなければならない。

（就業禁止）

第46条　衛生上の見地より、又は医師の認定に従って次の各項目に該当するものは就業を禁止する。

　（1）　伝染病の病原体の保持者

(2)　他に伝染するおそれのある疾患にかかった者
　(3)　精神障害の疾患にかかった者
　(4)　その他就業することにより病気が悪化するおそれのある者

(健康診断)
第47条　職員は採用時及び毎年、定期、臨時に行う健康診断と予防接種など健康保持のための措置を受けなければならない。
　　また、この健康診断の結果特に必要のあるときは、就業を一定期間禁止又は職場職種の配置転換、労働時間の短縮など適当な処置を取ることがある。

第6章　災害補償

(災害補償)
第48条　職員が業務上の事由で負傷疾病にかかり、又は死亡したとき、労働基準法の規定に従い次の災害補償を行う。
　　・療養補償　　　・障害補償
　　・休業補償　　　・遺族補償
　　・葬祭料
　　前項の対象者が同一の事由により労働者災害補償保険法に基づいて災害補償に相当する給付が行われる場合において前項の規定は適用しない。

(過失による災害)
第49条　職員が自己の責に帰すべき重大な過失により業務上負傷又は疾病にかかりその過失について行政官庁の認定を受けたときは、前条各号のうち休業補償及び障害補償について全部又は一部の補償をしないこともある。

(権利の時効)
第50条　職員が前条各項についての補償を受ける権利は退職によって変更されないが2カ年を経過しても行使しないときは時効とする。

（法令との関係）

第51条　この規則に明示されていない事項については全て労働基準法の定めによる。

第7章　表彰及び懲戒

（表　彰）

第52条　職員が次に該当し、一般の模範とするに足りると認められたときはこれを表彰する。

　　(1)　品行方正、業務に誠実で勤務成績が特に優秀な者
　　(2)　災害を未然に防ぎ又は非常の際に特に功労があった者
　　(3)　社会的功労があり施設ならびに事業の発展に著しく寄与した者
　　(4)　その他著しい功績のあった者

　2　前項の表彰は賞状のほか賞品又は賞金を授与その他により、これを行う。

（懲　戒）

第53条　職員が第20条に規定する職務の基本を遵守せず、第21条の1（服務規律）、あるいは第21条の2（禁止行為）に規定する各事項を遵守しない行為があった場合、次の各号に該当するときは懲戒を受けることがある。

　　(1)　正当な理由なくして無断欠勤7日に及んだとき
　　(2)　飲酒による運転行為（自動車、自転車、バイクを含む、以下、自動車等という）を行い、自動車等事故を引き起こした場合、あるいは警察による検問で、規定の数値を超えた飲酒が証明され、刑罰を受けた場合
　　(3)　業務上の怠慢、又は不行届きにより災害その他重大な事故を発生せしめたとき
　　(4)　故意、又は重大な過失により法人及び施設に損害を与えたとき
　　(5)　雇い入れの際履歴を偽り、又は不正な手段を用いて雇い入れられたとき
　　(6)　喧嘩、賭博、セクシャルハラスメント、その他職場の風紀、秩序を乱したとき
　　(7)　正当な理由なく諸規則に反し、再三の注意にかかわらずに指示に従わ

ないとき

(懲戒処分)
第54条　前条の規定による懲戒はその情状により次の区分に従い行う。
　　(1)　戒　　告　　（かいこく）書面をもって当該事項を指摘し、始末書を提出させ将来を戒める
　　(2)　減　　給　　（げんきゅう）始末書を提出させ、給与を一定期間減給する。ただし、減給は1回につき、賃金日額の2分の1以内で、1支払期間における月額給与の10分の1を超えない額とし、12カ月を超えることはできない
　　(3)　昇給停止　　（しょうきゅうていし）始末書を提出させ、次期昇給を行わない
　　(4)　出勤停止　　（しゅっきんていし）始末書を提出させるほか、7日間を限度として出勤を停止し、その間の給与は支給しない
　　(5)　諭旨退職　　（ゆしたいしょく）始末書を提出させ、退職願の提出を勧告する。これに応じない場合には懲戒免職とする。退職金は情状により減額して支給し、又は支給しない
　　(6)　懲戒免職　　（ちょうかいめんしょく）直ちに免職とする。行政官庁の認定を受けた場合は30日分の平均給与を支給しない。なお、第53条（懲戒）の(2)にある飲酒による運転行為は、自動車等事故、あるいは警察による検問で、飲酒が証明され刑罰を受けた場合、社会的責任を考慮して、即刻、懲戒免職となることを明示する

第8章　研修及び福利厚生

(職員の研修)
第55条　職員は職務に関する知識、又は技術の向上のため教育研修を命ぜられたときは特別の理由がない限り拒んではならない。
　2　前項に要した日数又は時間は、給与規程（第19条）、ならびに職員旅費規程（第5条）、研修受講に関する規程により処遇し、通常の就業とみなして

給与を支払う。

(福利厚生のための施設の使用等)
第56条　職員は福利厚生の増進向上のため、施設及びその他の器材について業務の支障がない限り責任者の許可を得て使用することができる。

2　職員ならびにその家族慶弔、災害に際しては別に定める規定により祝金、弔慰金、見舞金その他を贈る。

3　職員の給食、住宅その他福利厚生施設の利用に際しては必要に応じ実費又は一定額を徴収することがある。

第9章　雑　則

(改　正)
第57条　この規則の改正は職員の過半数を代表する者の意見を聞き、理事会に諮って行う。

(附　則)
1　この規則を実施するため必要な事項については、細則で定める。
2　この規則は、平成13年5月21日より施行する。
3　この規則は、平成16年4月1日より一部改定する。
4　この規則は、平成18年6月1日より一部改定する
5　この規則は、平成19年11月1日より一部改定する
6　この規則は、平成20年12月1日に一部改定する。
7　この規則は、平成21年6月1日に一部改定する。
8　この規則は、平成22年6月1日に一部改定する。
9　この規則は、平成23年2月1日に、第1条、第4条などの一部を改定する。

第Ⅴ部 介護施設の各種規程例

別表(1) 勤務時間

職　種	勤務番	始業時間	終業時間	休憩時間
施設長	日　勤	AM 8：45	PM 5：30	12：00～13：00
副施設長	準日勤	AM 9：00	PM 5：45	12：00～13：00
事務員	遅　出	AM 9：45	PM 6：30	12：00～13：00
生活相談員	デ　イ	AM 8：30	PM 5：15	12：00～13：00
管理栄養士	日　勤	AM 8：45	PM 5：30	12：00～13：00
園芸療法士	準日勤	AM 9：00	PM 5：45	12：00～13：00
介護支援専門員	遅　出	AM 9：45	PM 6：30	12：00～13：00
看護師	デ　イ	AM 8：30	PM 5：15	12：00～13：00
機能訓練指導員	日　勤	AM 8：45	PM 5：30	12：00～13：00
	準日勤	AM 9：00	PM 5：45	12：00～13：00
	遅　出	AM 9：45	PM 6：30	12：00～13：00
介護職員	デ　イ	AM 8：30	PM 5：15	12：00～13：00
	A	AM 7：00	PM 3：45	11：00～12：00
	B	AM 7：30	PM 4：15	12：00～13：00
	C	AM 8：00	PM 4：45	12：00～13：00
	D	AM 8：30	PM 5：15	12：00～13：00
	E	AM 10：00	PM 6：45	13：30～14：30
	F	AM 11：00	PM 7：45	15：00～16：00
	G	PM 12：15	PM 9：00	16：00～17：00
	夜　勤	PM 9：00	AM 7：30	11：15～2：00
	夜　勤	PM 9：00	AM 7：30	2：00～4：45

1　この表は、平成13年5月21日より施行する。
2　この表は、平成18年6月1日に一部改定する。
3　この表は、平成19年11月1日に一部改定する。

別表(2) 平成23年度（4/1～）休日計画表

平成23年度（4/1～）休日計画表

月	公休	祝日	計	季節	週休	計	勤務	月間
4月	4	0	4		4	8	22	30
5月	5	0	5		4	⑨	22	31
6月	4	0	4		4	8	22	30
7月	5	0	5		4	⑨	22	31
8月	4	0	4		5	⑨	22	31
9月	4	0	4		4	8	22	30
10月	5	0	5		4	⑨	22	31
11月	4	0	4		4	8	22	30
12月	4	0	4		5	⑨	22	31
1月	5	0	5		4	⑨	22	31
2月	4	0	4		4	8	21	29
3月	4	0	4		5	⑨	22	31
	52	0	52	0	51	103	263	366

別紙(1)

準日勤の勤務をする職員の勤務規定

(目的)

1. 子育て、家庭の事情などの理由により、勤務時間を調節することで、働きやすい職場環境を作ることができる。このたび、日勤の時間帯のほかに、「準日勤」として15分間の運用を目的として、子育て、家族の支援を目的とし、勤務時間を9：00から17：45とする。

(申請書の提出)

2. 準日勤を希望する職員は、事前に上司に相談し「準日勤・勤務申請書」を提出する。申請書により勤務時間の調整が妥当であると認められる者について許可する。

(規則の遵守と誓約)

3. 準日勤を希望する者は、職場の勤務の協調のため、下記の条件を守ることを要する。

① 朝礼は従来どおり、日勤の時間で実施するため、朝礼（午前8：45）に間に合うよう、時間に余裕を持って出勤できること。
② 全職員が、従来定めている勤務時間と余裕を持った出勤時間を守ることにより、施設の規律を維持していることを理解すること。
③ 施設の規律を守ることを誓約して許可を行なうものとする。

1 この規定は、平成19年6月1日より施行する。

別紙(1)

準日勤・勤務申請書

施設長	副施設長	事務長

1. 部署

2. 氏名 ＿＿＿＿＿＿＿＿＿＿＿

3. 準日勤を申請する理由：

4. 誓約

私は、施設の出勤時間についての規則を尊重し、日勤の朝礼などに出席することにより、時間に余裕を持った出勤時間を守ることを誓い、準日勤の出勤を申請します。

平成　　年　　月　　日　署名＿＿＿＿＿＿＿＿＿＿　印

1. 正職員について、子育て、家庭の事情などの理由により、勤務時間を調節することで、働きやすい職場環境をつくることができる。このため、「日勤」である8：45～17：30の時間帯のほかに、「準日勤」として15分間の運用の理由を目的として、子育て、家族の支援を目的とし、勤務時間を9：00～17：45とする。

2. 準日勤を希望する職員は、事前に上司に相談し「準日勤勤務申請書」を提出する。申請により勤務時間の調整が妥当であると認められる者について許可する。

3. 準日勤を希望する者は、職場の勤務の協調のため、下記の条件を守ることができるので、朝礼に間に合うよう、時間に余裕を持って出勤できることを要する。

① 朝礼は従来どおり、日勤の時間で実施するため、朝礼に間に合った出勤時間を守ることができること。
② 全職員が、従来定めている勤務時間と余裕を持った出勤時間を守ることにより、施設の規律を維持していることを理解すること。
③ 施設の規律を守ることを誓約して出勤を行うものとする。

介護施設の各種規程例
準職員就業規則

社会福祉法人○○会 特別養護老人ホーム△△△△

第1章 総則

（目的）

第1条　この規則は、社会福祉法人○○会（以下「法人」という）が経営する特別養護老人ホーム「△△△△」、ショートステイ「△△△△」、第1デイサービスセンター「△△△△」、ケアプランセンター「△△△△」、第2デイサービスセンター「△△△△」、在宅介護支援センター「△△△△」（以下「施設」という）に雇用される臨時職員・パートタイマー等（以下準職員という）の勤務条件、服務規程、その他就業に関する事項を定めたものである。

　2　この規則に定めのない事項については、労働基準法その他の法令、または正職員の就業規則、及び個別の雇用契約の定めるところによる。

（遵守義務）

第2条　準職員はこの規則ならびに業務上の命令を遵守し、誠実にその任務に服さなければならない。

（準職員の定義）

第3条　この規則で準職員とは第4条の定めるところにより、正職員以外の職員として雇入れられた、次の者をいう。

　　(1)　日々雇用される者
　　(2)　期間を定めて雇用される者
　　(3)　嘱託として雇用される者

　2　前項の準職員を専門職準職員、嘱託準職員、一般職準職員に区別する。

　　(1)　専門職準職員は知識や技能が資格取得によって認められた者、又長期間の勤務で経験や知識等技能とともに指導力の優れた者
　　(2)　嘱託準職員は専門職であって、施設長が特定の業務を委託する者をいう。嘱託準職員には施設長が特に指定する者以外は本規則は適用しない
　　(3)　一般職準職員は(1)及び(2)以外の業務に携わる者

第2章　人　事

（採　用）
第4条　施設長は準職員として就業を希望する者より選考の上適当と認めた者を準職員として雇入れる。

（契約期間）
第5条　労働契約の期間は1年以内とし、雇入れ時にその都度期間を定める。ただし、満60歳以上の者の期間は上限5年とすることができる。
　2　この契約は、施設長、本人のいずれも契約を希望した場合に更新することができる。なおこの場合の労働条件等については、更新のときに提示するものとする。

（提出書類）
第6条　準職員として雇入れられた者は、次の書類を遅滞なく提出しなければならない。
　　（1）住民票記載事項証明書
　　（2）履歴書（自筆、写真添付）
　　（3）誓約書、身元証明書
　　（4）給与所得者の扶養控除等（異動）申告書
　　（5）源泉徴収票、年金手帳（基礎年金番号通知書）、雇用保険被保険者証（他所に勤務していた者）
　　（6）扶養家族届
　　（7）通勤経路及び利用交通機関届
　　（8）健康診断書
　　（9）免許その他資格証明書写
　　(10)その他必要な書類（卒業証明書等）

　2　前項の提出書類の記載事項に異動を生じた場合はその都度書面をもってこれを届け出なければならない。

第Ⅴ部　介護施設の各種規程例

（異　動）

第7条　施設長は業務の都合で準職員に異動（職場部署及び職種の変更）を命ずることがある。

（自己都合退職・退職願）

第8条　準職員が自己の都合で退職しようとするときは、退職希望日の1カ月前までに申し出をし、書面にて届出なければならない（退職の予定がある者は、3カ月前に部署長まで申し出ること）。

2　退職願を提出した者は、退職の日まで勤務し、引き継ぎ等を誠実に行わなければならない。ただし、疾病及び事故等の他やむを得ない事情がある場合はこの限りではない。

（退　職）

第9条　準職員が次の各号の1に該当する場合は退職とする。
　(1)　死亡したとき
　(2)　自己の都合によって退職願を提出し、承認されたとき
　(3)　労働契約期間が満了したとき
　(4)　第10条の規定により解雇されたとき

（解　雇）

第10条　施設長は準職員が次の各号の1に該当するときは、契約期間中といえども解雇する。
　(1)　精神又は身体に障害があるか、若しくは虚弱疾病のため業務に耐えられないと認められたとき
　(2)　刑事事件により起訴され有罪が確定したとき
　(3)　勤務成績、態度、素行、作業能率が著しく悪く準職員として不適格と認めたとき
　(4)　第11条の即日解雇に該当したとき
　(5)　その他前各号に準ずる事由があり、準職員として不適格と認めたとき
　(6)　施設が事業、業務の都合で必要を認めなくなったとき

(即日解雇)

第11条　施設長は、準職員が次の各号の1に該当した場合は、即日解雇する。

(1)　正当な理由なくして無断欠勤7日に及んだとき。又は出勤の督促に応じなかったとき

(2)　飲酒による運転行為（自転車、バイクを含む、以下、バイク等という）を行い、自動車（バイク等）事故を引き起こした場合、あるいは警察による検問で規定の数値を超えた飲酒が証明され、刑罰を受けた場合

(3)　正当な理由なく再三の注意にかかわらず、業務上に指示命令に従わなかったとき

(4)　業務上の怠慢又は不行届きにより災害その他重大な事故を発生せしめたとき

(5)　故意又は重大な過失により法人及び施設に損害を与えたとき

(6)　雇い入れの際履歴を偽り、又は不正な手段を用いて雇い入れられたとき

(7)　喧嘩、賭博、セクシャルハラスメント、その他職場の風紀、秩序を乱したとき

(8)　故意又は重大な過失により施設の信用を傷つけ、もしくは多額の損害を与え、又は災害時の事故を発生させたとき

(9)　刑罰に触れる行為があって、その後の就業が不適当と認めたとき

(10)　許可なく施設の部品・物品を持ち出し、又は持ち出そうとしたとき

(11)　正当な理由なく諸規則に反し、再三の注意にかかわらずに指示に従わないとき

(12)　施設の許可を受けずに、在職のまま他人に雇用されたとき

(13)　その他、前各号に準ずる不都合な行為があり、準職員として不適格と認めたとき

(14)　この規則、その他施設の諸規程、通達に違反したとき

(解雇の手続)

第11条の2　施設は準職員を解雇しようとするときは、30日前に予告するか、又は平均賃の30日分の予告手当を支給する。ただし、予告日数は、1日について平均賃金を支払った場合は、その日数を短縮する。なお、行政官庁の認定を受けた場合、または、試用期間中のものを14日以内に解雇する場合はこの限りでない。

(損害賠償義務)
第12条　準職員は故意又は過失によって施設に損害を与えた場合は、その損害全部又は一部を賠償しなければならない。ただし、過失によるときは事情によりこれを減免することができる。

(貸与物件の返還)
第13条　準職員は、退職し、又は解雇されたときは施設より貸与された物品をすみやかに返納しなければならない。

第3章　服務規律

(服務の基本原則)
第14条　準職員は施設の使命達成のため誠実に勤務し、施設全体の中での自己の役割及び地位について理解し全力をあげて職務に専念しなければならない。

(法令等の遵守)
第15条　準職員はその職務の遂行に際しては、法令及び法人の諸規則を遵守するとともに上司の職務上の指示命令に従わなければならない。
　2　職務に関し、発明・考案をした場合は、直ちに上司に届け出なければならない。また、日本をはじめ世界各国における、特許、実用新案登録、意匠登録、サービスマーク登録を受ける権利は、当法人に帰属するものである。

(服務の心得)
第16条　準職員は、常に次の各号に留意して服務に従事しなければならない。
　　(1)　準職員は、相互に職責を理解し強調することが利用者サービス提供に対する基本的態度であることを理解し、常に秩序と品位を保持しなければならない
　　(2)　相手側の望まない性的言動により、その職員又は他の職員に不利益を与えたり、就業環境(秩序及び風紀など)を害すると判断される行為などをしてはならない
　　(3)　施設利用者に対しては、常に懇切丁寧を旨としてその言語態度には慎

重かつ細心の注意を払い施設利用者に不安と不信の念を起こさせてはならない

(4) 常に健康に留意し、明朗な態度を持って就業し、酒気を帯びて就業してはならない

(5) 施設の内外及び設備什器などの清潔整頓に心がけて、伝染病などの発生を防止しなければならない

(6) 火気及びガスなど危険物資の保管を厳重にして、火災予防に努めなければならない

(7) 施設設備などの保全を厳重にするとともに物質及び経費を効率的に使用しなければならない

(8) 利用者の安全を確保するため、工夫・改善に努めること

(禁止行為)
第17条　準職員は、次の各号に掲げる行為を行ってはならない。
(1) 社会福祉施設の名誉を損ない、又は利益を害すること
(2) 職務上知り得ることができた個人の情報、資料などのあらゆる情報を施設内関係者以外には、施設長の命令または承認ある場合を除き、決して漏らしてはならない。退職した後も同様とする
(3) 許可を受けないで、施設内で政治活動及び宗教活動をすること
(4) 許可を受けないで、他に雇われたり、労務・公務に服すること
(5) 許可を受けないで、職務中みだりに職場を離れ、若しくは業務に関係ない集会に参加するなどこれに類する活動を行うこと
(6) 許可を受けないで、業務以外の目的で施設設備、車輌その他の物品を使用すること
(7) 許可を受けないで、施設内外その他多人数の目にとまる場所に張り紙をし、若しくは施設の構内で印刷物を配布すること
(8) 許可を受けないで、業務に関係のない用務を就業時間に行うこと
(9) 他人に対して暴力・脅迫・自由の拘束を加えること
(10) 職務の権限を越えて、専断的な行いをすること
(11) 職務上の地位を利用して不当に自己の利益を図ること
(12) 施設内で賭博その他これに類する行為を行うこと
(13) 風紀を乱す、または秩序を破ること

⑭ その他前各号に準じる不都合な行為を行うこと

第4章　労働条件

(労働時間及び休憩時間)

第18条　準職員の就業時間及び休憩時間は、個別契約において定める。ただし、業務その他の都合で変更することができる。

2　前項の場合、所定勤務時間は原則として1日8時間、1週40時間以内とする。

3　準職員の実労働時間が引き続き6時間を超える場合は45分以上、8時間を超える場合は1時間以上の休憩時間を与える。ただし、休憩時間は無給とする。

4　労働時間が1日6時間以内のパートタイマーなどについては、本人の希望がある場合、休憩時間を短縮し、又は与えないことがある。この場合は、個別の雇用契約において定める。

5　準職員は、休憩時間を自由に利用することができる。ただし、外出する場合は、その旨届け出なければならない。

(休　日)

第19条　準職員の休日は、各個別契約において定める。業務その他の都合で変更することができる。

2　前項ただし書きにより休日の振り替えの場合においても、4週間を通じて4日を下らないものとする。

3　休日は無給とする。

(時間外及び休日勤務)

第20条　施設長は業務上やむを得ないときは、時間外又は休日に勤務を命ずることがある。

(出退勤)

第21条　準職員は、出勤したときは、直ちに自らタイムカードに打刻しなければな

らない。

打刻のない場合は、欠勤の取り扱いを受けても異議の申し立ては認められないことがある。

2　タイムカードは、始業時間をもって締め切り、それ以後の出勤は遅刻として取り扱う。

3　準職員は、勤務終了後、速やかに退出しなければならない。

（欠　勤）

第22条　準職員は病気その他、やむを得ない事由により欠勤するときは、事前にその事由と月日について、所属長を経て施設に申し出なければならない。事前に申し出る余裕のないときは、事後速やかに届け出なければならない。

（遅刻、早退及び外出）

第23条　準職員は、所定の勤務時間を守らねばならない。病気その他やむを得ない事由により遅刻又は早退しようとする者は、その都度、事前に所属長を経て施設長に届け出なければならない。

2　就業時間の外出は原則として認めない。

3　やむを得ない事由により早退、私用外出、又は私用面会する場合は必ず、事前に施設の許可を受けなければならない。

（年次有給休暇）

第24条　準職員が所定就業日数を6カ月間継続して勤務し、所定就業日数の8割以上勤務した場合、次の区分による年次有給休暇を与える。又、休暇を利用しようとするときは、事前に申し出なければならない。

所定就業日数		継続勤務年数（年）						
1週間	1期間	0.5	1.5	2.5	3.5	4.5	5.5	6.5
5日以上	217日〜	10	11	12	14	16	18	20
4日	169〜216日	7	8	9	10	12	13	15
3日	121〜168日	5	6	6	8	9	10	11
2日	73〜120日	3	4	4	5	6	6	7
1日	48〜72日	1	2	2	2	3	3	3

※　週所定就業時間30時間以上の場合は、週所定就業日数5日以上の欄を適用する。

2　年次有給休暇は、所定の手続きにより準職員が指定する時季に与えるものとする。

　　ただし、業務に支障がある場合は他の時季に変更することがある。

3　前項の時季指定の手続きは、指定する時季の１週間前までに行わなければならない。

4　年次有給休暇の基準日は入社日から半年後の応答日とし、以後１年ごとを１期間とする。

5　当施設で勤務した正職員が継続して準職員として勤務する場合の有給休暇付与日数は、通算継続勤務年数と週所定就業日数又は１期間の所定就業日数が該当する日を付与する。

（特別休暇）

第25条　前条第１項に該当する準職員には、次の各号に掲げる特別休暇を与える。ただし、無給とする。

　　(1)　労働基準法第65条による産前６週間（多胎妊娠の場合にあっては14週間）以内、産後８週間

　　(2)　生理休暇

（育児休業）

第26条　職員は１歳に満たない子を養育するため必要があるときは、施設に申し出て育児休業又は、育児短時間勤務の適用を受けることができる。

2　育児休業、育児短時間勤務の適用を受けることができる職員の範囲その他必要な事項については、「育児・介護休業規程」で定める。

（介護休業）

第27条　職員のうち必要のある者は、施設に申し出て介護休業をし、又は、介護短時間勤務の適用を受けることができる。

2　介護休業、介護短時間勤務の適用を受けることができる職員の範囲その他必要な事項については、「育児・介護休業規程」で定める。

第5章 賃　金

(賃　金)
第28条　準職員の賃金は次のとおりとする。
　　　(1)　基本賃金　　原則として日給又は時間給とし、職務の内容、勤務時間、技能、能力等を勘案して、各個別契約により決定する
　　　(2)　基準外賃金　時間外手当、深夜勤務手当、通勤手当
　2　休日、欠勤その他不就業の場合は、日給、時給は支給しない。
　3　遅刻、早退、私用外出等で所定就業時間を勤務しなかった場合は、勤務しなかった時間に相当する賃金を控除する。

(賃金の支払方法)
第29条　賃金は通貨をもって直接本人にその金額を支払う。ただし、法令によるもの及び所得税、社会保険料など法令に基づくもの、又は従業員代表との控除規定に基づくものは、あらかじめ賃金から控除する。なお、準職員の同意を得た場合には、当該準職員の指定する銀行などの当該職員の預金口座への振り込みによることができる。

(賃金の計算期間及び支払日)
第30条　準職員の賃金は、当月1日から当月末日までの期間（以下「賃金締切期間」について計算し、翌月15日に支払う。

(退職金)
第31条　準職員には、退職金を支給しない。ただし、当法人に対し著しい功績を残したものに対して、理事長の判断により特別に支給する場合がある。

(賞　与)
第32条　準職員には、賞与は支給しない。寸志を支給することがある。

第6章　安全衛生、災害補償、表彰

（安全衛生）
第33条　準職員は、安全衛生に関する法令のほか、施設の定める規定及び指示事項を遵守するとともに、施設の行う安全衛生等に関する措置には進んで協力しなければならない。

（災害補償）
第34条　準職員が業務上負傷、疾病又は死亡したときは、労働基準法ならびに労働者災害補償保険法の定めるところによる。
　2　法定外災害補償については、職員就業規則の取り扱いを適用する。

（健康診断）
第35条　準職員は、就業規則の定めにより健康診断を受け、又は健康管理医師の指示に従い保健衛生に努めなければならない。

（表　彰）
第36条　第3条第1項に該当する準職員が次の各号の1に該当する期間継続し、勤務成績が優良な場合は、これを表彰する。

　　　　　　　5年　　10年　　15年　　20年　　25年　　30年　　35年

　2　表彰はこれに相応しい時期を選び、表彰状及び賞金又は記念品を授与して行う。
　3　職員（正職員）の勤務年数を有する場合には、勤続年数に通算する。

（改廃の手続き）
第37条　この規則を改廃する場合は、職員の代表の意見を聴取し、評議員会の同意を得て、理事会の承認を得て行うこととする。

附　　則

　　この規則は、平成16年1月1日より施行する。

　　この規則は、平成22年6月1日に改定する。

　　この規則は、平成23年2月1日に第1条を一部改定する。

介護施設の各種規程例
給与規程
社会福祉法人○○会　特別養護老人ホーム△△△△

第1章　総　則

(適用範囲)
第1条　就業規則第43条の規定により、職員の給与については本規程の定めるところによる。
　2　前項の職員とは、就業規則第3条により採用されたものをいう。
　3　上級職については、本規程のほか上級管理職職務規程（省略）による。

(均等待遇)
第2条　職員の国籍、信条又は社会的身分を理由として差別的取り扱いをしない。

(男女同一賃金)
第3条　職員が女子であることを理由として給与について男子と差別的取り扱いをしない。

(給与の種類)
第4条　職員の給与は、第2章に定める本俸及び第4章に定める手当とする。
　2　給与の体系は、下記のとおり構成する。
　　　本俸＋役職手当＋職務手当（生活加算）＋通勤手当＋各種手当

(給与の締切)
第5条　給与の締切期間は、月始めから月末までとする。

(給与の計算方法)
第6条　所定の勤務時間の全部又は一部について業務に従事しなかった場合は、その従事しなかった時間に対する給与は支給しない。ただし、本規程等で別に定める場合は、その規定による。
　2　前項の場合において従事しなかった時間の計算は、当該給与締切期間の末

日において合計し1時間未満は切り捨てる。

3　新たに採用された職員及び昇給した職員の給与は、発令の日から日割計算による。

4　1給与締切期間における給与の総額、期末勤勉手当に1円未満の端数を生じた場合は、その端数が50銭以上のときは1円に切り上げ50銭未満のときは切り捨てる。

（給与の支払日）

第7条　給与は毎月翌月15日に支給する。ただし、当日が休日及び金融機関が休業日の場合にはその前日とする。

2　前項の規定は、日々雇入れる者の給与及び期末勤勉手当については適用しない。

（非常時払い）

第8条　前条第1項の規定にかかわらず、次の各号の1に該当する場合には、職員又は遺族の請求があれば給与支払日前であっても既往の労働に対する給与を支給する。

　(1)　職員の結婚、出産、疾病、災害及びやむを得ない事由による1週間以上の帰郷

　(2)　職員の収入によって生計を維持する者が、結婚し、出産し、疾病にかかり、災害を受け、又はやむを得ない事由で1週間以上にわたって帰郷する場合

　(3)　職員が死亡し、解雇され、又は退職した場合

　(4)　前各号のほか、やむを得ない事情があると施設長が認めた場合

（給与の支払方法）

第9条　給与は通貨で直接職員にその全額を支給する。ただし、法令に別段の定めがあるもの及び職員の過半数を代表するものと書面により協定したものは、これを控除して支給する。

　なお、職員の同意を得た場合には、当該職員の指定する銀行等の当該職員の預金口座等への振り込みによることができる。

第2章　本　俸

（給与形態・本俸月額）

第10条　職員の本俸は月給制とし、職員以外の者は日給制又は時給制を採用することができる。

　2　職員の本俸月額は、別表(1)職級の設定・職能基本給・役職基本給ならびに別表(2)で定める初任給の給与表による。ただし、特別の事情により給与表により難い場合は、その都度理事長が定める。

　3　本俸（基本給）は、下記のとおりの構成とする。すなわち職能基本給と役職基本給とする。

　　　職能基本給｛初任給表による基本給＋昇給額（職能加算）｝＋役職基本給

（初　任　給）

第11条　職員の本俸の初任給は、別表(2)で定める初任給の給与表、別表(3)初任給基準表により格付を行うこととする。

　2　なお、前歴換算については、別表(4)前歴換算基準表に基づくこととするが、他の職種との均衡を著しく失する場合及びこれにより難い場合は理事長が別に定めて、理事会の承認を得ることとする。

（職能基本給の変更）

第12条　資格の取得、昇格、職種の変更等による格付の変更により、現に受けている職能基本給の給与額を変更する必要が生じた場合は、現に受けている給料額を下回らない最も近い給与額とする。ただし、特別の事情がある場合はこれを考慮して定めることができる。

（休職期間中の給与）

第13条　就業規則第12条に規定する休職期間中の給与は支給しない。

第3章　昇　給

（昇給の種類・上限）

第14条　昇給は職能基本給について行い、別表(1)職級の設定・職能基本給・役職基本給に定めるとおりとする。現に受けている職能基本給を受けるに至ったときから6カ月以上勤務した者につき、別表(1)4.職能基本給の昇給についての基準をもとに昇給させることができる。ただし、施設の運営状態や社会情勢により昇給しない、あるいは上限を設定することがある。また、欠勤の取り扱いについては、別表(6)昇給に対する欠勤の取り扱いによる。

2　昇給は定期昇給、特別昇給及び臨時昇給とし勤務成績、技能、功績、その他の事項を考慮して行う。

3　介護保険制度の経済状況を考慮して当分の間、基本給の昇給について上限を設定する。一般職を250,000円とし中級職を300,000円とする。

（定期昇給）

第15条　定期昇給は原則として毎年1回行う。ただし、施設の運営状態や社会情勢により昇給しない、あるいは上限を設定することがある。

2　年間を通じての昇給の方法を以下のとおり、統一する。

①　6月より12月に就職した者は月数に応じて翌年の6月に昇給し、1月より5月に就職した者は、翌年の6月に1.0と月数に応じた額を加算して昇給する。昇給率は、就職した月（月数）により②の表のとおり定める。

②　就職時期と昇給掛け率の表

	6月	7月	8月	9月	10月	11月	12月	1月	2月	3月	4月	5月
昇給の月	翌年6月	〃	〃	〃	〃	〃	〃	翌年6月	〃	〃	〃	〃
月数	12/12	11/12	10/12	9/12	8/12	7/12	6/12	1.0+5/12	1.0+4/12	1.0+3/12	1.0+2/12	1.0+1/12
昇給掛率	1.00	0.92	0.83	0.75	0.67	0.58	0.50	1.42	1.33	1.25	1.17	1.08

(臨時昇給・特別昇給)

第16条　特別昇給又は臨時昇給は、特別又は臨時に必要があると認めたとき行う。

　　2　介護福祉士、社会福祉士などの資格取得による昇給は臨時昇給とし、別表(2)初任給の給与表（二）にて定める。

第4章　手　当

(手当の種類及び額等)

第17条　職員に対し、別表(5)に定める手当を支給する。

第5章　退職金

(退　職　金)

第18条　職員の退職金は、社会福祉施設職員退職手当共済法に定める退職手当共済契約により行う。

第6章　旅　費

(旅　　費)

第19条　職員が業務のため出張命令を受けて旅行する場合は、別途定める旅費規程により旅費を支給する。

(特別旅費)

第20条　特別の事情により前条の規定により難いときは、その事情を考慮し増額支給することができる。

(旅費支払方法)

第21条　旅費は、別途定める旅費規程により支給する。

第7章　改　正

(改　　正)

第22条　この規程の改正は、職員の代表者の意見を聞いた上、社会福祉法人○○会理事会の議決により行う。

附　　則

1　この規程は平成13年5月21日から施行する。
2　この規程は平成15年6月1日から一部改定施行する。
3　この規程は平成16年5月1日から一部改定施行する。
4　この規程は平成18年6月1日から一部改定施行する。
5　この規程は平成19年11月1日から一部改定施行する。
6　この規程は平成20年3月1日から一部改定施行する。
7　この規程は平成20年12月1日から一部改定施行する。

第Ⅴ部　介護施設の各種規程例

別表(1)　職級の設定・職能基本給・役職基本給（一）

1. 職級の設定と業務評価

職級	業務範囲	区分	業務評価	備考
一般職	職域業務を行う	介護、看護、栄養、相談、居宅、管理各職種の常勤職員	D、C、B、A、S1、S2	Dの場合は施設の規範に対する実行と力量に基づく職務の継続が困難であり、就業の足非を判定する。またこの場合は上司による個別の指導を必要とする本人の努力を必要とする
中級職	管理業務を行う	主任、副主任 副主任補	B、A、S1、S2、S3	Cに相当する場合は降格とする
上級職	経営業務を行う	施設長、副施設長 事務長	A、S1、S2、S3	Bに相当する場合は降格とする

2. 適用する規程：上級職は個別の上級管理職労働契約書による。

職級	適用する規程
一般職、中級職	給与規程
上級職	給与規程 上級管理職職務規程

3. 業務評価の等級の説明

本人の申告した業務評価表をもとに、上司、施設長が評価を行って等級を決定する。一般職の場合、等級をD、C、B、A、S1、S2とし、中級職の場合は、B、A、S1、S2、S3とし、上級職の場合は、A、S1、S2、S3とする。

業務評価の等級の説明	
D	規範と職務の遂行を検討し、職務の継続を要する
C	他の職員に対して規範と職務の遂行ならびに貢献に努力と指導を要する
B	規範と職務の遂行ならびに貢献を評価する
A	他の職員に対して模範的な指導を評価する
S1	他の職員に対して専門的な指導を評価する
S2	施設の運営について専門的な立場に立ち、指導的な活動を評価する
S3	施設の運営について専門的な立場に立ち、施設全体を見渡し、指導的な活動を評価する

別表(1)　職級の設定・職能基本給・役職基本給（二）

4. 職能基本給の昇給について：昇給は職能基本給に下記の昇給率を掛けて昇給額とする。（小数点以下切り上げとする）

等級	一般職	中級職	上級職
D	0.0%	―	―
C	0.5%	―	―
B	1.0%	1.0%	―
A	1.5%	1.5%	―
S1	2.0%	2.0%	―
S2	2.5%	2.5%	―
S3	―	2.5%	―

注1　この表は平成18年6月1日に制定する。

＊なお、当分の間、昇給による基本給について上限を設定する。一般職を250,000円、中級職を300,000円とする。

5. 職能基本給の評価基準と定員制：等級の人数に定員を設定する。対象は、一般職、中級職とし、上級職を含まない。D及びCについては、必要に応じて判定する。

等級	人数	評価点
D	0	40－89
C	0	90－114
B	45	115－144
A	20	145－154
S1		155－164
S2	8	165－174
S3		175－200
計	73	

注1　この表は平成18年6月1日に制定する。
注1　この表は平成23年2月1日に改定する。

給与規程

別表(2) 初任給の給与表（一）

初任給の給与表（職種別初任給）

一般職・中級職（全職種）

等級	記号		初任給（0年）
1	■	初	132,600
2	◆	中	137,600
3	◆	上 ▲初 ○初	143,100
4	◇	▲中 ○中	148,600
5	●	▲上 ○上	154,100
6		△	160,100
7	◎		166,100
8			172,100
9	★		178,100
10	P		184,100
11	※		190,100
12			196,100

■ 介護職（資格なし）／標準 初任給
◆初 介護職（初級）／ヘルパー2級・1級 初任給
◆中 介護職（中級）／ヘルパー2級・1級 標準 初任給
◆上 介護職（上級）／ヘルパー2級・1級 初任給
◇初 事務職（初級） 初任給
○中 事務職（中級） 標準
○上 事務職（上級） 初任給
▲初 社会福祉士（初級） 初任給
▲中 社会福祉士（中級） 標準 初任給
▲上 社会福祉士（上級） 初任給
△ 社会福祉主事 初任給
● 栄養士 初任給
◎ 管理栄養士 初任給
★ 准看護師 初任給
※ 看護師 初任給
P 介護支援専門員 初任給

注1．この表は、平成18年6月1日に制定する。
注2．この表は、平成20年3月1日に改定する。
注3．この表は、平成20年12月1日に改定する。
注4．この表は、平成21年12月1日に改定する。

別表(1) 職級の設定・職能基本給・役職基本給

6．職能基本給、職責の説明と役職基本給

職級	職責の説明	備考
一般職	・職域職であり職域活動を成し遂げる能力を要する	・職能基本給を支給する
中級職	・管理職であり、職域を管理する能力を要する	・中級職は、職能基本給を支給する
上級職	・経営職であり、管理能力に加えて事業経営の状況を把握し、事業の進むべき方向（事業展開）を示す経営能力を要する。・上級職は、個別に上級管理職労働契約書を締結する。	・中級職、上級職は、その職務の重要性を考えて、職能基本給を合計した額と役職基本給を支給する。ゆえに降格がある場合は役職基本給を減額する。

役職基本給表：中級職

主 任	20,000円
副 主 任	15,000円
副 主 任 補	5,000円

注1 この表は平成18年6月1日に制定する。

第Ⅴ部　介護施設の各種規程例

別表(2)　初任給の給与表（この1）

各職種の経験給計算表

号(年)	1等級	2等級	3等級	4等級	5等級	6等級
0	132,600	137,600	143,100	148,600	154,100	160,100
1	134,850	139,950	145,550	151,150	156,750	162,850
2	137,100	142,300	148,000	153,700	159,400	165,600
3	139,350	144,650	150,450	156,250	162,050	168,350
4	141,600	147,000	152,900	158,800	164,700	171,100
5	143,850	149,350	155,350	161,350	167,350	173,850
6	146,100	151,700	157,800	163,900	170,000	176,600
7	148,350	154,050	160,250	166,450	172,650	179,350
8	150,600	156,400	162,700	169,000	175,300	182,100
9	152,850	158,750	165,150	171,550	177,950	184,850
10	155,100	161,100	167,600	174,100	180,600	187,600
11	157,350	163,450	170,050	176,650	183,250	190,350
12	159,600	165,800	172,500	179,200	185,900	193,100

◎ 既定日は、介護職、事務職、社会福祉主事の中級（標準）の初任給である。
◎ 介護士、事務職、社会福祉主事の上級者については別紙1（省略）にて規定する。
◎ 資格取得による昇給は、各等級の00号の差額とする。ただし、介護支援専門員の昇給は、前職を含む経験をもとに別表4の前歴換算基準表にて計算する。また前歴を換算する勤務期間は「実際に勤務した期間」とし、換算率は別表4のとおりとする。
◎ 介護職（資格なし、介護職（ヘルパー2・1級）、介護福祉士は夜勤をする。夜勤なしの場合、賞与を減額する。
◎ 1等級（介護職で資格なし、ヘルパー2級・1級で初級の場合）、2等級（介護職でヘルパー2級・1級で中職の場合・標準処遇）、3等級（介護職ヘルパー2級・1級の場合）、4等級（介護福祉士の場合）

別表(2)　初任給の給与表（この2）

各職種の経験給計算表

号(年)	7等級	8等級	9等級	10等級	11等級	12等級
0	166,100	172,100	178,100	184,100	190,100	196,100
1	168,950	175,100	181,200	187,300	193,400	199,500
2	171,800	178,100	184,300	190,500	196,700	202,900
3	174,650	181,100	187,400	193,700	200,000	206,300
4	177,500	184,100	190,500	196,900	203,300	209,700
5	180,350	187,100	193,600	200,100	206,600	213,100
6	183,200	190,100	196,700	203,300	209,900	216,500
7	186,050	193,100	199,800	206,500	213,200	219,900
8	188,900	196,100	202,900	209,700	216,500	223,300
9	191,750	199,100	206,000	212,900	219,800	226,700
10	194,600	202,100	209,100	216,100	223,100	230,100
11	197,450	205,100	212,200	219,300	226,400	233,500
12	200,300	208,100	215,300	222,500	229,700	236,900

注1．この表は、平成18年6月1日に制定する。
注2．この表は、平成20年3月1日に改定する。
注3．この表は、平成20年12月1日に改定する。
注4．この表は、平成21年12月1日に改定する。

給与規程

別表(3) 初任給基準表

職種	資格	初任給 等級
施設長	別途、上級管理職職務規定による	
副施設長 事務長	別途、上級管理職職務規定による	
事務員	事務職（初級）	3等級
	事務職（中級・標準）	4等級
	事務職（上級） 別紙(1)（省略）	5等級
介護職員	介護職 資格なし	1等級
	介護職（ヘルパー2級・1級）（初級）	
	介護職（ヘルパー2級・1級）（中級・標準）	2等級
	介護職（ヘルパー2級・1級）（上級） 別紙(1)（省略）	3等級
	介護福祉士	4等級
看護職員	准看護師	9等級
	看護師	11等級
機能訓練指導員	理学療法士・作業療法士	11等級
生活相談員	社会福祉主事（初級）	3等級
	社会福祉主事（中級・標準）	4等級
	社会福祉主事（上級） 別紙(1)（省略）	5等級
	社会福祉士	6等級
栄養士	栄養士	5等級
	管理栄養士	7等級
介護支援専門員	介護支援専門員資格	10等級

注1 この表は平成16年5月1日に一部改定する。
注2 この表は平成18年6月1日に一部改定する。
注3 この表は平成20年3月1日に一部改定する。
注4 この表は平成21年12月1日に一部改定する。

別表(4) 前歴換算基準表

職種	前 歴	換算率
事務員	・施設・病院で事務管理部（局）関係の業務をしていた期間 ・公務員、会社で勤務をしていた期間 ・その他	60% 30% 〃
介護職員	・施設で介護職員であった期間 ・ヘルパー業務及び病院等で介護をしていた期間 ・その他	60% 〃 30%
看護師 准看護師	・看護師、准看護師として勤務をしていた期間 ・その他	60% 30%
生活相談員	・施設・病院で生活相談員あるいは看護職・介護職・栄養職・介護支援専門員の有資格者であった期間 ・公務員、会社員で勤務をしていた期間 ・その他	60% 30% 〃
管理栄養士	・栄養士として勤務していた期間 ・その他	60% 30%
介護支援専門員	・施設・病院で生活相談員あるいは看護職・介護職・栄養職・介護支援専門員の有資格者であった期間 ・公務員、会社員で勤務をしていた期間 ・その他	60% 30% 〃

注1 この表は平成16年5月1日に一部改定する。
注2 この表は平成18年6月1日に一部改定する。

(注) 表中「施設」とは、社会福祉法に基づく施設をいう。

備　考
1　前歴を換算する期間は、過去10年間とする。
2　基本給の決定に当たっては、前歴及び年齢を考慮し、換算率60%の部分については60〜100%の範囲で調整することができる。
3　前歴を換算した結果6ヵ月以上の端数があるときは、その端数を切り上げ1年とする。

第Ⅴ部 介護施設の各種規程例

別表(5) 手当支給額表 (一)

名称	支給条件又は支給対象	金額又は率
役職手当	主任	月額 20,000円
	副主任	月額 15,000円
	副主任補	月額 5,000円
職務手当	就職初年度	月額 10,000円
	2年目	月額 15,000円
	3年目以降（毎年増加額）	月額 1,000円
超過勤務手当	時間外勤務をした場合	割増額 0.25
	法定休日に勤務した場合	割増額 0.35
	1週間の労働時間×52週÷12月 = 170.5	$\dfrac{基本給＋役職手当＋職務手当＋調整手当}{170.5} \times 1.25 \times 残業時間$
特養職員 夜勤手当（深夜勤務手当）	夜勤をする介護職員に支給する。	1夜勤 4,000円
ケアプラン手当	デイ職員のケアプラン作成について作成したデイ職員に支給する。ただし、ケアプランを作成しない場合は支給しない。（15件以上の場合）	月額 10,000円
扶養手当	・配偶者 ・配偶者以外の扶養親族のうち下記のもの について2人まで支給する。 対象：満18歳に達する日以後の最初の3月31日までの間にある子（高校生） ・職員が世帯主・契約者である場合（別紙(4)（省略））	月額 10,000円 月額 1人 5,000円 （10,000円で打ち切り）
住宅手当	（注釈） 手当は福利厚生を目的とし、主として生活者がいる場合は他に生活の途がない者として支給する。両手当の支給は配偶者が受けている者がある場合に支給する。配偶者本人の場合は支給しない。また扶養親族とは同居する者数をいう。	月額 20,000円

この表は平成16年5月1日に一部改正する。
この表は平成18年6月1日に一部改正する。
この表は平成19年6月1日に一部改正する。
この表は平成22年1月1日に一部改正する。

別表(5) 手当支給額表 (二)

名称	支給条件又は支給対象	金額又は率
調整手当	介護支援専門員（介護職と兼務の場合で、その資格を職務に資するもの）	10,000円
	・安全衛生管理者、介護手防運動指導員（指定資格を取得した職員でその資格を職務に資する者）	5,000円
通勤手当	・徒歩、自転車	0円
	・自動車 通勤片道の距離について 2km未満 2km以上0.1kmにつき	15,000円まで 0円 60円
	・オートバイ 通勤片道の距離について 2km未満 2km以上0.1kmにつき	6,000円まで 0円 30円
	・公共機関　定期代合計	15,000円まで
	自動車など、通勤距離の測り方は、地図帳などにより直線距離を通勤距離を測り、√2（1.4倍）にて計算した距離を通勤距離とします。	
年末年始勤務手当	12月31日から1月3日（0:00～24:00）に勤務の間に出勤した者	1回 4,000円
携帯当番手当	看護職員	夜間1回 1,000円
就職研修手当	新たに就職する職員	4,800円
通話手当	・緊急連絡網（携帯電話使用者） ・居宅業務に関わる職員 ・幹部職員・相談員・事務員 使用頻度により、2種類を設定する	A：月額 1,000円 B：月額 3,000円
被服手当	毎年4月に在職する者	年1回 5,000円
有休精算手当	退職者の消滅した有休を精算する。 別紙(5)	計算による
特別手当	講演・投稿・執筆等に対し支給する。 別紙(2)（省略）	規定による
特別手当	業務評価の評価により支給する。 別紙(3)（省略）	別表(5)手当支給表（三）の期末・年度末手当による

この表は平成16年5月1日に一部改正する。
この表は平成18年6月1日に一部改正する。

給与規程

別表(5) 手当支給額表 (四)

名称	支給条件又は支給対象	金額又は率
期末・年度末手当	1. 基準日 6月1日・12月1日及び3月1日（以下、基準日という）に在職する職員に支給する。 2. 夏季手当（6.1～5.31）、冬季手当（12.1～11.30）、年度末手当（4.1～3.31）の勤務期間について支給する。 3. 勤務期間 職員として在職した期間をいう。ただし、次の期間は勤務期間から除算する。 ◇休職・休業、停職、産休、育児・介護休業の期間 ◇勤務しなかった期間 4. この手当は、施設の運営状態や社会情勢により支給しないことがある。また、経営状況により、臨時の賞与を支給することがある。 5. 「2.」の勤務期間については、6カ月間、あるいは12カ月間を継続勤務し、所定観業日数の8割以上出勤した職員はこの手当を支給する対象とする。 6. 期間の途中に就職したものは、勤務期間割合により支給額を算出する。 7. 支給日に在籍しないもの、休職・休業、停職、産休、休業・介護休業の期間の者を除く。 8. 支給時期 7月・12月・3月の支給日についてはその都度定める。	1. 支給額の算出 (基本給)×支給率×勤務期間率＋成績率 2. 支給率 年間 4.0カ月分（平成18年6月1日より） (7月1.7カ月分、12月2.0カ月分、3月0.3カ月）とするが、財源の状況により増減することがある。 なお、①介護職員で夜勤なしの場合、マイナス0.5カ月分の減額、②看護職員で委員会に出席しない場合、マイナス0.5カ月分の減額とする。（7月1.5カ月、12月1.7カ月、3月0.3カ月） 3. 勤務期間割合 基準日が6月1日・12月1日の場合 勤務期間 5カ月以上 6カ月未満 6/6 4カ月以上 5カ月未満 5/6 3カ月以上 4カ月未満 4/6 2カ月以上 3カ月未満 3/6 1カ月以上 2カ月未満 2/6 0カ月以上 1カ月未満 1/6 基準日が3月1日の場合 勤務期間 11カ月以上12カ月未満 12/12 10カ月以上11カ月未満 11/12 9カ月以上10カ月未満 10/12 以下1カ月につき1/12減額 1カ月未満者 1/12 4. 成績率 遅刻、早退、欠勤、業務評価等の成績の状況 「業務評価の成績について」 業務評価については、業務評価制度の規程による。 また評価の成績への反映は下記のとおりとする。S3評価は基本給の0.25カ月、S2評価は基本給の0.15カ月、S1評価は基本給の0.10カ月を手当に加算し、A評価の場合、基本給の−0.10カ月、D評価はC評価の場合、基本給の−0.20カ月を期末手当より減算する。別紙(3)（省略）

注1 この表は平成16年5月1日に一部改正する。
注2 この表は平成18年6月1日に一部改正する。
注3 この表は平成20年3月1日に一部改正する。
注4 この表は平成21年6月1日に一部改正する。

別表(5) 手当支給額表 (三)

名称	支給条件又は支給対象	金額又は率
特別加算手当(1)	厚労省の介護職員処遇改善交付金の制度が制定されたため、期間を限定して介護職員に支給する。ただし支付金制度が延長される場合は継続して支給され、延長しない場合は終了する。	月額 10,000円
特別加算手当(2)	厚労省の平成21年度報酬改定において加算方式で3％の増額が行われた。財務状況を勘案することから全職員に支給するため、減額になることもある。	月額 5,000円

この表は平成16年5月1日に一部改正する。
この表は平成21年12月1日に一部改正する。

第Ⅴ部　介護施設の各種規程例

別表(6)　昇給に対する欠勤の取り扱い

	支給対象と期間	昇給条件、種類、非該当
昇　給	1．給与規程の第15条により定期昇給は原則として毎年1回行う（6月）。ただし、施設の運営状態や社会情勢により昇給しない、あるいは上限を設定することがある。 2．給与期間 毎年6月1日～翌年5月31日までの勤務期間を対象にして昇給する。 3．勤務期間 職員として在職した期間をいう。ただし、次の期間は勤務期間から除算する。 ◇休職・休業、停職、産休、育児・介護休業の期間 ◇勤務しなかった期間 4．この手当は、施設の運営状態や社会情勢により支給しないことがある。 5．1年間継続勤務し、所定就業日数の8割以上出勤した職員は、昇給の対象とする。以後1年ごとに表に基づいて昇給する。 6．基準日 基準日に在籍しない者を除く。 7．昇給時期 毎年6月に昇給する。	1．所定就業日数の8割の計算方法 所定就業日数は、下記のとおり計算する。 ①　計算の根拠となる所定就業日数は、毎年、発行する年間就業計画による休日ならびに労働日とします。 ②　例：労働日　22日×6カ月＝132日 　　　　　80％＝105.60日≒106日 　　　　132日－106日＝26日（0.803） 　　　　132日－105日＝27日（0.795） 　欠勤日数　26日は、80％を満たす。 　　　　　　27日は、80％に満たない。 　一応の目安として、半期に27日程度の欠勤がある場合、非該当となる。 2．基本給 所定就業日数の80％の勤務を確保した場合、他の職員と同様に昇給する。ただし、80％に満たない場合、昇給しない。 3．職務手当 生活給である職務手当は、1年目（丸1年の経過後）に一定額を昇給する。この場合、1年目に病気欠勤などで正式採用が遅れた場合、遅れた月数を遅延して昇給する。また、2年目より昇給（6月）する一定額については、2．基本給と同様に80％ルールを適用し、所定就業日数の80％の勤務を確保した場合は、他の職員と同様に昇給する。また、80％に満たない場合、昇給しない。 4．昇給の評価は業務評価表によるものとし、「別表(1)職級の設定・職能基本給・役職基本給（二）の4．職能基本給の昇給について」をもとにして職能基本給に昇給率を掛けて昇給額とする。 5．評価は、毎年、下期の半年間（6月1日～11月30日の期間について12月に評価、判定する期間）とする。

注1　この表は平成16年5月1日に一部改正する。
注2　この表は平成18年6月1日に一部改正する。
注3　この表は平成20年3月1日に一部改正する。
注4　この表は平成21年6月1日に一部改正する。

介護施設の各種規程例
定年ならびに再雇用などに関する規程

社会福祉法人○○会　特別養護老人ホーム△△△△

(目的)
第1条　この規程は、就業規則第15条の定年の延長に関する規程について、分かりやすく職員に説明することを目的とする。

(定年の定義と継続雇用、再雇用)
第2条　職員の定年は、満60歳とし、定年に達したとき退職となる。ただし、引き続き勤務することを希望したときは、希望者全員を、定年の翌日（再雇用は、7日後）から満65歳に達した日の属する月の月末まで「継続雇用または再雇用（以下、『再雇用など』という）」することができる。

(再雇用などの判定)
第3条　「再雇用など」の雇用形態については、上司、施設管理者が業務評価の結果、またその能力が職務の遂行にかかわる水準に達しているかどうかを「再雇用判定表」に基づいて判定する。

(継続雇用、再雇用の種類)
第4条　本人と上司、施設管理者が行う業務評価の結果、能力が職員の職務の遂行にかかわる水準の確認を行い、再雇用などについて、いくつかの種類の職務形態を用意する。

①　継続雇用で、常勤の勤務
②　継続雇用で、非常勤の勤務（専門職の場合）
③　再雇用で、常勤の勤務
④　再雇用で、1日7〜8時間、月間日数が常勤より少ない勤務（月間130〜150時間）
⑤　再雇用で、1日の勤務時間が1／2（4時間）程度で、月間日数は常勤と同様（20〜22日）の勤務（月間88時間）
⑥　再雇用で、1日の勤務時間が1／2（4時間）程度で、月間日数は常勤より少ない（15日）程度の勤務（月間60時間）

（雇用契約と就業規則）
第5条　雇用契約には、定年に基づく「継続雇用の契約」、「再雇用の契約」がある。継続雇用、再雇用の正職員は、正職員の就業規則に沿って処遇し、継続雇用、再雇用の準職員は、準職員就業規則に沿って処遇する。

（雇用契約の期間）
第6条　継続雇用、再雇用ともに、雇用契約の期間は1年を単位とする。本人が希望する限りにおいて、これを更新することができる。継続雇用、再雇用の期間は、最長5年間（満65歳）とする。ただし、職場の都合により、専門職などで、職場の都合により、採用が困難な場合は、その都度協議し、延長することができる。

（労働条件）
第7条　労働条件については、様式により、1年ごとの更新の都度、提示する。

この規程は、平成21年6月1日に制定する。

別紙(1)

再雇用などに関する判定表

職員氏名　　〇〇　〇〇　殿

あなたの「再雇用など」の判定につき、下記のとおりとします。

平成〇〇年〇〇月〇〇日

　　　　　　　　　　　　　　　　社会福祉法人　〇〇〇

　　　　　　　　　　　　　　　　　　理事長　〇〇　〇〇

（解　説）
1．上司は、業務評価表について、過去3回分を見てください。
2．本人の業務に関する不適合報告書がある場合、確認してください。
3．業務評価表の面接の結果を確認してください。
4．面接の結果について、本人に改善の機会を与えたプロセスを書いてください。
5．本人に対する改善指導の結果を書いてください。
6．再雇用などの勤務形態について総合判定をしてください。
7．記入について、該当がない項目は、「特になし」の記載をしてください。

	1次判定者	最終判定者
判定担当者	〇〇　〇〇　印 〇〇　〇〇　印	〇〇　〇〇　印

第Ⅴ部　介護施設の各種規程例

別紙(1)

種　類	上司の判断　（継続雇用）・　再雇用	最終判定
१．業務評価表の結果	S・A・B・C　評価	①継続雇用・常勤
２．不適合報告書の結果	特になし	②継続雇用・パート
３．面接の指摘項目	特になし	③再雇用・常勤
４．指摘項目の改善の機会		④再雇用・パート
５．改善指導の結果		

（上司の判断欄：「継続雇用」に〇／最終判定欄：②継続雇用・パートに〇）

別紙(1)

> 継続雇用（正職員）で勤務する場合

1 雇用契約は、（正）職員の就業規則を適用し、契約します。
2 労働条件は、下記のとおりです。

① 勤務期間　　平成○年○月○日より1年間
　　　　　　　（平成○年○月末日まで）
　　勤務の継続の希望がある場合は、終了の3カ月前から協議する。

② 再雇用などの期間は、最長5年間とする。ただし、職場の都合により職員の職務を必要とする場合は、その都度、協議する。

③ 賃金　給与条件は、下記のとおりとする。
　　　　常勤　　　基本給　　　○○○,○○○円
　　　　　　　　　職務給　　　○○,○○○円
　　　　　　　　　その他　　　○○,○○○円

④ 交通費は、住所が変わらない場合、従前のとおり支給する。

⑤ 労働時間
　・常勤の場合　午前8：45〜午後5：30まで（標準勤務時間とし、就業規則による）。

⑥ 休日　年間勤務計画表のとおり。

⑦ 年次有給休暇
　雇用の開始の日から6カ月間、継続して勤務し、所定就業日数の8割以上勤務した場合、就業規則で年次有給休暇を与えることとなっている。ただし、定年までの年次有給休暇の残日数は、定年後勤務が開始した後も継続して取得することができる。また、定年後勤務をする者は、6カ月間の継続勤務期間を待たずに、それまでの年度ごとの有給日数を引き続き支給する。

別紙(1)

> 継続雇用（準職員）で勤務する場合

1 雇用契約は、準職員の就業規則を適用し、契約する。
2 労働条件は、下記のとおりです。
　① 勤務期間　　平成○年○月○日より1年間
　　　　　　　　（平成○年○月末日まで）
　　勤務の継続の希望がある場合は、終了の3カ月前から協議する。

　② 再雇用期間は、最長5年間とする。ただし、職場の都合により職員の職務を必要とする場合は、その都度、協議する。

　③ 賃金　給与条件は、下記のとおりとする。
　　　　　パート勤務　時給　　○○○円

　④ 交通費は、住所が変わらない場合、従前のとおり支給する。

　⑤ 労働時間
　　　パート勤務の場合　労働条件で協議した勤務時間。
　　　○：○○　～　○：○○
　⑤ 労働時間
　　　パート勤務の場合　労働条件で協議した勤務時間
　　　　　　午前　○○：○○～○○：○○、あるいは
　　　　　　午後　○○：○○～○○：○○、までとする。
　　　　　　　　　（1日○h○○、休憩時間○h○○）

　⑥ 休日　前月までに協議し、計画的に休む。

　⑦ 年次有給休暇
　　雇用の開始の日から6カ月間、継続して勤務し、所定就業日数の8割以上勤務した場合、就業規則で年次有給休暇を与えることとなっている。ただし、定年までの年次有給休暇の残日数は、定年後勤務が開始した後も継続して取得することができる。また、定年後、勤務をする者は6カ月間の継続勤務期間を待たずに、それまでの年度ごとの有給日数を引き続き支給する。

別紙(1)

再雇用（正職員）で勤務する場合

1 雇用契約は、（正）職員の就業規則を適用し、契約します。
2 労働条件は、下記のとおりです。

① 勤務期間　　平成〇年〇月〇日より1年間
　　　　　　　（平成〇年〇月末日まで）
勤務の継続の希望がある場合は、終了の3カ月前から協議する。

② 再雇用などの期間は、最長5年間とする。ただし、職場の都合により職員の職務を必要とする場合は、その都度、協議する。

④ 賃金　給与条件は、下記のとおりとする。
　　　　常勤　　　　基本給　　　〇〇〇，〇〇〇円
　　　　　　　　　　職務給　　　〇〇，〇〇〇円
　　　　　　　　　　その他　　　〇〇，〇〇〇円

④ 交通費は、住所が変わらない場合、従前のとおり支給する。

⑤ 労働時間
　・常勤の場合　午前8：45～午後5：30まで（標準勤務時間とし、就業規則による）

⑥ 休日　年間勤務計画表のとおり。

⑦ 年次有給休暇
雇用の開始の日から6カ月間、継続して勤務し、所定就業日数の8割以上勤務した場合、就業規則で年次有給休暇を与えることとなっている。ただし、定年までの年次有給休暇の残日数は、定年後勤務が開始した後も継続して取得することができる。また、定年後勤務をする者は、6カ月間の継続勤務期間を待たずに、それまでの年度ごとの有給日数を引き続き支給する。

別紙(1)

再雇用（準職員）で勤務する場合

1 雇用契約は、準職員の就業規則を適用し、契約する。
2 労働条件は、下記のとおりです。

① 勤務期間　　平成○年○月○日より１年間
　　　　　　　（平成○年○月末日まで）
　　勤務の継続の希望がある場合は、終了の３カ月前から協議する。

② 再雇用期間は、最長５年間とする。ただし、職場の都合により職員の職務を必要とする場合は、その都度、協議する。

③ 賃金　給与条件は、下記のとおりとする。
　　　　パート勤務　時給　　○○○円

④ 交通費は、住所が変わらない場合、従前のとおり支給する。

⑤ 労働時間
　　パート勤務の場合　労働条件で協議した勤務時間。
　　○：○○　～　○：○○

⑤ 労働時間
　　パート勤務の場合　労働条件で協議した勤務時間
　　　　午前　　○○：○○～○○：○○、あるいは
　　　　午後　　○○：○○～○○：○○、までとする。
　　　　　　　（１日○ｈ○○、休憩時間○ｈ○○）

⑥ 休日　前月までに協議し、計画的に休む。

⑦ 年次有給休暇
　　雇用の開始の日から６カ月間、継続して勤務し、所定就業日数の８割以上勤務した場合、就業規則で年次有給休暇を与えることとなっている。ただし、定年までの年次有給休暇の残日数は、定年後勤務が開始した後も継続して取得することができる。また、定年後、勤務をする者は６カ月間の継続勤務期間を待たずに、それまでの年度ごとの有給日数を引き続き支給する。

定年ならびに再雇用などに関する規程

別紙(1)

確　認　書

このたび、定年による（ (継続雇用) 、　再雇用　）について、説明を受けました。

また、業務評価、ならびに判定を聞き、今後の勤務の形態、ならびに方法について説明を受けました。

　　　平成　　年　　月　　日

　　　　　　　　　　　　　　　住所 _____

　　　　　　　　　　　　　　　氏名 _____ 印

別紙(1)

　　給与のめやす

1. ハーフタイムの場合
   時給○○○円　×　（4時間×○○日）　＝○○,○○○円

2. フルタイムの場合
   時給○○○円　×　（8時間×○○日）　＝○○○,○○○円

3. 時給○○○円は、パート勤務（時給○○○円）の1年経過した後、経験者に対する昇級加算後の時給額。

介護施設の各種規程例
職員旅費規程
社会福祉法人○○会　特別養護老人ホーム△△△△

(目的)
第1条　この規程は、社会福祉法人○○が経営する施設の役職員等(以下単に「職員など」という)が業務のため出張する場合の旅費の支給に関し必要な事項について定めたものである。

(出張の定義)
第2条　この規程における出張とは、業務のため職員などが、理事長又は施設長の命により国内において旅行する場合をいう。

(出張の目的)
第3条　出張の目的は、多くの場合、研修、講演会の出席など教育に関すること、行政、福祉団体などの説明会のこと、協議会、施設長会、事務長会などの出席などがある。また、先進施設の見学など視察のための出張があり、「研修受講に関する規程」に記載している。

(出張の手続き)
第4条　出張する職員は、出張命令書により出張前に理事長又は施設長の決裁を受けなければならない。また、出張命令書は、業務の効率化を考慮して、原則として案内状(案内通知)の原本に直接、本人が出張の意思を記載、捺印して決裁する。
　2　緊急を要するため事前に決裁を受ける暇(いとま)のないときは、事後、速やかに決裁を受けるものとする。

(旅費の支給)
第5条　職員が命令により出張したときは、旅費を支給する。

(旅費の種類)
第6条　旅費の種類は、鉄道賃、船賃、航空賃、車賃、日当、宿泊費とする。
　2　鉄道賃は、鉄道旅行について、路程に応じた旅客運賃により現に支払った

旅客運賃を支給する。

3　船賃は、水路旅行について、路程に応じた旅客運賃により現に支払った旅客運賃を支給する。

4　航空賃は、航空旅行について、路程に応じた旅客運賃により現に支払った旅客運賃を支給する。

5　車賃は、陸路（鉄道を除く）旅行について、路程に応じ全行程を１ｋｍ当たりの定額又は、実費により支給する。

　　②　１km当たりの車賃の定額は、往復全行程の距離を合計し、１kmにつき20円にて計算する。またバイクの場合は、１kmにつき10円とする（例：片道60kmの場合、120km）。

　　③　Ａ市外の出張については、公共の交通機関の関係で交通の便などの必要により、個人の車輌を使用することができる。ただし、施設は公共の交通機関を使用することを指導し、車輌の使用選択ならびに責任は、出張する職員にゆだねられることを事前に明示する。詳しく述べると個人の車輌の使用については、責任は個人に帰属し、万一、事故が発生した場合、個人の車輌保険を使用して、個人の責任で対処するなど危険負担が多いので、なるべく使用しないこと。また使用する場合は、このことに留意して、慎重な運転に心がけること。ただし、事故により車輌保険を使用した場合、車の所有者の車輌任意保険の「割引ダウン」をすることがあるため、施設賠償責任保険の特約で「割引ダウン」の一部を補償するように契約している。

　　④　Ａ市内の出張については、施設の車両、あるいはタクシーを使用する。個人の車両を使用して事故を起こした場合、本人に後悔が残ることが推測されるため使用を禁止する。Ａ市外と同様に、施設に申し出て個人の車輌を使用する場合、あるいは施設に無断で個人の車両を使用した場合、この場合、両者共に事故が発生した場合、その責任が個人に帰属し、個人の保険を使用することとなり、事前に明示する。ただし、「経営管理者」の場合、施設車輌の使用状況が多忙で、職員に対する配慮から、個人の車輌を使用することができるが、事故などの責任については全て個人に帰属することを明示する。

　　⑤　駐車場を使用する場合、例えば遠方の出張で、Ａ駅前など施設から自家用車で出かけて駅前に駐車する場合、施設に指定された低額の駐車場

第Ⅴ部　介護施設の各種規程例

に駐車することとする。駐車料金は平成21年6月現在で800円を上限とするが、時間の経過とともに値上が推定されるため、駅南の×××パーキングの料金を基準とする。これ以外で事情により高額の駐車料金の必要がある場合は、上司に相談した場合は認めることがある。

6　必要に応じて、高速道路料金、タクシー料金を支給する。現地でタクシーを使用する場合、事前に打ち合わせを行い、許可を受けて使用することができる。事前の打ち合わせのない場合、支給しないことがあるので注意すること。タクシーを利用する場合は当然、運転手に対して領収証の発行を求めること。領収証がない場合は、原則として支給しない。

7　日当は、昼食代をまかなうための費用として、旅行中の日数に応じ1日当たりの定額により支給し、宿泊を伴う2日以上の場合に支給する。

　②　ただし、宿泊を伴わない出張で、「規定の地点」の出発から到着までの合計時間が6時間を超える場合は、昼食代（あるいは昼よりの出張の場合夕食代の場合もある）として、半日当として日当額の2分の1の額を支給する。なお、「規定の地点」とは、A市外の場合A駅とし、A市内の場合「△△△△」の施設とする。

　③　6時間を超えない場合、半日当の支給は行わない。

日帰りの半日当について時間の計算をする場合に下記のとおりとする。

① 　Bの場合（往路1.5時間、復路1時間で2.5時間）を加算する。
② 　Cの場合（往路1.5時間、復路1時間で2.5時間）を加算する。
③ 　Dの場合（往路2時間、復路1時間で3時間）を加算する。
④ 　Eの場合（往路2.5時間、復路1.5時間で4時間）を加算する。
⑤ 　Fの場合（往路3時間、復路2時間で5時間）を加算する。
⑥ 　Fの新幹線の場合（往路2.5時間、復路1.5時間で4時間）を加算する。
⑦ 　Gに新幹線の場合は（往路2時間、復路1時間で3時間）を加算する。

　施設よりA駅付近駐車場まで車で移動する場合は、移動時間を30分として計算して、早く勤務を終了することができる。また昼の休憩時間をはさむ場合は交通時間に30分を加算することができる。

　ただし上記の目安の時間は日当の時間計算にのみ適用する。

8　宿泊料は、別表(1)の規定により支給し、旅行中の当日の夕食、翌朝の朝食及び宿泊に要する経費に充てるための旅費として、旅行中の夜数に応じ、一夜当たりの定額で支給する。すなわち、旅費には、当日の夕食＋宿泊費＋翌日の朝食を含む。

　②　Hなど（その他、遠方地域はその都度、事情により検討する）遠方へ出張し、午前9：00〜10：30を目安として研修会など活動を開始する場合は、前泊をすることができる。前泊は出張とみなし、前日の午後3時より出張の時間とする。なお、上司と相談した場合は施設の費用で宿泊することができる。夜間の食事時間の制限などの都合により午後3時より前に出張を開始したい場合、本人の休暇の時間などを使用して時間を繰り上げることができる。また、前泊の日当は、慣例上、半日当にて計算する。

（旅費の計算）
第7条　旅費は、最も経済的かつ合理的な通常の経路及び日程・方法により旅行した場合の旅費により計算する。

（施設長の許可）
第8条　旅費計算上の旅行日数は、旅行のために現に要した日数で、施設長の認めた日数による。

（長期滞在の扱い）
第9条　旅行者が同一地域に滞在する場合における日当及び宿泊料は、その地域に到着した日の翌日から起算して、滞在日数5日を超える（6日以上）場合は、その超える日数について定額の10分の2に相当する額を定額から減じた額による。

（特急料金の支給）
第10条　鉄道賃の額は、普通旅客運賃及び次の各号1に規定する急行料金、特急料金、新幹線特急料金並びに座席指定料金による。

　(1)　急行料金は、片道100km以上の場合。

　(2)　特急料金（一般）は、片道200km以上の場合。

(3) 新幹線特急料金（一般）は、片道80km以上の場合。

参考	E	92km
	G	88km
	D	55km

（グリーン車の使用）
第11条　第9条の規定にかかわらず、施設長及び役員の鉄道賃、船賃、航空賃について、特に必要と認めたときはグリーン車の旅客運賃によることができる。

（宿泊料）
第12条　宿泊料の額は、別表(1)による。

（施設の車輌の利用）
第13条　施設の所有する車両をもって旅行する場合は、車賃の支給はせず、かかった高速道路料金、燃料代を支給する。

（概算払い）
第14条　旅費は原則として旅行終了後、請求に基づき支払うものとするが、必要により旅行前に概算額を支給することができる。
　2　概算払いをした場合は、当該職員が帰任後ただちに精算しなければならない。

（例　外）
第15条　施設においてあらかじめ宿泊場所及び旅程が特定された旅行の場合は、この規程の定めにかかわらずそれによる。

（その他）
第16条　この規程の運用に関し、この規程に定めのない事項は、理事長又は施設長が別に定める。
　2　この規程の改正は、職員の意見を聞いた上、理事会の議決を得なければならない。

1 この規程は、平成13年6月1日に制定する。
2 この規程は、平成18年6月1日に改定する。
3 この規程は、平成19年11月1日に改定する。
4 この規程は、平成21年6月1日に改定する。
5 この規程は、平成22年9月1日に改定する。

別表⑴　日当、宿泊料など一覧表

区　分	日　当	宿　泊　料
施設長、役員	3,000円 半日当 1,500円 ＊日当は、領収書（レシート）がいらない	15,000円まで 実費額 夕食代　2,000円 朝食代　1,500円 を上限として宿泊費と合計した額とする ＊宿泊費、食事代は、領収書（レシート）をもらうこと
職　員	2,000円 半日当 1,000円 ＊日当は、領収書（レシート）がいらない	13,000円まで 実費額 夕食代　2,000円 朝食代　1,500円 を上限として宿泊費と合計した額とする ＊宿泊費、食事代は、領収書（レシート）をもらうこと

⑴　研修など行事の主催者の手配により、事前の申込み時に昼食弁当が用意されている場合、日当（食事代）の支給をしない場合がある。
⑵　研修に付随する夕食の懇親会の費用は、施設よりの指示により代表として出席する場合、10,000円を上限に支給する。

> 介護施設の各種規程例
> # 住宅手当・扶養手当の支給に関する規程
> 社会福祉法人○○会　特別養護老人ホーム△△△△

（目的）
第1条　この規程は、給与規程17条の手当、別表(5)手当支給額表（一）に規定する「扶養手当」、「住宅手当」の支給について職員に手続きを分かりやすく説明するものである。扶養手当、住宅手当（以下、「この手当」という）ともに福利厚生の一環として手当を支給し、職員の生活を支援することを目的とする。また、この手当は、被扶養者が他に生活の途がなく、主として職員の扶養を受けている者を支援することを目的とする。

2　配偶者の収入の判定は、①扶養手当、②住宅手当の両手当の支給に連動する。

3　この規程の中で「家主（あるじ）」とは、家族の主たる収入の根源である者の場合をいう。

（支給対象者）
第2条　支給対象者は、下記のとおりとする。
　　　　扶養手当は、配偶者、子を対象とし、住宅手当は、職員を対象とする。

（支給対象者の制限）
第3条　この手当を支給されるためには、①職員が世帯主であり、②「家主（あるじ）」であることを要する。配偶者がいる場合、配偶者が職員の社会保険の扶養家族であること、また、配偶者が収入を得る場合は、社会保険の被保険者本人（健康保険本人の資格取得）になった場合、停止する。
　　　　配偶者の収入の判定は、①住宅手当、②扶養手当の両手当の支給に連動しているので注意すること。

（子の扶養手当）
第4条　子の扶養手当は、子が満18歳に達する日まで支給し、18歳になった後の最初の3月31日（高校卒業相当）までの子に支給する。

住宅手当・扶養手当の支給に関する規程

(同居の家族の支給)

第5条　扶養手当は、同居の家族について支給する。同居していない場合は、原則として支給しない。ただし、申し出により事情が扶養に該当することが認められる場合に支給することがある。

(住宅手当の支給と支給制限)

第6条　住宅手当は、扶養手当と同様に福利厚生の一環として支給し、住宅費用の一部扶助が目的である。結婚している場合、前第3条のとおり、配偶者が職員の扶養家族で支給し、社会保険の被保険者本人(健康保険本人の資格取得)の場合、支給しない。独身の一人暮らしの場合、世帯主で、「家主(あるじ)」の場合に支給する。ただし、独身で「事実婚の共同生活」をしている場合は支給しない。

(同居の複数世帯)

第7条　家族内に世帯主が複数いる場合、例えば親子で同居する場合など、職員が第2の世帯主の場合に、①「家主(あるじ)」であること、②建物の所有者(あるいは、賃貸借契約者)であることについて①、②の両方が成立する場合に支給し、そうでない場合支給しない。

(支給期間の区分)

第8条　扶養手当、住宅手当の支給は、住民票の異動の日を基準とし、月の15日までに提出がある場合は当月より支給し、16日以降の提出の場合は次月より支給となる。手当の中止は、異動の事実により発生し、異動の月は支給し、異動の次月より停止となる。

(速やかな相談・手続きの必要性)

第9条　前第3条のとおり、家族が職員の扶養家族の資格を喪失する場合など、身分の異動が発生した場合は速やかに相談・告知する必要がある。告知が遅れた場合、異動の事実に基づき「手当の停止」により返金などの手続きが発生し、事務が煩雑で混乱する。この手当(扶養手当、住宅手当)を受給する職員は、異動の発生が予想される場合、早めの相談を心がけること。

2　扶養手当、住宅手当の支給を受けようとする場合、事務担当職員が手続き

を行うため、事前に手当希望の意思を表明することが必要である。配偶者、子の扶養手当は、結婚、出産などにより支給が開始される。住宅手当は、引越し、住民票の異動により支給が開始される。世帯主、家族の登録は、これらの身分の異動の手続きに伴って行われるので、「扶養手当の支給を受けることとそれに伴う手続き、「住宅手当」の支給を受けることとそれに伴う引越しの段取りとか、どのような手続きがあるのかなどについて事前に事務長、事務担当職員と十分に打ち合わせを行う必要がある。

（必要な書類）

第10条 扶養手当、住宅手当の支給を受けようとするものは、次の書類を提出すること。

① 扶養手当支給願住宅手当支給願の申請書を作成する
② 異動後の住民票 住宅手当は職員が世帯主であることと同居の家族が分かるもの、扶養手当は職員が世帯主であることと同居の被扶養者が分かるものを用意する
③ 建物所有者は、家屋登記簿謄本原本、賃貸借契約者は、契約書の写しを用意する（建物所有者、あるいは賃貸借契約者が職員であり、手当を支給される本人であることを要するため、職員名が分かるもの）
④ その他施設が必要とする書類

この規程は、平成13年6月1日に制定する。
この規程は、平成18年6月1日に改定する。
この規程は、平成19年9月1日に改定する。
この規程は、平成20年12月1日に改定する。

住宅手当・扶養手当の支給に関する規程

解 説

扶養手当、住宅手当を支給されている職員の方へ

　扶養手当、住宅手当（以下、「この手当」という）は、職員の福利厚生のためにより重要な時代を迎えています。また家庭における家族関係が複雑になり、男女平等の社会の取り組みを進めるためには、その支給についてより細かく規定する必要が生じてきました。

1．この規程（住宅手当・扶養手当の支給に関する規程）は、平成19年9月1日より適用します。

2．改定の期日以前より手当を支給されている職員は、当分の間、従来の支給を継続します。支給条件に異動がある場合は、「改定された新規程」に従って判定します。

3．この手当は、当施設に就業する職員の生活の安定を目的として支給するため、結婚している場合、「共働き」で配偶者に収入があれば支給の対象とならないので、十分ご承知おきください。ただし、現状の経済状況を考慮して、当分の間、少ない収入（社会保険の扶養家族）の場合は支給し、社会保険の被保険者本人（健康保険本人の資格取得）となる収入をもって支給を停止します。

4．住宅手当は、福利厚生の一環として支給し、住宅費用の一部扶助が目的です。結婚している場合、配偶者が職員の扶養家族で支給し、社会保険の被保険者本人の場合、支給しません。独身の一人暮らしの場合、世帯主で、「家主（あるじ）」の場合に支給します。ただし、独身で「事実婚の共同生活」をしている場合は支給しません。

5．配偶者の収入の判定は、①住宅手当、②扶養手当の両手当の支給に連動していますので注意してください。

6．家族の身分の異動（変更）は、早期相談してください。手当の支給は、職員、家族の家族関係、家族の就職・退職状況など「家族の身分」に基づいて支給されます。そして、状況の変化が「日常生活」の中で、いつでも起こり得る、不安定な手当であるため、その綿密なメンテナンス（情報の把握と対応）が必要です。「支給されていたものが支給終了」になる、「不支給のものが支給開始」となるなど、職員の「申し出の時期」が重要です。支給条件（支給する条件と不支給の条件）に異動がある場合に、職員の「申し出の時期が遅れた場合」は、「支給されているものが支給停止」となる場合、「手当の返還」など職員にとって辛いこと、事務担当職員にとっては煩雑な業務が発生します。身分の異動（変更）の申し出は、早めの相談と、十分な協力をお願いします。

1．この解説は、平成19年9月1日に作成する。
2．この解説は、平成20年12月1日に改定する。

介護施設の各種規程例
研修受講に関する規程
社会福祉法人○○会　特別養護老人ホーム△△△△

（目的）
第1条　この規程は、研修会・講演会などの「施設外の教育」を受講するときの手続きを分かりやすく職員に説明することを目的とする。

（出張の定義）
第2条　この規程の出張に関する部分は、施設外の教育のほか、施設の見学・実習、会議、説明会などへの出席など全て「職員旅費規程」によるものとする。

（研修の種類）
第3条　研修は、施設の指示により受講する。個人で希望する研修は、原則は個人の扱いとするが、施設の研修としての取り扱いを希望するためには、全体職員会議にて「伝達講習」を実施する場合に参加を申し出ることができる。この場合、介護管理主任に申し出て相談するが、職員は年次有給休暇を使用して参加し、参加費、交通費を施設の負担として宿泊費は、個人の負担とする。

2　施設の指示による研修は、受講時間は勤務とみなし、参加費、交通費、宿泊費、日当を施設の負担とする。

3　施設の運営上、資格などを必要とする場合、施設の指示で資格を取ることがある。この場合も前項と同様に施設の負担とする。ただし万一、資格を取得できなかった場合は参加費、受験料などを返却する。資格取得の期限は受講修了後1年以内とし、資格取得のための受験の費用、時間については1回のみ施設の負担とし、2回以降の受験の費用、時間については個人で負担する。

4　全社協が主催する「施設長研修」については、別紙(1)の2（省略）に定める「施設長研修・受講に関する規程」によるものとする。

5　介護職員のうち、就職した新入職員が未経験者で、ヘルパー2級などの資格を取得していない場合、初期導入教育が十分に修得できないことを考慮して、本人が希望する場合に、ヘルパー2級取得の講座へ参加することを認め

る。この場合、取得の費用は本人の負担とするが、受講日程など事情を考慮して勤務時間を調節配慮することができる。また、受講料の一括払いの負担が大きい場合、経済的事情を考慮して、施設が一括払いの資金を貸与する制度を設け、積極的に活用することができる。制度の詳細については、別紙(1)の3（省略）に定める「奨学貸与金規程」によるものとする。

（研修の選定）
第4条　最初に、施設あるいは介護管理主任より職員の研修会の受講を提案する。提案は、「研修会の通知書、案内書」などを用いて行い、通知書あるいは案内書の原本に施設が「対応」として受講者を明示して確定する。研修会の受講が確定したら、事務職員は、速やかに研修会の参加申し込み手続きを行う。

（研修受講の意思確認）
第5条　次に介護管理主任より受講を指示された職員は、受講の意思確認として受講の希望を通知書あるいは案内書の原本を決裁書として「参加させていただきます」などと記載し、記名、押印して申し込みを行う。

（受講の事前確認）
第6条　研修などの受講は、勤務時間の扱いであり、事前に交通手段、出発時間、研修会の開催時間など施設と相談して参加する。特にA駅の車両の駐車、研修会の個人車両での参加、直行，直帰の確認、施設の出発時間の確認、研修場所の確認など事前に十分な打ち合わせ、連絡を行い、事故のないように気をつける。

（交通費・参加費などの支払い）
第7条　当日かかる交通費、参加費などは、個人で立て替え、後日精算することを原則とする。ただし、遠方出張で交通費、宿泊費が高額な場合は、施設に事前に相談して仮払金を預かることができる。

（旅費、宿泊費）
第8条　旅費、日当については、「職員旅費規程」によるものとする。旅費は、実

際にかかった交通の費用を支給する。ただし、遠方の研修の場合、交通の手段については、事前に施設と十分に打ち合わせて行い、独自の判断で決定することのないよう注意すること。宿泊費には、ホテル代、夕食代、朝食代を含む。ただし、施設が「職員旅費規程」に定めた金額を限度とするため事前の十分な打ち合わせを行うこと。また現地でタクシーを使用する場合、事前に打ち合わせを行い、許可をもって使用することができる。事前の打ち合わせのない場合、支給しないことがあるので注意すること。タクシーを利用する場合は当然、領収証の発行を求めること。領収証がない場合支給しない。また駐車場を使用するときは、施設より指定された低額の駐車場を使用すること。駅前に定額駐車場があるため、施設の利用する駐車場を指定し、駐車料金の上限を800円（平成21年6月現在）とする。

2　交通費の精算方法については、①直行直帰の場合、公共交通機関を使用するとき自宅からの実費とする。また、個人の車両を使用する場合、自宅からの距離で1キロ当たりの実費とする。また、自宅から出発し最寄駅の駐車場を使用する場合、原則として上記駐車料金の上限をもって上限とするが、最寄り駅に定額制の駐車場がない場合は、1,000円の上限で実費とする。

3　タクシーの利用は、原則禁止するが、会場までの公共交通機関のバスなどの運転間隔の都合により時間がない場合、必要最低限の金額で利用することができる。ただし、タクシーを利用する場合は原則として、施設へ事前に申し出て相談することが必要である。

（日当）
第1条　施設外研修に参加する場合、食事代として日当を支給する。1日研修の場合、A市内を除いて、交通時間を含んで6時間以上の時間のかかるとき、「半日当」を支給する。日当の時間の計算をする場合、A駅を基点として往復の交通時間を加算する。詳しくは、職員旅費規程第6条（旅費の種類）7項の②（日帰りの半日当）を参照すること。

（研修の報告1（報告書））
第10条　研修は、施設の指示により受講し、勤務時間を使用するため、研修の報告は、終了後7日以内に、速やかに提出すること。

研修受講に関する規程

(研修の報告2(施設長報告))

第11条　研修を受講した後、職員の研修の成果と、研修の有効性を確認するため、施設長への報告を行う。

(報告書の提出の手順)

第12条　研修の報告書を提出する場合、出張の経費の精算書とともに提出すること。報告書を提出せずに精算することはできない。報告書は介護管理主任を経由して提出する。また、見学会、説明会など複数の職員で出席する場合で出張精算がある場合は、経理業務の円滑な運営を行うため一度に精算することが必要であり、期日を厳守すること。

(報告書の保管)

第13条　施設長報告の完了した報告書は、報告書に日付を記載して、管理部の保管とする。各部署に保管する必要がある場合はコピーを返却する。各部署は、研修報告書が監査、指導の必要書類となるため、年代順に整理して大切に保管する。管理部は、原本を保管する。

この規程は、平成15年4月1日に制定する。
この規程は、平成18年6月1日に改定する。
この規程は、平成19年11月1日に改定する。
この規程は、平成20年12月1日に改定する。

> 介護施設の各種規程例
> # 業務評価制度に関する規程
> 社会福祉法人○○会　特別養護老人ホーム△△△△

(目的)
第1条　職員の資質の向上と職務能力に見合った成果の還元を重要と考えて、業務評価制度を実施する。また、その評価・判定は客観性を心がけ、職員のやる気が引き出せるよう継続的に努力し、評価者の評価能力の向上に絶えず努力する。

(業務評価表)
第2条　評価を客観的に実施するために別紙(1)の業務評価表（省略）を使用する。業務評価表は、業務遂行能力に加えて、モラル・マナーなどの規律、職場に参加する職員の積極的な参加意識、教育・会議の運営に対する積極性、ならびに家族的雰囲気を大切にする職員の気風の醸成を目標に作成する。

(評価表の記入)
第3条　評価表は本人が記入する。評価は5段階で自己評価して行い、「業務評価表の判定について」を参考にして記入する。評価表の中に、一部重要評価項目を設けて5点法の倍の10点法で記入する部分を設けることができる。

(評価者)
第4条　業務評価表は、上司（第1次評価者）ならびに施設長（第2次評価者）が評価する。第1次評価する上司は、直属の上司とし、部署に2段階の上司がいる場合は、直属の上司が記入して統括の上司とともに完成する。部署に属する職員の評価は、客観的な評価に心がけ、日頃から職員になってほしい、してほしい職員像に照らして足りない部分を分かりやすく指導するための道具としてとらえて、職員同士の感情（好き、嫌い）を入り込ませないように十分に努力して評価することとする。

(評価の計算)
第5条　自己評価の合計の計算は、本人が行う。各セクションの小計ならびに全体の合計を正確に計算すること。これはこの後の上司の評価について合計計算

で間違いを訂正する時間を浪費することを避けるためである。第1次評価、第2次評価についても評価者は、正確に計算すること。これは、評価の正確性を保つためであり、間違った計算に基づいて評価を行った場合、取り返しのつかないことになりトラブルを避けるためである。

(等級の設定と定員制)
第6条　別紙(2)の業務評価の結果（省略）は、等級として表し、各等級の点数を公表する。等級は、一般職は、D、C、B、A、S1、の5段階としてDの場合は施設の規範に対する実行と力量に基づく職務の継続が困難であり就業の是非を判定し、Cの場合は上司による個別の指導と本人の努力を必要とする。中級職は、C、B、A、S1、S2、S3の6段階とし、Cの場合は上司による個別の指導と本人の努力を必要として中級職を降格とする。上級職は、B、A、S1、S2、S3の5段階で別に定める上級管理職職務委任規程（省略）による。等級には評価の継続性を確保するため定員制を設け、各等級の点数は、定員の状況で定める。

職能基本給の評価基準と定員制：等級の人数に定員を設定する。対象は、一般職、中級職とし、上級職を含まない。D及びCについては、必要に応じて判定する。

等級	人数	評価点
D	0	40－89
C	0	90－114
B	45	115－144
A	20	145－154
S1		155－164
S2	8	165－174
S3		175－200
計	73	

第Ⅴ部　介護施設の各種規程例

注1　この表は平成18年6月1日に制定する。

注2　この表は平成23年2月1日に改定する。

業務評価の等級の説明

業務評価と等級の説明 本人の申告した業務評価表をもとに、上司、施設長が評価し、等級を決定する。一般職の場合、等級をD、C、B、A、S1とし、中級職の場合は、C、B、A、S1、S2、S3とし、上級職の場合は、B、A、S1、S2、S3とする。		
	D	規範と職務の遂行を検討し職務の継続の是非の判定を要する
	C	他の職員に対して規範と職務の遂行ならびに貢献に努力と指導を要する
	B	規範と職務の遂行ならびに貢献を評価する
	A	他の職員に対して模範的な活動を評価する
	S1	他の職員に対して指導的な活動を評価する
	S2	施設の運営について専門的な立場に立つ、指導的な活動を評価する
	S3	施設の運営について専門的な立場に立ち、施設全体を見渡す、指導的な活動を評価する

注1　この表は平成18年6月1日に制定する。

（成果の反映）

第7条　評価の結果は、職員の職務に関わる成果として給与、期末手当（賞与）に反映する。

2　給与に対する反映は、給与規程の本俸に定める。

3　期末手当に対する反映は、給与規程の手当に定める。

（評価の継続的利用）

第8条　業務評価をするためには、多くの労力が使われます。業務評価表は現在の職務の遂行能力を評価するのと同時に、職員がより良い職員になるための判断基準であることを理解して、行われた評価で完結するのでなく、上司との

人間関係を大切にした自己の業務の向上の指針として利用することが大切である。

（評価後の面接）
第9条　自己業務評価を行った後、上司が評価を行い、施設長とともに評価の客観性を検討し、全職員の均衡の取れた評価をするよう努力する。評価後は、その成果を給与、期末手当に反映するが職員に対して確実に評価の結果を説明することが重要である。職員への通知は、1．給与明細書、2．本人面接のための評価結果通知書にて行い、確実に面接をして評価の内容を説明すること。

（目標の提示）
第10条　職員は、自己評価を行うと同時に自己の目標の明示を行う。これは、自己の目標を上司に知らせることにより施設の教育システムに同調することが一つの目的であるが、同時に今期の目標、中期目標、長期目標を明確にすることにより自己の進むべき方向性と学習・教育の必要性を認識するために大変効果があるためである。

（反省・自己宣伝・施設への要望）
第11条　自己評価表には、上記と同時に「振り返り」・「アピール」・「提案」などを発言する場を設けている。日頃、上司、施設との連帯が時間的制約により難しいことを考慮していろいろな意見を発表することができる。

注1　この規程は、平成13年6月1日に制定する。
注2　この規程は、平成18年6月1日に一部改定する。
注3　この規程は、平成23年2月1日に改定する。

第Ⅴ部　介護施設の各種規程例

業務評価の判定について（自己判定のために、下記のとおり判定基準をお知らせします。）

[自己の判定についての判定基準]

1．基本的な部分でうまく規律を守り、業務を行うことができないため、上司より改めて（何回も）指導を受けた。

2．規律を守り、業務を行うについて自分の努力が不足して、指示・指導のとおりに行動できなかった。

3．指示・指導を尊重して、施設の期待に応えて規律を守り、業務を遂行して、施設の業績に貢献することができた。

4．指示・指導を尊重して、施設の期待に応えて規律を守り、業務を遂行して、他の職員に対して模範的な活動ができた。

5．指示・指導を尊重して、施設の期待に応えて規律を守り、業務を遂行して、施設の活動を率先して指導することができた。

[上司の判定についての判定基準]（参考）

1．規律・基本的な業務〈指示・指導〉の実行について、改めて（何回も）指導を必要とする。

2．規律・業務〈指示・指導〉の実行、遂行に対して、もう一歩工夫と努力をしてほしい。

3．規律・業務〈指示、指導〉を確実にこなしていて、まかせておける。

4．施設の期待に応えて、規律・業務〈指示、指導〉について、他の職員に対して模範的な活動ができた。

5．施設の活動について規律・業務（指示・指導）を率先して指導できた。

社会福祉法人××会
　介護老人福祉施設
　　　□□□□

介護施設の各種規程例
育児・介護休業一般規程
社会福祉法人××会　介護老人福祉施設□□□□

　職員の育児休業および介護休業の制度、勤務時間の短縮等の措置並びに育児および家族の介護を行う職員の深夜業を制限する制度に関しては、この規程の定めによる。この規程に定めのない事項に関しては、育児休業、介護休業等育児又は家族介護を行う労働者の福祉に関する法律その他の法令の定めによる

第1章　育児休業

（対象者）
第1条　生後1年未満の子（実子又は養子。以下同じ）を養育する職員であって、休業後も引き続き勤務する意思のある者は、育児のための休業をすることができる。ただし、日々雇用者、期間雇用者および労使協定で適用除外とされた以下に掲げる者を除く。
　1　継続雇用1年未満の者
　2　休業申し出の日から1年以内に雇用関係が終了することが明らかな者
　3　1週間の所定労働日数が2日以下の者

（育児休業の申し出）
第2条　育児休業を希望する職員は原則として希望する休業開始予定日の1カ月前（出産予定日前に子の出生など特別の事情がある場合は1週間前）までに、施設所定の用紙に必要事項を記載し、施設長に提出することにより申し出なければならない。

（育児休業期間）
第3条　育児休業期間は、原則として子が1歳に達するまでの間において職員が申し出た期間とする。ただし、子の死亡その他の特別の事情を生じた場合は、休業期間は当初の終了予定日前であっても原則としてその事情の生じた日を持って終了するものとする。
②　配偶者が職員と同じ日からまたは職員より先に育児休業をしている場合、職員

は、子が1歳2カ月に達するまでの間で、出生日以後の産前・産後休暇期間と育児休業期間との合計が1年を限度として、育児休業をすることができる。
③　次のいずれかに該当する職員は、子が1歳6カ月に達するまでの間で必要な日数について育児休業をすることができる。
　1　保育所に入所を希望しているが、入所できない場合
　2　職員の配偶者であって育児休業の対象となる子の親であり、1歳以降育児に当たる予定であった者が、死亡、負傷、疾病等の事情により子を養育することが困難になった場合

（育児休業回数）
第4条　同一の子についての育児休業の回数は原則として1回とする。ただし、特別の事情がある場合は子が1歳に達するまでを限度として再度の休業をすることができる。

（育児休業期間の変更）
第5条　育児休業期間は、次の場合に限り変更することができる。
　1　休業開始予定日は、出産予定日前の子の出生などの特別の事情を生じた場合に限り、1週間前までに申し出ることにより1回に限り繰り上げることができる。
　2　休業終了予定日は、1カ月前までに申し出ることにより1回に限り1歳に達するまでを限度として延長することができる。ただし第2条第2項に基づく休業の場合には1歳2カ月に達するまでを限度とし、第2条第3項に基づく休業の場合には1歳6カ月に達するまでを限度として延長することができる。

（育児休業申し出の撤回等）
第6条　育児休業の申し出は、休業開始予定日の前日までに限り撤回することができる。この場合、原則として同一の子について再度の休業はできないものとする。
　　②　育児休業開始予定日の前日までに子の死亡その他の特別の事情を生じた場合は、休業の申し出はなかったものとみなす。

（育児休業中の賃金）
第7条　育児休業期間中、賃金は支給しない。
② 　育児休業期間中の昇給は行わない。
③ 　育児休業期間中に賞与の支給日がある場合は、賞与算定期間中における勤務実績に応じて算定し支給する。

（社会保険料）
第8条　育児休業期間中の社会保険料は、法の定めるところにより免除の手続きを行うものとする。

（復職）
第9条　育児休業が終了した場合、原則として休業前の職場・職務に復帰させる。ただし、やむを得ない特別の事情がある場合はこの限りでない。
② 　復帰日は原則として育児休業終了日の翌日とする。ただし、特別の事情がある場合は施設と本人が話し合いのうえ決定した日とする。

（復職時の賃金）
第10条　復職時の賃金は、原則として育児休業開始前の水準を下回らないものとする。ただし、職場・職務の変更など特別の事情がある場合はこの限りでない。

（年次有給休暇）
第11条　年次有給休暇の取得に関しては、育児休業期間はこれを出勤率の算定上出勤したものとみなす。

（勤続年数の算定）
第12条　退職金制度その他の制度の適用においては、育児休業期間はこれを勤続年数に算入しない。

（子の養育を容易にするための措置）
第13条　生後1年未満の子を養育する職員が、育児休業に代えて子の養育を容易にするための措置を希望する場合は、原則としてその者については所定外労働

をさせないものとする。ただし、日々雇用者および労使協定により適用を除外された第1条ただし書第1号又は第3号に該当する者を除く。
② 前項の処置の手続きなどについては育児休業に関する手続きを準用する。

(育児のための深夜業の制限)
第14条　小学校就業の始期に達するまでの子を養育する職員が請求した場合は事業の正常な運営を妨げる場合を除き、午後10時から午前5時までの間の深夜業は行わせない。ただし、次に掲げる者を除く。
1　日々雇用者
2　継続雇用1年未満の者
3　請求に係る子の同居の家族（16歳以上の者に限る）が次のいずれにも該当する者
　(ア)　深夜に就業していないこと（1カ月の深夜の就業日数が3日以下を含む）
　(イ)　心身の状況が子の保育をすることができること
　(ウ)　6週間（多胎妊娠の場合は14週間）以内に出産の予定でなく、また、産後8週間以内でないこと
4　1週間の所定労働日数が2日以下の者
5　所定労働時間の全部が深夜にある者
② 深夜業の制限を請求しようとする者は、1回につき1カ月以上6カ月以内の期間について、制限開始予定日と制限終了予定日を明らかにして、開始予定日の1カ月前までに、施設所定の用紙に必要事項を記載し施設長に提出しなければならない。
④ 制限開始予定日の前日までに子の死亡等により子を養育しないこととなった場合には、請求はされなかったものとみなす。
⑤ 次の各号に掲げるいずれかの事由が生じた場合には、制限期間は終了するものとし、当該制限期間の終了日は当該各号に掲げる日とする。
1　子の死亡等制限に係る子を養育しないこととなった場合
　当該事由が発生した日
2　制限に係る子が小学校就学の始期に達した場合
　子が6歳に達する日の属する年度の3月31日
3　請求者について、産前産後休業、育児休業又は介護休業が始まった場合

産前産後休業、育児休業又は介護休業の開始日の前
⑤ 制限期間中の賃金については、別途定める給与規程に基づき、就業しなかった時間に対する賃金は支給しない。
⑥ 深夜業の制限を受ける職員について、施設は必要に応じて昼間勤務へ転換させることがある。

（子の看護休暇）
第15条　小学校就学の始期に達するまでの子を養育する職員は、負傷し、もしくは疾病にかかった当該子の世話をするために、または当該子に予防接種や健康診断を受けさせるために、就業規則に定める年次有給休暇とは別に子が１人の場合は１年間につき５日、２人以上の場合は１年間につき10日を限度として、子の看護休暇を取得することができる。この場合の１年間とは、４月１日から翌年３月31日までの期間とする。ただし、日々雇用者および労使協定で適用除外された以下に掲げる者を除く。
1　継続雇用６カ月未満の者
2　１週間の所定労働日数が２日以下の者

（育児短時間勤務制度）
第16条　３歳に満たない子を養育する職員は、申し出ることにより１日の所定労働時間を６時間とする短時間勤務制度の適用を受けることができる。ただし、日々雇用者、１日の所定労働時間が６時間以下である職員および労使協定で適用除外とされた以下に掲げる者を除く。
1　継続雇用１年未満の者
2　１週間の所定労働日数が２日以下の者
② 本制度の適用を受ける間の給与については、別途定める給与規程に基づき、時間給換算した額を基礎とした実労働時間分の基本給と諸手当を支給する。
③ 定期昇給および退職金の換算に当たっては、本制度の適用を受ける期間は通常の勤務をしているものとみなす。

第2章　介護休業

（対象者）
第17条　配偶者、父母、子、配偶者の父母、又は同居しかつ扶養している祖父母、兄弟姉妹、孫であって、要介護状態にある者（2週間以上の期間にわたり、常時介護を必要とする状態にある者）を介護する職員であって、休業後も引き続き勤務する意思のある者は、介護のための休業をすることができる。ただし、日々雇用者、期間雇用者および労使協定で適用除外とされた以下に掲げる者を除く。
1　継続雇用1年未満の者
2　休業申し出の翌日から93日以内に雇用関係が終了することが明らかな者
3　1週間の所定労働日数が2日以下の者

（介護休業の申し出）
第18条　介護休業を希望する職員は、原則として希望する作業開始予定日の2週間前までに、施設所定の用紙に必要事項を記載し、施設長に提出することにより申し出なければならない。

（介護休業の期間・休業回数）
第19条　介護休業の期間は、介護を必要とする者1人につき、通算93日間の範囲内で職員が申し出た期間とする。ただし、対象家族が死亡その他の特別の事情を生じた場合は、休業期間はその事情の生じた日をもって終了する。
②　介護休業の回数は、原則として対象家族1人につき1要介護状態ごとに1回に限るものとする。ただし、特別の事情がある場合は当初申し出の休業開始日の翌日から起算して通算93日の範囲内を限度として再度の休業をすることができる。

（介護休業の期間の延長）
第20条　介護休業の期間は、休業終了予定日の2週間前までに申し出ることにより1回に限り延長することができる。ただし、当初申し出の休業開始日の翌日から起算して通算93日の範囲内に限る。

(介護休業の申し出の撤回と再度の申し出)

第21条　介護休業の申し出は休業開始予定日の前日まではこれを撤回することができる。休業の申し出を撤回した場合、同じ対象家族について1回は再度休業を申し出ることができる。

②　介護休業開始予定日の前日までに対象家族が死亡した場合その他特別の事情を生じた場合は、休業の申し出はなかったものとみなす。

(介護休業中の賃金)

第22条　介護休業期間中、賃金は支給しない。

②　介護休業期間中に賞与の支給日がある場合は、賞与算定期間における勤務実績に応じて算定し支給する。

(社会保険料)

第23条　介護休業期間中の社会保険料本人負担分は、施設が立て替え納付するものとし、職員は、復職後、これを施設に支払うものとする。

(復職)

第24条　介護休業が終了した場合、休業前の職場・職務に復帰させる。ただし、やむを得ない特別の事情がある場合はこの限りでない。

②　復職は、原則として介護休業終了日の翌日とする。ただし、特別の事情がある場合は施設と本人が話し合いのうえ決定した日とする。

(復職時の賃金)

第25条　復職時の賃金は、原則として介護休業開始前の水準を下まわらないものとする。

(年次有給休暇)

第26条　年次有給休暇の取得に関しては、介護休業期間はこれを出勤率の算定上出勤したものとみなす。

(勤続年数の通算)

第27条　退職金制度その他の制度の適用においては、介護休業の期間はこれを勤続

年数に算入しない。

(介護を容易にするための措置)
第28条　家族を介護する職員は、連続する3カ月を限度として勤務時間の短縮の措置の適用を受けることができる。ただし、日々雇用者および労使協定で定めた1週間の所定就業日数が2日以下の者を除く。
② 短時間勤務とは、就業規則　第6条の所定労働時間を短縮する制度をいう。
③ 本章の介護休業の制度と本条の措置を合わせ利用する場合は、両者の期間を合わせて3カ月を限度とする。
④ 前各項の措置の手続き等については介護休業に関する手続きを準用する。
⑤ 本制度の適用を受ける間の賃金については、別途定める給与規程に基づき、時間給換算した額を基礎とした実労働時間分の基本給と諸手当を支給する。
⑥ 定期昇給および退職金の換算に当たっては、本制度の適用を受ける期間は通常の勤務をしているものとみなす。

(介護のための深夜業の制限)
第29条　要介護状態にある対象家族を養護する職員が請求した場合は、事業の正常な運営を妨げる場合を除き、午後10時から午前5時までの間の深夜業は行わせない。ただし、次に掲げる者を除く。
1　日々雇用者
2　継続雇用1年未満の者
3　請求に係る子の同居の家族（16歳以上の者に限る）が次のいずれにも該当する者
　(ア) 深夜に就業していないこと（1カ月の深夜の就業日数が3日以下を含む）
　(イ) 心身の状況が家族の介護をすることができること
　(ウ) 6週間（多胎妊娠の場合は14週間）以内に出産の予定でなく、また、産後8週間以内でないこと
4　1週間の所定労働日数が2日以下の者
5　所定労働時間の全部が深夜にある者
② 深夜業の制限を請求しようとする者は、1回につき1カ月以上6カ月以下の期間について、制限開始予定日と制限終了予定日を明らかにして、開始予定日の

　　　　１カ月前までに、施設所定の用紙に必要事項を記載し施設長に提出しなければ
　　　ならない。
③　制限開始予定日の前日までに家族の死亡等により家族を介護しないこととなっ
　　た場合には、請求はされなかったものとみなす。
④　次の各号に掲げるいずれかの事由が生じた場合には、制限時間は終了するもの
　　とし、当該制限期間の終了日は当該各号に掲げる日とする。
　　１　家族の死亡等制限に係る家族を介護しないこととなった場合
　　　　当該事由が発生した日
　　２　請求者について、産前産後休業、育児休業又は介護休業が始まった場合
　　　　産前産後休業、育児休業又は介護休業の開始日の前日
⑤　制限期間中の給与については、別途定める給与規程に基づき、就業しなかった
　　時間に対する賃金は支給しない。
⑥　深夜業の制限を受ける職員に対して、施設は必要に応じて昼間勤務へ転換させ
　　ることがある。

（介護休暇）
第30条　要介護状態にある家族の介護その他の世話をする職員は、就業規則に定め
　　　る年次有給休暇とは別に当該家族が１人の場合は１年間につき５日、２人以
　　　上の場合は１年間につき10日を限度として、介護休暇を取得することができ
　　　る。この場合の１年間とは、４月１日から翌年３月31日までの期間とする。
　　　ただし、日々雇用者および労使協定で適用除外された以下に掲げる者を除
　　　く。
　　１　継続雇用６カ月未満の者
　　２　１週間の所定労働時間が２日以下の者

付　　則

１．この規程は　平成13年９月１日から実施する。
２．この規程を改廃する場合には、職員代表の意見を聴いて行う。
３．この規程は　平成22年７月１日に改定する。

著者略歴

矢崎哲也
社会保険労務士
人事・賃金コンサルタント

　大手建設会社、外資系食品会社の管理部門でサラリーマン生活ののち、2002年、人事制度のコンサルティングに特化した社労士事務所「矢崎経営人事コンサルティング事務所」を開業。
　介護・福祉事業所の人材マネジメントを得意分野としている。
　2008年より財団法人介護労働安定センター 雇用管理コンサルタントも務める。

小澤　薫
特定社会保険労務士
株式会社ヒューマン・プライム代表取締役

　コンピューターソフトウェア会社勤務を経て、社労士事務所「小澤薫ソーシャルオフィス」を開業。
　2002年、株式会社ヒューマン・プライムを設立し、2004年代表取締役社長に就任。現在は、社労士事務所「ヒューマン・プライム労務管理事務所」所長も兼任。
　主な著書に『個人事業のはじめ方がすぐわかる本』、『株式会社のつくり方がすぐわかる本』(成美堂出版)、『キチンとできる！小さい会社の総務・労務・経理』(ＴＡＣ出版)、『月別に分かる！中小企業の総務・人事・労務の実務のポイント』(税研情報センター) などがある。

介護施設版　就業規則整備・改訂の手引
2012年3月14日　第1版第1刷発行

　　　　　　　　　著　者　矢崎哲也
　　　　　　　　　　　　　小澤　薫
　　　　　　　　　発行者　平　盛之

発　行　所　　㈱産労総合研究所
　　　　　　　出版部 経営書院
　　　　　　　〒102-0093　東京都千代田区平河町2-4-7　清瀬会館
　　　　　　　　　　　　　電話　03 (3237) 1601

落丁・乱丁はお取り替えします。　　　印刷・製本　藤原印刷株式会社
ISBN978-4-86326-122-8　C3047